2024

中国文化及相关产业统计年鉴

China Statistical Yearbook on Culture and Related Industries

国家统计局社会科技和文化产业统计司
中 宣 部 文 化 改 革 发 展 局 编

中国统计出版社
China Statistics Press

图书在版编目（CIP）数据

中国文化及相关产业统计年鉴. 2024 = China Statistical Yearbook on Culture and Related Industries 2024 : 汉英对照 / 国家统计局社会科技和文化产业统计司，中宣部文化改革发展局编. -- 北京 : 中国统计出版社, 2024. 12. -- ISBN 978-7-5230-0604-7

Ⅰ. G124-54

中国国家版本馆 CIP 数据核字第 2024MZ3545 号

中国文化及相关产业统计年鉴 2024

作　　者/国家统计局社会科技和文化产业统计司，中宣部文化改革发展局
责任编辑/张　怡
封面设计/李雪燕
出版发行/中国统计出版社有限公司
通信地址/北京市丰台区西三环南路甲 6 号　邮政编码/100073
发行电话/邮购（010）63376909　书店（010）68783171
网　　址/http://www.zgtjcbs.com
印　　刷/河北鑫兆源印刷有限公司
经　　销/新华书店
开　　本/880mm×1230mm　1/16
字　　数/550 千字
印　　张/17.25
版　　别/2024 年 12 月第 1 版
版　　次/2024 年 12 月第 1 次印刷
定　　价/280.00 元

《中国文化及相关产业统计年鉴 2024》
编辑委员会和编辑部

编辑委员会

编　辑　部

China Statistical Yearbook on Culture and Related Industries 2024

Editorial Board and Editorial Staff

编者说明

《中国文化及相关产业统计年鉴 2024》收录了 2023 年全国和各省、自治区、直辖市与文化产业相关的统计数据，以及部分年份全国主要统计数据，是一部全面反映我国文化改革发展情况的资料性年刊。

本年鉴内容分为五个部分。第一部分为文化及相关产业发展情况；第二部分为文化及相关产业法人单位发展情况；第三部分为主要文化行业发展情况；第四部分为港澳台地区统计资料；第五部分为国际统计资料。附录为中国入选世界文化遗产项目、主要统计指标解释和《文化及相关产业分类（2018）》。

本年鉴对部分总计和分项因小数取舍而产生的误差，均未做配平处理。年鉴各表中的“空格”表示该统计指标数据不足本表最小单位数、数据不详或无该项数据；“#”表示其中的主要项；“*”或“1、2、3”表示本表的注解。

参与本年鉴编辑的部门还有：民政部、财政部、住房城乡建设部、商务部、文化和旅游部、退役军人事务部、国家市场监督管理总局、国家广播电视总局、国家新闻出版署、国家电影局、国家文物局、国家档案局。我们对上述部门有关人员在本年鉴编辑过程中给予的大力支持，表示衷心的感谢！

EDITOR'S NOTES

Ⅰ. *China Statistical Yearbook on Culture and Related Industries 2024* covers data relevant with cultural industries for 2023 at national level and local level of province, autonomous region and municipality directly under the Central Government, and national key statistical data of same years.The yearbook is an annual statistical publication reflecting comprehensively the development and reform of culture of China.

Ⅱ. The yearbook contains five chapters: 1. Development of Culture and Related Industries; 2. Condition on Legal Entities of Culture and Related Industries; 3. Development of Main Cultural Industries; 4. Statistical Indicators of Hong Kong, Macao and Taiwan Province of China; 5. International Statistical Indicators. Items Listing in World Cultural Heritage of China, Explanatory Notes on Main Statistical Indicators, Classification of Culture and related Industries(2018) are listed as Appendices.

Ⅲ. Statistical discrepancies on totals and relative figures due to rounding are not adjusted in the yearbook. Notations used in the yearbook: (blank space) indicates that the figure is not large enough to be measured with the smallest unit in the table, or data are unknown, or are not available; "#" indicates a major breakdown of the total.

Ⅳ. Data in the yearbook are also source from the following departments: Ministry of Civil Affairs, Ministry of Finance, Ministry of Housing and Urban-Rural Development, Ministry of Commerce, Ministry of Culture and Tourism, Ministry of Veterans Affairs, State Administration for Market Regulation, National Radio and Television Administration, National Press and Publication Administration, China Film Administration, National Cultural Heritage Administration and National Archives Administration. Here we want to express our deep appreciation to these departments!

目 录

Contents

一、文化及相关产业发展情况

Development of Culture and Related Industries

二、文化及相关产业法人单位发展情况

Condition on Legal Entities of Culture and Related Industries

三、主要文化行业发展情况
Development of Main Cultural Industries

四、港澳台地区统计资料

Statistical Indicators of Hong Kong, Macao and Taiwan Province of China

五、国际统计资料
International Statistical Indicators

1

文化及相关产业发展情况

Development of Culture and Related Industries

1-1-1 文化及相关产业增加值及占GDP比重(2004-2022年)
Value-added of Cultural and Related Industries and Its Percentage in GDP(2004-2022)

年 份 Year	增加值 (亿元) Value-added (100 million yuan)	占GDP比重 (%) as Percentage of GDP (%)
2004	3440	2.13
2005	4253	2.27
2006	5123	2.33
2007	6455	2.39
2008	7630	2.39
2009	8786	2.52
2010	11052	2.68
2011	13479	2.76
2012	18071	3.36
2013	21870	3.69
2014	24538	3.81
2015	27235	3.95
2016	30785	4.12
2017	35427	4.26
2018	41171	4.48
2019	44363	4.50
2020	44945	4.43
2021	52385	4.56
2022	53782	4.46

注：1.2004-2011年按2004年颁布的《文化及相关产业分类》测算，2012-2016年 按《文化及相关产业分类(2012)》测算，2017年起按《文化及相关产业分类(2018)》测算(以下相关表同)。

2.2009-2012年仅包括法人单位数据，其他年份为包括个体经营户在内的全口径数据。

a) Data of 2004-2011 are caculated according to the scope of Classification of Cultural and Related Industries issued in 2004, and data of 2012-2016 are calculated accoring to Classfication of Cultural and Relate Industries (2012),and data Since 2017 are calculated according to Classfication of Cultural and Relate Industries (2018).The same applies to the relevant tables following.

b) Data of 2009-2012 only include legal entities. Data of other years are calculateal of the full aperture data, including individual enterprises.

1-1-2 按产业类型分文化及相关产业增加值及构成(2012-2022年)
Value-added and Composition of Cultural and Related Industries(2012-2022)

年 份 Year	增加值(亿元) Total Value-added (100 million yuan)	文化制造业 Culture Manufacture	文化批发和零售业 Culture Wholesale and Retail Trade	文化服务业 Culture Service	构成(%) Composition(%) 文化制造业 Culture Manufacture	文化批发和零售业 Culture Wholesale and Retail Trade	文化服务业 Culture Service
2012	18071	7253	1187	9631	40.1	6.6	53.3
2013	21870	9418	2146	10307	43.1	9.8	47.1
2014	24538	10201	2386	11952	41.6	9.7	48.7
2015	27235	11053	2542	13640	40.6	9.3	50.1
2016	30785	11889	2872	16024	38.6	9.3	52.1
2017	35427	11862	3136	20428	33.5	8.9	57.7
2018	41171	11999	4340	24832	29.1	10.6	60.3
2019	44363	11899	4342	28121	26.8	9.8	63.4
2020	44945	11710	4361	28874	26.1	9.7	64.2
2021	52385	13687	5190	33508	26.1	9.9	64.0
2022	53782	13165	5451	35166	24.5	10.1	65.4

1-1-3　按类别分文化及相关产业增加值及构成(2017-2022年)
Value-added and Composition of Cultural and Related Industries by Field and Industry Category(2017-2022)

单位：亿元　　(100 million yuan)

类　　别	Category	2017	2018	2019	2020	2021	2022
总　计	**Total**	**35427**	**41171**	**44363**	**44945**	**52385**	**53782**
一、按领域分	**By Feild**						
文化核心产业	Culture Core Industries	23098	27522	30757	31565	36717	38290
文化相关产业	Culture Related Industries	12329	13649	13605	13380	15668	15492
二、按行业类别分	**By Industry Category**						
新闻信息服务	News Information Service	4610	5606	5783	6229	7300	7903
内容创作生产	Creation and Manufacture of Content	7561	8662	9289	10321	12504	13555
创意设计服务	Services of Creative Design	5363	7176	7640	7736	8978	8905
文化传播渠道	Cultural Diffusion Channel	2865	3371	5272	4960	5217	5360
文化投资运营	Investment and Operation of Culture	325	388	379	397	452	450
文化娱乐休闲服务	Culture Leisure and Entertainment	2373	2318	2395	1922	2266	2117
文化辅助生产和中介服务	Supplementary Manufacture of Culture and Intermediary Services	6301	6791	6992	6779	7920	7662
文化装备生产	Manufacture of Culture Equipment	1980	1994	1872	1828	2134	2077
文化消费终端生产	Manufacture of Culture Consumption Endpoint	4048	4864	4742	4773	5614	5753

1-1-3　续表　continued

单位：%　　(%)

类　　别	Category	2017	2018	2019	2020	2021	2022
总　计	**Total**	**100.0**	**100.0**	**100.0**	**100.0**	**100.0**	**100.0**
一、按领域分	**By Feild**						
文化核心产业	Culture Core Industries	65.2	66.8	69.3	70.2	70.1	71.2
文化相关产业	Culture Related Industries	34.8	33.2	30.7	29.8	29.9	28.8
二、按行业类别分	**By Industry Category**						
新闻信息服务	News Information Service	13.0	13.6	13.0	13.9	13.9	14.7
内容创作生产	Creation and Manufacture of Content	21.3	21.0	20.9	23.0	23.9	25.2
创意设计服务	Services of Creative Design	15.1	17.4	17.2	17.2	17.1	16.6
文化传播渠道	Cultural Diffusion Channel	8.1	8.2	11.9	11.0	10.0	10.0
文化投资运营	Investment and Operation of Culture	0.9	0.9	0.9	0.9	0.9	0.8
文化娱乐休闲服务	Culture Leisure and Entertainment	6.7	5.6	5.4	4.3	4.3	3.9
文化辅助生产和中介服务	Supplementary Manufacture of Culture and Intermediary Services	17.8	16.5	15.8	15.1	15.1	14.2
文化装备生产	Manufacture of Culture Equipment	5.6	4.8	4.2	4.1	4.1	3.9
文化消费终端生产	Manufacture of Culture Consumption Endpoint	11.4	11.8	10.7	10.6	10.7	10.7

1-1-4 分地区文化及相关产业增加值(2017-2022年)

Regional Value-added of Cultural and Related Industries and Its Percentage in GDP (2017-2022)

单位：亿元 (100 million yuan)

地 区	Region	2017	2018	2019	2020	2021	2022
北 京	Beijing	2723	3075	3318	3770	4509	4700
天 津	Tianjin	498	574	502	377	397	404
河 北	Hebei	772	846	930	897	1039	1041
山 西	Shanxi	308	344	387	405	479	540
内蒙古	Inner Mongolia	305	350	383	375	424	429
辽 宁	Liaoning	509	587	637	643	730	735
吉 林	Jilin	184	176	143	139	165	165
黑龙江	Heilongjiang	179	187	213	201	236	241
上 海	Shanghai	2003	2193	2302	2390	2756	2852
江 苏	Jiangsu	3979	4657	4834	4986	5907	5991
浙 江	Zhejiang	3202	3813	4247	4495	5145	5476
安 徽	Anhui	1196	1537	1665	1607	1890	1971
福 建	Fujian	1716	2055	2161	2166	2562	2576
江 西	Jiangxi	708	854	987	1097	1316	1392
山 东	Shandong	2330	2528	2675	2709	3207	3374
河 南	Henan	1349	2143	2251	2203	2591	2647
湖 北	Hubei	1483	1780	1929	1722	2157	2199
湖 南	Hunan	1786	1836	2024	2058	2394	2507
广 东	Guangdong	5002	5788	6227	6211	6910	6987
广 西	Guangxi	415	448	501	509	568	570
海 南	Hainan	143	161	177	195	254	249
重 庆	Chongqing	754	865	967	971	1105	1152
四 川	Sichuan	1538	1706	1844	2037	2441	2447
贵 州	Guizhou	367	447	461	452	503	518
云 南	Yunnan	533	622	692	645	739	737
西 藏	Xizang	39	74	83	79	91	83
陕 西	Shaanxi	647	723	721	694	843	781
甘 肃	Gansu	164	178	189	187	217	215
青 海	Qinghai	42	49	53	51	61	56
宁 夏	Ningxia	76	90	102	103	122	131
新 疆	Xinjiang	218	258	277	239	313	264

1-1-5 分地区文化及相关产业增加值占GDP比重(2017-2022年)
Percentage of Regional Value-added of Cultural and Related Industries in GDP(2017-2022)

单位：% (%)

地 区	Region	2017	2018	2019	2020	2021	2022
北 京	Beijing	9.11	9.29	9.36	10.49	10.99	11.31
天 津	Tianjin	4.00	4.29	3.57	2.69	2.53	2.50
河 北	Hebei	2.52	2.60	2.66	2.49	2.57	2.48
山 西	Shanxi	2.12	2.16	2.28	2.27	2.09	2.11
内蒙古	Inner Mongolia	2.05	2.17	2.23	2.18	2.01	1.83
辽 宁	Liaoning	2.35	2.50	2.56	2.57	2.65	2.55
吉 林	Jilin	1.69	1.56	1.22	1.14	1.25	1.29
黑龙江	Heilongjiang	1.46	1.46	1.58	1.48	1.59	1.53
上 海	Shanghai	6.08	6.09	6.06	6.13	6.31	6.36
江 苏	Jiangsu	4.63	5.00	4.90	4.85	5.03	4.91
浙 江	Zhejiang	6.11	6.57	6.80	6.95	6.95	7.02
安 徽	Anhui	4.03	4.52	4.52	4.22	4.44	4.42
福 建	Fujian	5.07	5.31	5.11	4.97	5.17	4.98
江 西	Jiangxi	3.50	3.76	4.00	4.26	4.41	4.46
山 东	Shandong	3.70	3.79	3.79	3.72	3.87	3.85
河 南	Henan	3.01	4.29	4.19	4.06	4.46	4.55
湖 北	Hubei	3.98	4.24	4.25	4.01	4.31	4.17
湖 南	Hunan	5.28	5.05	5.07	4.95	5.24	5.27
广 东	Guangdong	5.46	5.79	5.77	5.59	5.54	5.39
广 西	Guangxi	2.33	2.28	2.36	2.30	2.25	2.17
海 南	Hainan	3.18	3.28	3.32	3.51	3.90	3.61
重 庆	Chongqing	3.76	4.00	4.10	3.88	3.94	4.03
四 川	Sichuan	4.06	3.98	3.98	4.20	4.51	4.32
贵 州	Guizhou	2.69	2.91	2.75	2.53	2.59	2.59
云 南	Yunnan	2.88	2.98	2.98	2.63	2.72	2.58
西 藏	Xizang	2.91	4.76	4.89	4.17	4.37	3.85
陕 西	Shaanxi	3.01	3.02	2.80	2.67	2.80	2.38
甘 肃	Gansu	2.23	2.20	2.17	2.08	2.12	1.94
青 海	Qinghai	1.70	1.80	1.81	1.71	1.81	1.56
宁 夏	Ningxia	2.37	2.58	2.71	2.61	2.66	2.56
新 疆	Xinjiang	1.95	2.02	2.03	1.73	1.92	1.47

1-2-1 文化及相关产业固定资产投资增速(2012-2023年)
Growth Rate of Fixed Asset Investment in Cultural and Related Industries(2012-2023)

单位：% (%)

年 份 Year	文化及相关产业固定资产投资增速 Growth Rate of Fixed Asset Investment in Cultural and Related Industries
2012	49.8
2013	21.8
2014	24.4
2015	22.0
2016	16.7
2017	13.5
2018	7.1
2019	1.1
2020	-5.3
2021	5.2
2022	7.6
2023	4.1

1-2-2 按行业类别分文化及相关产业固定资产投资增速(2018-2023年)
Growth Rate of Fixed Asset Investment in Cultural and Related Industries by Industry Category(2018-2023)

单位：% (%)

类 别	Category	2018	2019	2020	2021	2022	2023
合计	**Total**	**7.1**	**1.1**	**-5.3**	**5.2**	**7.6**	**4.1**
新闻信息服务	News Information Service	1.8	-14.3	-17.8	2.6	-12.3	-5.2
内容创作生产	Creation and Manufacture of Content	-3.6	-4.5	-2.5	7.8	11.0	14.1
创意设计服务	Services of Creative Design	16.0	7.8	-4.6	13.4	-5.1	-11.5
文化传播渠道	Cultural Diffusion Channel	-18.5	-6.0	-6.0	2.0	0.4	4.0
文化投资运营	Investment and Operation of Culture	14.3	16.9	12.0	17.7	18.6	14.3
文化娱乐休闲服务	Culture Leisure and Entertainment	19.2	-0.3	-8.8	-3.5	1.5	-2.5
文化辅助生产和中介服务	Supplementary Manufacture of Culture and Intermediary Services	1.3	11.5	-14.3	16.2	6.8	-0.1
文化装备生产	Manufacture of Culture Equipment	-28.6	-7.1	12.2	5.4	-9.4	3.3
文化消费终端生产	Manufacture of Culture Consumption Endpoint	-11.2	12.9	-9.7	12.5	28.3	-1.3

1-3-1 居民人均可支配收入与文化娱乐消费支出(2013-2023年)
Per Capita Disposable Income and Consumption Expenditure on Culture and Recreation of Households(2013-2023)

单位：元 (yuan)

指　标	Item	2013	2014	2015	2016	2017
全国居民	**Nationwide Households**					
人均可支配收入	Per Capita Disposable Income	18310.8	20167.1	21966.2	23821.0	25973.8
人均消费支出	Per Capita Consumption Expenditure	13220.4	14491.4	15712.4	17110.7	18322.1
#文化娱乐支出	Cultural and Recreation	576.7	671.5	760.1	800.0	849.6
文化娱乐支出占消费支出比重(%)	Expenditure on Culture and Recreation as Percentage of Consumption Expenditure(%)	4.4	4.6	4.8	4.7	4.6
城镇居民	**Urban Households**					
人均可支配收入	Per Capita Disposable Income	26467.0	28843.9	31194.8	33616.2	36396.2
人均消费支出	Per Capita Consumption Expenditure	18487.5	19968.1	21392.4	23078.9	24445.0
#文化娱乐支出	Cultural and Recreation	945.7	1087.9	1216.1	1268.7	1338.7
文化娱乐支出占消费支出比重(%)	Expenditure on Culture and Recreation as Percentage of Consumption Expenditure(%)	5.1	5.4	5.7	5.5	5.5
农村居民	**Rural Households**					
人均可支配收入	Per Capita Disposable Income	9429.6	10488.9	11421.7	12363.4	13432.4
人均消费支出	Per Capita Consumption Expenditure	7485.1	8382.6	9222.6	10129.8	10954.5
#文化娱乐支出	Culture and Recreation	174.8	207.0	239.0	251.8	261.0
文化娱乐支出占消费支出比重(%)	Expenditure on Culture and Recreation as Percentage of Consumption Expenditure(%)	2.3	2.5	2.6	2.5	2.4

1-3-1 续表 continued

单位：元 (yuan)

指　标	Item	2018	2019	2020	2021	2022	2023
全国居民	**Nationwide Households**						
人均可支配收入	Per Capita Disposable Income	28228.0	30732.8	32188.8	35128.1	36883.3	39218.0
人均消费支出	Per Capita Consumption Expenditure	19853.1	21558.9	21209.9	24100.1	24538.2	26795.7
#文化娱乐支出	Cultural and Recreation	827.4	848.6	569.0	645.7	590.6	822.8
文化娱乐支出占消费支出比重(%)	Expenditure on Culture and Recreation as Percentage of Consumption Expenditure(%)	4.2	3.9	2.7	2.7	2.4	3.1
城镇居民	**Urban Households**						
人均可支配收入	Per Capita Disposable Income	39250.8	42358.8	43833.8	47411.9	49282.9	51820.7
人均消费支出	Per Capita Consumption Expenditure	26112.3	28063.4	27007.4	30307.2	30390.8	32994.2
#文化娱乐支出	Cultural and Recreation	1270.7	1290.6	821.8	922.8	814.2	1147.7
文化娱乐支出占消费支出比重(%)	Expenditure on Culture and Recreation as Percentage of Consumption Expenditure(%)	4.9	4.6	3.0	3.0	2.7	3.5
农村居民	**Rural Households**						
人均可支配收入	Per Capita Disposable Income	14617.0	16020.7	17131.5	18930.9	20132.8	21690.9
人均消费支出	Per Capita Consumption Expenditure	12124.3	13327.7	13713.4	15915.6	16632.1	18175.1
#文化娱乐支出	Culture and Recreation	280.0	289.1	242.2	280.5	288.7	371.0
文化娱乐支出占消费支出比重(%)	Expenditure on Culture and Recreation as Percentage of Consumption Expenditure(%)	2.3	2.2	1.8	1.8	1.7	2.0

1-3-2 分地区居民人均文化娱乐消费支出(2013-2023年)

Per Capita Consumption Expenditure on Culture and Recreation of Nationwide Households by Region (2013-2023)

单位：元 (yuan)

地 区	Region	2013	2014	2015	2016	2017	2018	2019	2020	2021	2022	2023
全 国	**National Total**	**576.7**	**671.5**	**760.1**	**800.0**	**849.6**	**827.4**	**848.6**	**569.0**	**645.7**	**590.6**	**822.8**
北 京	Beijing	2133.3	2333.7	2592.1	2351.4	2394.7	2191.6	2272.1	1217.8	1367.1	1145.5	1569.3
天 津	Tianjin	839.3	998.5	1120.0	1173.0	1337.2	1522.2	1579.0	833.5	1089.1	903.2	1588.1
河 北	Hebei	375.0	443.4	553.7	555.6	606.0	620.5	655.7	467.6	425.5	455.1	582.9
山 西	Shanxi	350.6	481.6	544.3	546.8	634.7	617.6	667.5	390.9	441.2	398.8	625.2
内蒙古	Inner Mongolia	645.7	692.3	828.2	851.4	924.9	737.8	742.1	543.9	608.5	536.1	841.6
辽 宁	Liaoning	646.7	794.8	856.0	980.9	1014.4	1101.0	1056.3	586.4	770.1	602.1	932.1
吉 林	Jilin	480.8	580.9	616.7	656.2	655.9	675.3	663.0	432.7	512.8	429.9	724.9
黑龙江	Heilongjiang	405.7	460.1	500.5	535.8	584.4	602.8	609.7	397.5	458.9	449.1	549.9
上 海	Shanghai	1822.1	2149.6	2372.8	2638.2	3008.5	2786.3	2898.0	1468.8	1719.2	1074.0	2554.9
江 苏	Jiangsu	1141.9	1204.6	1266.7	1311.8	1399.4	1100.2	1119.9	679.5	835.8	785.7	1073.0
浙 江	Zhejiang	880.5	927.2	1093.0	1209.2	1190.5	1258.9	1366.8	866.9	958.5	975.8	1663.3
安 徽	Anhui	306.4	350.7	412.4	511.7	544.0	552.6	606.1	456.2	531.2	504.9	590.5
福 建	Fujian	658.5	714.4	803.4	770.1	735.2	767.3	788.6	480.0	629.5	648.9	805.6
江 西	Jiangxi	379.4	479.3	552.3	538.0	571.5	632.2	576.0	444.6	501.5	489.2	631.4
山 东	Shandong	430.0	537.9	640.7	708.3	656.2	718.9	786.9	779.4	914.5	727.0	837.7
河 南	Henan	439.9	501.5	573.7	537.1	542.0	511.4	539.2	353.9	445.4	396.2	602.6
湖 北	Hubei	417.3	487.6	551.8	589.7	688.8	691.4	734.1	422.7	580.3	562.4	809.6
湖 南	Hunan	458.5	639.0	740.7	915.2	1111.0	1130.2	1039.8	726.1	743.6	788.8	828.7
广 东	Guangdong	871.6	1015.5	1139.6	1153.0	1207.2	1114.0	1216.3	779.5	824.1	776.6	1035.2
广 西	Guangxi	341.1	383.2	449.0	441.7	451.7	523.5	494.6	352.9	338.7	321.7	418.5
海 南	Hainan	360.9	367.4	387.0	413.1	455.6	530.4	512.1	353.4	401.4	331.0	526.7
重 庆	Chongqing	481.5	576.2	653.7	681.4	768.2	764.4	790.3	635.5	739.1	682.8	794.7
四 川	Sichuan	419.0	517.2	584.7	625.9	716.4	663.5	642.1	478.7	500.1	474.7	620.1
贵 州	Guizhou	347.7	462.4	506.5	519.5	554.5	477.2	484.0	365.6	441.9	418.5	579.4
云 南	Yunnan	373.7	446.4	533.8	540.5	584.9	552.1	549.6	418.7	437.5	417.4	611.0
西 藏	Xizang	70.5	109.2	144.3	151.7	156.9	200.4	199.7	158.5	224.2	221.5	204.3
陕 西	Shaanxi	463.6	506.0	576.7	686.6	669.8	704.5	691.5	435.2	451.3	407.0	512.0
甘 肃	Gansu	305.0	348.0	438.5	485.8	519.5	520.3	470.4	416.5	403.5	355.2	511.9
青 海	Qinghai	413.8	589.1	594.6	630.0	674.9	585.2	605.9	416.3	425.7	319.1	515.7
宁 夏	Ningxia	513.6	538.5	612.6	652.4	643.8	754.9	767.0	428.9	465.0	429.8	609.9
新 疆	Xinjiang	373.4	413.3	445.0	527.7	486.7	528.9	481.4	296.7	392.0	374.6	518.8

1-3-3 分地区居民人均文化娱乐消费支出占消费支出比重(2013-2023年)

Per Capita Consumption Expenditure on Culture and Recreation of Nationwide Households by Region (2013-2023)

单位：% (%)

地 区	Region	2013	2014	2015	2016	2017	2018	2019	2020	2021	2022	2023
全 国	**National Total**	**4.4**	**4.6**	**4.8**	**4.7**	**4.6**	**4.2**	**3.9**	**2.7**	**2.7**	**2.4**	**3.1**
北 京	Beijing	7.3	7.5	7.7	6.6	6.4	5.5	5.3	3.1	3.1	2.7	3.3
天 津	Tianjin	4.1	4.5	4.6	4.5	4.8	5.1	5.0	2.9	3.3	2.9	4.5
河 北	Hebei	3.4	3.7	4.2	3.9	3.9	3.7	3.6	2.6	2.1	2.2	2.5
山 西	Shanxi	3.5	4.4	4.6	4.3	4.6	4.2	4.2	2.5	2.6	2.3	3.2
内蒙古	Inner Mongolia	4.3	4.3	4.8	4.7	4.9	3.8	3.6	2.7	2.7	2.4	3.1
辽 宁	Liaoning	4.3	4.9	5.0	4.9	5.0	5.1	4.8	2.8	3.2	2.7	3.7
吉 林	Jilin	4.0	4.5	4.5	4.4	4.2	3.9	3.7	2.5	2.6	2.4	3.4
黑龙江	Heilongjiang	3.4	3.6	3.7	3.7	3.8	3.5	3.4	2.3	2.2	2.2	2.5
上 海	Shanghai	6.0	6.5	6.8	7.0	7.6	6.4	6.4	3.5	3.5	2.3	4.9
江 苏	Jiangsu	6.4	6.3	6.2	5.9	6.0	4.4	4.2	2.6	2.7	2.4	3.0
浙 江	Zhejiang	4.3	4.1	4.5	4.7	4.4	4.3	4.3	2.8	2.6	2.5	3.9
安 徽	Anhui	2.9	3.0	3.2	3.5	3.5	3.2	3.2	2.4	2.4	2.2	2.5
福 建	Fujian	4.1	4.0	4.3	3.8	3.5	3.3	3.1	1.9	2.2	2.2	2.5
江 西	Jiangxi	3.8	4.3	4.5	4.1	4.0	4.0	3.3	2.5	2.5	2.3	2.7
山 东	Shandong	3.6	4.0	4.4	4.4	3.8	3.8	3.9	3.7	4.0	3.2	3.4
河 南	Henan	4.4	4.6	4.8	4.2	3.9	3.4	3.3	2.2	2.4	2.1	2.9
湖 北	Hubei	3.5	3.8	3.9	3.7	4.1	3.5	3.4	2.2	2.4	2.3	3.0
湖 南	Hunan	3.8	4.8	5.2	5.8	6.5	6.0	5.1	3.5	3.3	3.3	3.3
广 东	Guangdong	5.0	5.3	5.4	4.9	4.9	4.3	4.2	2.7	2.6	2.4	3.0
广 西	Guangxi	3.6	3.7	3.9	3.6	3.4	3.5	3.0	2.2	1.9	1.8	2.1
海 南	Hainan	3.2	2.9	2.9	2.9	3.0	3.0	2.6	1.9	1.8	1.5	2.2
重 庆	Chongqing	3.8	4.2	4.3	4.2	4.3	4.0	3.8	2.9	3.0	2.7	3.0
四 川	Sichuan	3.8	4.2	4.3	4.2	4.4	3.8	3.3	2.4	2.3	2.1	2.6
贵 州	Guizhou	4.2	5.0	4.9	4.4	4.3	3.5	3.3	2.5	2.5	2.3	2.9
云 南	Yunnan	4.2	4.5	4.9	4.6	4.6	3.9	3.5	2.5	2.3	2.2	2.9
西 藏	Xizang	1.1	1.5	1.8	1.6	1.5	1.7	1.5	1.2	1.5	1.4	1.2
陕 西	Shaanxi	4.1	4.1	4.4	4.9	4.5	4.4	4.0	2.5	2.3	2.1	2.3
甘 肃	Gansu	3.4	3.5	4.0	4.0	4.0	3.6	3.0	2.6	2.3	2.0	2.7
青 海	Qinghai	3.6	4.7	4.4	4.3	4.4	3.5	3.5	2.3	2.2	1.8	2.5
宁 夏	Ningxia	4.5	4.3	4.4	4.4	4.2	4.5	4.2	2.5	2.3	2.2	2.8
新 疆	Xinjiang	3.3	3.5	3.5	3.8	3.2	3.3	2.8	1.8	2.1	2.1	2.6

1-3-4 分地区居民人均文化娱乐消费支出(2023年)
Per Capita Consumption Expenditure on Culture and Recreation of Households by Region(2023)

单位：元 (yuan)

地 区	Region	全国居民 Nationwide Households 人均消费支出 Per Capita Consumption Expenditure	#文化娱乐 Culture and Recreation	城镇居民 Urban Households 人均消费支出 Per Capita Consumption Expenditure	#文化娱乐 Culture and Recreation	农村居民 Rural Households 人均消费支出 Per Capita Consumption Expenditure	#文化娱乐 Culture and Recreation
全 国	**National Total**	**26795.7**	**822.8**	**32994.2**	**1147.7**	**18175.1**	**371.0**
北 京	Beijing	47586.5	1569.3	50897.4	1724.8	26277.1	568.5
天 津	Tianjin	34913.9	1588.1	37585.6	1815.6	21552.9	450.3
河 北	Hebei	22920.2	582.9	27905.6	789.6	17243.8	347.7
山 西	Shanxi	19755.7	625.2	24523.9	920.5	13684.1	249.3
内蒙古	Inner Mongolia	27025.5	841.6	32248.9	1133.4	18650.5	373.8
辽 宁	Liaoning	24865.3	932.1	29090.6	1196.8	16039.9	379.1
吉 林	Jilin	21410.6	724.9	26676.7	1018.4	14354.5	331.7
黑龙江	Heilongjiang	22052.2	549.9	25882.2	718.4	16452.6	303.5
上 海	Shanghai	52508.5	2554.9	54918.8	2754.4	30781.9	757.3
江 苏	Jiangsu	35491.2	1073.0	40460.7	1292.2	25028.8	611.5
浙 江	Zhejiang	42194.3	1663.3	47761.7	2002.8	30467.9	948.1
安 徽	Anhui	23606.9	590.5	27900.2	763.8	18904.6	400.6
福 建	Fujian	31868.5	805.6	37673.7	1035.6	21745.7	404.3
江 西	Jiangxi	23379.2	631.4	27732.6	879.6	18420.6	348.8
山 东	Shandong	24293.2	837.7	30251.0	1197.5	16074.7	341.3
河 南	Henan	21010.9	602.6	25570.4	874.5	16638.2	341.9
湖 北	Hubei	27105.7	809.6	31500.1	1054.3	20921.5	465.3
湖 南	Hunan	25462.3	828.7	31035.5	1245.8	19210.2	360.9
广 东	Guangdong	34331.5	1035.2	39333.3	1266.1	22209.1	475.6
广 西	Guangxi	19749.3	418.5	24427.1	602.0	15434.9	249.4
海 南	Hainan	23751.5	526.7	28930.3	728.0	16923.8	261.2
重 庆	Chongqing	26514.8	794.7	31530.9	1065.2	17963.5	333.5
四 川	Sichuan	23550.3	620.1	29279.6	919.2	17900.8	325.2
贵 州	Guizhou	20161.2	579.4	27692.7	973.5	14260.4	270.6
云 南	Yunnan	20995.3	611.0	28338.5	1048.8	15147.4	262.2
西 藏	Xizang	17220.2	204.3	28858.4	511.1	12619.3	83.1
陕 西	Shaanxi	22011.5	512.0	27303.3	745.3	15647.5	231.4
甘 肃	Gansu	19012.6	511.9	27044.4	895.3	12575.4	204.6
青 海	Qinghai	20327.1	515.7	25372.5	796.4	14790.2	207.6
宁 夏	Ningxia	21629.3	609.9	27075.5	934.1	14648.9	194.3
新 疆	Xinjiang	19714.6	518.8	26133.7	885.0	13644.7	172.6

1-3-5 分地区城镇居民人均文化娱乐消费支出(2013-2023年)
Per Capita Consumption Expenditure on Culture and Recreation of Urban Households by Region (2013-2023)

单位：元 (yuan)

地区	Region	2013	2014	2015	2016	2017	2018	2019	2020	2021	2022	2023
全国	**National Total**	**945.7**	**1087.9**	**1216.1**	**1268.7**	**1338.7**	**1270.7**	**1290.6**	**821.8**	**922.8**	**814.2**	**1147.7**
北京	Beijing	2409.4	2633.0	2926.3	2634.8	2687.0	2441.1	2523.1	1335.3	1498.5	1250.1	1724.8
天津	Tianjin	958.9	1150.3	1278.3	1352.1	1539.7	1766.5	1834.3	950.9	1247.9	1029.1	1815.6
河北	Hebei	626.2	723.0	919.3	910.9	999.1	991.6	1032.1	721.1	557.4	621.2	789.6
山西	Shanxi	592.2	800.0	886.7	893.2	1050.2	996.2	1068.2	592.8	651.5	566.4	920.5
内蒙古	Inner Mongolia	979.7	1043.1	1240.8	1277.7	1364.6	1066.0	1054.6	730.4	818.5	703.0	1133.4
辽宁	Liaoning	898.6	1101.3	1154.2	1340.3	1393.4	1517.8	1448.6	742.4	999.1	777.8	1196.8
吉林	Jilin	707.6	858.5	916.0	968.5	966.6	1003.7	980.4	594.8	692.8	556.2	1018.4
黑龙江	Heilongjiang	577.6	641.0	708.2	743.5	817.8	869.8	862.0	524.6	611.4	574.9	718.4
上海	Shanghai	1999.7	2359.1	2593.2	2898.1	3298.1	3038.8	3156.3	1595.0	1852.4	1147.6	2754.4
江苏	Jiangsu	1550.9	1636.2	1700.0	1733.6	1852.2	1431.3	1474.1	874.8	1023.4	936.4	1292.2
浙江	Zhejiang	1209.1	1272.2	1462.9	1636.3	1608.6	1652.1	1781.7	1084.2	1169.2	1147.6	2002.8
安徽	Anhui	520.4	570.7	661.9	847.2	882.4	829.1	918.8	617.7	743.9	679.2	763.8
福建	Fujian	949.6	1016.8	1162.8	1114.6	1042.7	1050.2	1075.0	618.7	823.3	840.0	1035.6
江西	Jiangxi	673.6	833.3	921.9	887.8	946.4	1064.7	895.0	595.3	695.6	654.6	879.6
山东	Shandong	678.8	846.2	1007.1	1098.8	1003.2	1097.6	1196.8	1193.6	1399.0	1060.7	1197.5
河南	Henan	833.4	902.1	1038.6	937.2	960.0	865.0	901.9	553.6	690.7	571.2	874.5
湖北	Hubei	649.7	754.9	823.9	897.3	1033.5	989.8	1045.5	549.5	786.5	746.6	1054.3
湖南	Hunan	805.2	1095.1	1244.3	1514.1	1826.0	1870.2	1694.4	1121.4	1129.2	1140.6	1245.8
广东	Guangdong	1202.9	1387.8	1550.3	1542.4	1601.6	1410.5	1565.2	973.8	1016.9	956.0	1266.1
广西	Guangxi	667.7	733.4	836.1	800.6	805.5	914.8	830.3	546.0	533.1	441.8	602.0
海南	Hainan	586.9	577.8	589.0	622.9	669.4	768.9	730.2	488.4	560.7	455.5	728.0
重庆	Chongqing	759.0	891.3	1002.0	1025.7	1154.8	1133.6	1151.5	890.6	1032.9	919.7	1065.2
四川	Sichuan	798.6	968.1	1087.1	1159.4	1297.2	1131.2	1017.6	719.0	744.8	691.6	919.2
贵州	Guizhou	797.6	1067.0	1126.6	1129.7	1161.3	916.6	884.2	575.5	724.5	646.7	973.5
云南	Yunnan	840.0	1009.0	1168.4	1147.3	1266.6	1101.3	1071.9	771.3	812.0	703.5	1048.8
西藏	Xizang	212.5	376.2	479.8	512.4	493.1	582.9	542.8	428.0	615.2	591.4	511.1
陕西	Shaanxi	814.4	893.0	973.6	1171.5	1133.8	1169.7	1148.1	678.5	672.3	597.6	745.3
甘肃	Gansu	634.6	714.1	880.2	1001.8	1071.1	1025.7	914.7	776.8	721.5	588.5	895.3
青海	Qinghai	740.8	1068.2	1076.6	1120.4	1234.6	1025.8	1036.7	640.5	637.8	474.2	796.4
宁夏	Ningxia	845.0	877.6	992.1	1064.0	1019.0	1215.0	1226.0	650.5	726.4	655.4	934.1
新疆	Xinjiang	691.2	792.8	875.3	1017.5	921.3	1013.5	903.1	498.9	657.4	645.5	885.0

1-3-6 分地区城镇居民人均文化娱乐消费支出占消费支出比重(2013-2023年)

Per Capita Consumption Expenditure on Culture and Recreation of Rural Households by Region (2013-2023)

单位：% (%)

地区	Region	2013	2014	2015	2016	2017	2018	2019	2020	2021	2022	2023
全 国	**National Total**	**5.1**	**5.4**	**5.7**	**5.5**	**5.5**	**4.9**	**4.6**	**3.0**	**3.0**	**2.7**	**3.5**
北 京	Beijing	7.6	7.8	8.0	6.9	6.7	5.7	5.4	3.2	3.2	2.7	3.4
天 津	Tianjin	4.3	4.7	4.9	4.8	5.1	5.4	5.3	3.1	3.5	3.0	4.8
河 北	Hebei	4.2	4.5	5.2	4.8	4.9	4.5	4.4	3.1	2.3	2.5	2.8
山 西	Shanxi	4.3	5.5	5.6	5.3	5.7	5.0	5.0	2.9	3.0	2.6	3.8
内蒙古	Inner Mongolia	5.1	5.0	5.7	5.6	5.8	4.4	4.2	3.1	3.0	2.6	3.5
辽 宁	Liaoning	4.7	5.4	5.4	5.4	5.5	5.7	5.3	3.0	3.5	2.9	4.1
吉 林	Jilin	4.4	5.0	5.1	5.1	4.8	4.5	4.2	2.8	2.8	2.5	3.8
黑龙江	Heilongjiang	3.7	3.9	4.1	4.1	4.2	4.1	3.9	2.6	2.5	2.4	2.8
上 海	Shanghai	6.2	6.7	7.0	7.3	7.8	6.6	6.5	3.6	3.6	2.4	5.0
江 苏	Jiangsu	7.0	7.0	6.8	6.6	6.7	4.9	4.7	2.8	2.8	2.5	3.2
浙 江	Zhejiang	4.8	4.7	5.1	5.4	5.0	4.8	4.8	3.0	2.8	2.6	4.2
安 徽	Anhui	3.6	3.5	3.8	4.3	4.3	3.9	3.9	2.7	2.8	2.5	2.7
福 建	Fujian	4.6	4.6	4.9	4.5	4.0	3.7	3.5	2.0	2.4	2.4	2.7
江 西	Jiangxi	4.9	5.5	5.5	5.0	4.9	5.1	3.9	2.7	2.8	2.5	3.2
山 东	Shandong	4.1	4.6	5.1	5.1	4.3	4.4	4.5	4.4	4.8	3.7	4.0
河 南	Henan	5.5	5.6	6.1	5.2	4.9	4.1	4.1	2.7	3.0	2.4	3.4
湖 北	Hubei	4.2	4.5	4.5	4.5	4.9	4.1	4.0	2.4	2.8	2.6	3.3
湖 南	Hunan	4.8	6.0	6.4	7.1	7.9	7.5	6.3	4.2	4.0	3.9	4.0
广 东	Guangdong	5.6	5.9	6.0	5.4	5.3	4.6	4.5	2.9	2.8	2.6	3.2
广 西	Guangxi	4.6	4.9	5.1	4.6	4.4	4.5	3.8	2.6	2.4	2.0	2.5
海 南	Hainan	3.7	3.3	3.2	3.3	3.3	3.3	2.9	2.1	2.0	1.7	2.5
重 庆	Chongqing	4.4	4.9	5.1	4.9	5.1	4.7	4.5	3.4	3.5	3.0	3.4
四 川	Sichuan	5.0	5.5	5.6	5.6	5.9	4.8	4.0	2.9	2.8	2.5	3.1
贵 州	Guizhou	5.8	7.0	6.7	5.9	5.7	4.4	4.1	2.8	2.9	2.7	3.5
云 南	Yunnan	5.7	6.2	6.6	6.2	6.5	5.1	4.6	3.1	3.0	2.7	3.7
西 藏	Xizang	1.6	2.4	2.8	2.6	2.3	2.5	2.1	1.7	2.2	2.1	1.8
陕 西	Shaanxi	5.0	5.1	5.3	6.0	5.6	5.3	4.9	3.0	2.7	2.4	2.7
甘 肃	Gansu	4.4	4.5	5.0	5.1	5.2	4.5	3.7	3.2	2.8	2.3	3.3
青 海	Qinghai	4.6	6.1	5.6	5.4	5.7	4.5	4.4	2.6	2.6	2.2	3.1
宁 夏	Ningxia	5.3	5.1	5.2	5.2	5.0	5.5	5.1	2.9	2.9	2.7	3.4
新 疆	Xinjiang	4.1	4.5	4.5	4.8	4.0	4.2	3.5	2.2	2.6	2.7	3.4

1-3-7 分地区农村居民人均文化娱乐消费支出(2013-2023年)
Per Capita Consumption Expenditure on Culture and Recreation of Rural Households by Region (2013-2023)

单位：元 (yuan)

地 区	Region	2013	2014	2015	2016	2017	2018	2019	2020	2021	2022	2023
全 国	**National Total**	**174.8**	**207.0**	**239.0**	**251.8**	**261.0**	**280.0**	**289.1**	**242.2**	**280.5**	**288.7**	**371.0**
北 京	Beijing	378.6	437.2	474.4	546.3	531.7	601.4	672.1	469.1	526.2	470.2	568.5
天 津	Tianjin	337.1	327.3	398.2	346.9	387.2	364.9	369.5	273.1	321.7	279.0	450.3
河 北	Hebei	160.8	202.4	232.1	230.3	232.8	253.9	271.0	201.2	283.5	271.6	347.7
山 西	Shanxi	107.9	154.7	183.7	172.8	175.3	188.9	203.4	151.9	186.5	190.8	249.3
内蒙古	Inner Mongolia	202.2	215.8	253.7	248.3	291.2	256.1	275.5	261.5	285.9	274.1	373.8
辽 宁	Liaoning	190.0	225.7	286.0	289.1	268.6	280.3	281.7	274.1	311.6	242.8	379.1
吉 林	Jilin	216.4	252.6	262.5	283.0	279.7	272.2	268.1	227.3	281.4	264.1	331.7
黑龙江	Heilongjiang	178.6	218.4	222.9	253.8	265.0	234.3	260.1	218.7	241.0	265.5	303.5
上 海	Shanghai	313.7	344.9	473.9	429.0	506.8	569.4	654.3	348.9	524.2	410.3	757.3
江 苏	Jiangsu	465.9	469.6	512.7	556.9	563.9	472.8	433.1	293.6	456.6	473.4	611.5
浙 江	Zhejiang	328.1	334.6	440.9	441.1	415.1	510.2	559.0	435.2	529.5	619.7	948.1
安 徽	Anhui	129.6	162.5	193.0	208.5	228.8	287.4	296.9	292.6	310.8	319.5	400.6
福 建	Fujian	247.8	277.5	273.2	253.4	264.1	324.7	329.2	252.6	307.1	325.1	404.3
江 西	Jiangxi	127.5	170.1	217.8	212.4	211.9	205.1	251.3	286.8	292.5	306.2	348.8
山 东	Shandong	167.1	206.5	235.8	258.9	240.6	246.5	259.0	239.5	278.6	278.2	341.3
河 南	Henan	166.5	213.7	228.7	230.0	210.2	221.3	231.4	179.1	224.1	233.7	341.9
湖 北	Hubei	163.0	185.1	235.0	222.9	267.2	317.1	333.8	256.4	305.9	312.0	465.3
湖 南	Hunan	168.7	253.6	300.4	374.3	440.7	410.1	378.5	315.5	333.3	404.5	360.9
广 东	Guangdong	202.5	241.4	276.7	321.4	355.1	465.9	442.4	339.8	380.5	348.8	475.6
广 西	Guangxi	102.4	119.1	148.5	157.1	165.2	200.2	210.8	186.3	168.0	213.6	249.4
海 南	Hainan	126.3	140.4	164.6	176.2	205.8	242.3	241.8	182.7	199.2	170.2	261.2
重 庆	Chongqing	136.1	165.3	184.3	204.8	214.5	217.1	238.0	233.8	263.5	289.2	333.5
四 川	Sichuan	141.3	177.1	194.7	200.0	238.3	266.5	313.0	261.7	272.3	267.3	325.2
贵 州	Guizhou	101.7	123.8	147.0	150.3	170.4	186.4	208.5	216.5	235.0	245.7	270.6
云 南	Yunnan	97.5	108.8	136.5	147.6	127.5	170.4	174.0	159.2	155.6	196.0	262.2
西 藏	Xizang	28.0	29.5	42.4	36.0	43.6	65.3	74.2	59.3	78.8	79.7	83.1
陕 西	Shaanxi	143.3	147.3	193.8	206.2	197.0	216.6	198.7	165.3	199.9	183.8	231.4
甘 肃	Gansu	106.8	123.2	158.4	148.1	147.1	168.3	149.9	149.6	164.1	174.0	204.6
青 海	Qinghai	127.4	160.8	159.5	182.1	149.8	160.6	178.6	187.6	204.8	153.4	207.6
宁 夏	Ningxia	179.4	193.9	216.0	208.2	230.2	236.8	232.1	166.0	148.7	149.3	194.3
新 疆	Xinjiang	124.1	115.3	105.2	131.8	127.3	119.0	117.4	116.7	151.0	123.7	172.6

1-3-8 分地区农村居民人均文化娱乐消费支出占消费支出比重(2013-2023年)

The Proportion of Per Capita Consumption Expenditure on Culture and Recreation in Total Consumption Expenditure of Rural Households by Region (2013-2023)

单位：%　　(%)

地 区	Region	2013	2014	2015	2016	2017	2018	2019	2020	2021	2022	2023
全 国	**National Total**	**2.3**	**2.5**	**2.6**	**2.5**	**2.4**	**2.3**	**2.2**	**1.8**	**1.8**	**1.7**	**2.0**
北 京	Beijing	2.8	3.0	3.0	3.2	2.8	3.0	3.1	2.2	2.2	2.0	2.2
天 津	Tianjin	2.7	2.4	2.7	2.2	2.4	2.2	2.1	1.6	1.7	1.5	2.1
河 北	Hebei	2.2	2.5	2.6	2.4	2.2	2.2	2.2	1.6	1.8	1.7	2.0
山 西	Shanxi	1.7	2.2	2.5	2.2	2.1	2.1	2.1	1.5	1.6	1.6	1.8
内蒙古	Inner Mongolia	2.2	2.2	2.4	2.2	2.4	2.0	2.0	1.9	1.8	1.8	2.0
辽 宁	Liaoning	2.7	2.9	3.2	2.9	2.5	2.4	2.3	2.2	2.1	1.7	2.4
吉 林	Jilin	2.9	3.1	3.0	3.0	2.7	2.5	2.3	1.9	2.1	2.1	2.3
黑龙江	Heilongjiang	2.5	2.8	2.7	2.7	2.5	2.1	2.1	1.8	1.6	1.8	1.8
上 海	Shanghai	2.4	2.3	2.9	2.5	2.8	2.9	2.9	1.6	1.9	1.5	2.5
江 苏	Jiangsu	4.3	4.0	4.0	3.9	3.6	2.9	2.4	1.7	2.2	2.1	2.4
浙 江	Zhejiang	2.6	2.3	2.7	2.5	2.3	2.6	2.6	2.0	2.1	2.3	3.1
安 徽	Anhui	1.8	2.0	2.2	2.0	2.1	2.3	2.0	1.9	1.8	1.8	2.1
福 建	Fujian	2.5	2.5	2.3	2.0	1.9	2.2	2.0	1.5	1.6	1.6	1.9
江 西	Jiangxi	1.9	2.3	2.6	2.3	2.1	1.9	2.0	2.1	1.9	1.8	1.9
山 东	Shandong	2.4	2.6	2.7	2.7	2.3	2.2	2.1	1.9	1.9	1.9	2.1
河 南	Henan	2.6	2.9	2.9	2.7	2.3	2.1	2.0	1.5	1.6	1.6	2.1
湖 北	Hubei	2.1	2.1	2.4	2.0	2.3	2.3	2.2	1.8	1.7	1.6	2.2
湖 南	Hunan	2.2	2.8	3.1	3.5	3.8	3.2	2.7	2.1	2.0	2.2	1.9
广 东	Guangdong	2.3	2.4	2.5	2.6	2.7	3.0	2.6	2.0	1.9	1.7	2.1
广 西	Guangxi	1.7	1.8	2.0	1.9	1.8	1.9	1.8	1.5	1.2	1.5	1.6
海 南	Hainan	2.0	2.0	2.0	2.0	2.1	2.2	1.9	1.4	1.3	1.1	1.5
重 庆	Chongqing	2.0	2.1	2.1	2.1	2.0	1.8	1.8	1.7	1.6	1.7	1.9
四 川	Sichuan	1.9	2.1	2.1	2.0	2.1	2.1	2.2	1.8	1.7	1.6	1.8
贵 州	Guizhou	1.9	2.1	2.2	2.0	2.1	2.0	2.0	2.0	1.9	1.9	1.9
云 南	Yunnan	1.9	1.8	2.0	2.0	1.6	1.9	1.7	1.4	1.3	1.5	1.7
西 藏	Xizang	0.7	0.6	0.8	0.6	0.7	0.9	0.9	0.7	0.7	0.7	0.7
陕 西	Shaanxi	2.2	2.0	2.5	2.4	2.1	2.2	1.8	1.5	1.5	1.3	1.5
甘 肃	Gansu	1.9	2.0	2.3	2.0	1.8	1.9	1.5	1.5	1.5	1.5	1.6
青 海	Qinghai	1.7	2.0	1.9	2.0	1.5	1.6	1.6	1.5	1.5	1.2	1.4
宁 夏	Ningxia	2.7	2.5	2.6	2.3	2.3	2.2	2.0	1.4	1.1	1.2	1.3
新 疆	Xinjiang	1.7	1.6	1.4	1.6	1.5	1.3	1.1	1.1	1.2	1.0	1.3

1-4-1 文化娱乐用品及服务价格指数(2013—2023年)
Price Indices of Articles and Service for Culture and Recreation(2013-2023)

上年=100　　(preceding year=100)

年份 Year	居民消费价格指数 Consumer Price Index	文化娱乐 Culture and Recreation	文娱耐用消费品 Durable Consumer Goods for Culture and Recreation	其他文娱用品 Other Goods for Culture and Recreation	文化娱乐服务 Services for Culture and Recreation	旅游 Touring
2013	102.6	101.4	96.3	100.2	101.4	104.0
2014	102.0	101.3	97.3	100.3	101.3	105.0
2015	101.4	101.8	98.5	100.3	101.8	99.5
2016	102.0	100.4	97.3	100.8	100.9	102.0
2017	101.6	101.5	99.0	101.0	100.7	103.6
2018	102.1	101.4	98.3	101.9	100.8	103.3
2019	102.9	101.0	98.7	102.0	101.0	101.8
2020	102.5	100.1	98.7	100.4	99.1	101.1
2021	100.9	101.5	101.5	100.6	102.6	101.4
2022	102.0	101.3	99.8	101.1	100.3	103.2
2023	100.2	103.0	98.1	100.3	101.0	109.0

1-4-2 按城乡分文化娱乐用品及服务价格指数(2023年)
Price Indices of Articles and Service for Culture and Recreation in Urban and Rural Area (2023)

上年=100　　(preceding year=100)

项　目	Item	全国 National Indices	城市 Urban Indices	农村 Rural Indices
居民消费价格指数	**Consumer Price Index**	**100.2**	**100.3**	**100.1**
#文化娱乐	Culture and Recreation	103.0	103.2	101.5
文娱耐用消费品	Durable Consumer Goods for Culturaland Recreation Use	98.1	98.1	98.2
其他文娱用品	Other Articles	100.3	100.3	100.4
文化娱乐服务	Service for Culture and Recreation	101.0	101.0	100.8
旅游	Tourism	109.0	109.1	108.0

1-4-3 分地区文化娱乐用品及服务价格指数(2023年)
Per Capita Consumption Expenditure on Culture and Recreation of Households by Region(2023)

上年=100 (preceding year=100)

地区	Region	居民消费价格指数 Consumer Price Index	文化娱乐 Culture and Recreation	文娱耐用消费品 Durable Consumer Goods for Cultural and Recreation	其他文娱用品 Other Goods for Culture and Recreation	文化娱乐服务 Services for Culture and Recreation	旅游 Touring
全国	**National Total**	**100.2**	**103.0**	**98.1**	**100.3**	**101.0**	**109.0**
北京	Beijing	100.4	104.8	98.0	100.2	102.7	110.2
天津	Tianjin	100.4	104.1	98.3	100.2	100.5	111.2
河北	Hebei	100.6	101.6	99.1	100.4	101.2	104.7
山西	Shanxi	99.9	101.9	98.7	100.4	99.1	108.0
内蒙古	Inner Mongolia	100.6	101.4	99.4	100.8	100.5	104.0
辽宁	Liaoning	100.1	101.6	97.9	100.3	100.4	105.2
吉林	Jilin	99.9	101.9	97.9	100.4	100.0	105.9
黑龙江	Heilongjiang	100.6	102.3	99.9	100.1	101.0	107.1
上海	Shanghai	100.3	105.0	96.6	97.9	102.7	116.3
江苏	Jiangsu	100.4	102.3	97.6	101.3	100.7	106.4
浙江	Zhejiang	100.3	104.6	99.5	101.0	101.2	110.9
安徽	Anhui	100.2	102.0	97.8	99.6	101.3	106.4
福建	Fujian	100.0	101.8	99.1	100.5	100.6	104.7
江西	Jiangxi	100.3	103.9	99.5	101.2	101.4	110.7
山东	Shandong	100.1	103.3	99.1	100.3	100.8	111.7
河南	Henan	99.8	101.7	97.2	100.0	101.6	109.6
湖北	Hubei	100.1	102.8	98.6	100.7	101.5	108.2
湖南	Hunan	100.2	103.9	99.6	100.1	100.2	110.9
广东	Guangdong	100.4	104.2	97.7	100.6	101.5	111.9
广西	Guangxi	99.8	100.3	95.8	100.2	100.1	104.7
海南	Hainan	100.3	102.7	98.6	101.4	101.3	107.1
重庆	Chongqing	99.7	100.9	98.4	99.2	103.6	101.4
四川	Sichuan	100.0	103.8	97.0	100.5	101.3	110.6
贵州	Guizhou	99.7	99.8	97.6	100.6	98.7	101.9
云南	Yunnan	100.3	104.6	98.2	100.8	100.1	113.4
西藏	Xizang	99.9	100.9	100.0	100.3	101.0	104.3
陕西	Shaanxi	100.1	101.7	96.8	99.0	101.0	106.9
甘肃	Gansu	100.5	101.4	99.7	100.2	99.7	106.2
青海	Qinghai	100.5	101.2	96.9	101.1	100.4	105.6
宁夏	Ningxia	100.4	102.0	95.0	101.3	101.4	109.1
新疆	Xinjiang	100.0	101.0	97.8	100.7	100.2	104.0

1-5-1 文化、体育和娱乐业对外直接投资流量、存量(2012-2023年)
China's Annual Outward FDI Flows and Stock on Culture, Sports and Entertainment(2012-2023)

年 份 Year	流量金额 (亿美元) Amount of Flows (USD 100 million)	占流量总额的比重 (%) Share of Total Flows (%)	存量金额 (亿美元) Amount of Stock (USD 100 million)	占存量总额的比重 (%) Share of Total Stock (%)
2012	2.0	0.2	7.9	0.1
2013	3.1	0.3	11.0	0.2
2014	5.2	0.4	16.0	0.2
2015	17.5	1.2	32.5	0.3
2016	38.7	2.0	79.1	0.6
2017	2.6	0.2	81.2	0.4
2018	11.7	0.8	126.6	0.6
2019	5.2	0.4	126.3	0.6
2020	-21.3	—	127.0	0.5
2021	0.9	0.1	120.2	0.4
2022	15.3	0.9	112.1	0.4
2023	-1.4	—	101.5	0.3

1-5-2 文化产品进出口(2012-2023年)
Imports and Exports of Cultural Commodities(2012-2023)

年 份 Year	进出口总额 (亿美元) Total Imports & Exports (USD 100 million)	出口额 Total Exports	进口额 Total Imports	贸易差额 (亿美元) Balance (USD 100 million)	占货物进出口总额比重(%) Share of Total Imports and Exports (%)	占货物出口总额比重 Share of Exports	占货物进口总额比重 Share of Imports
2012	887.5	766.5	121.0	645.5	2.3	3.7	0.7
2013	1070.8	898.6	172.2	726.4	2.6	4.1	0.9
2014	1273.7	1118.3	155.4	962.9	3.0	4.8	0.8
2015	1013.2	870.9	142.3	728.6	2.6	3.8	0.8
2016	881.5	784.9	96.6	688.3	2.4	3.7	0.6
2017	971.2	881.9	89.3	792.5	2.4	3.9	0.5
2018	1023.8	925.3	98.5	826.8	2.2	3.7	0.5
2019	1114.5	998.9	115.7	883.2	2.4	4.0	0.6
2020	1086.9	972.0	114.9	857.1	2.3	3.8	0.6
2021	1558.1	1392.5	165.6	1227.0	2.6	4.2	0.6
2022	1802.6	1636.8	165.9	1470.9	2.9	4.6	0.6
2023	1621.8	1448.1	173.7	1274.4	2.7	4.3	0.7

注：2022年起，按照《文化产品进出口统计目录（2022年版）》标准统计(以下相关表同)。

a) Since 2022, data is according to "cultural products import and export statistics directory" (2022 Revision) standard statistics. The same applies to the relevant tables following.

1-5-3 按商品类别分文化产品进出口(2023年)
Imports and Exports of Cultural Commodities by Category of Commodities (2023)

单位：亿美元 (USD 100 million)

项 目	Item	进出口总 额 Total Imports & Exports	出口额 Total Exports	进口额 Total Imports	贸易差额 Balance
合 计	**Total**	**1621.8**	**1448.1**	**173.7**	**1274.4**
出版物	Publications	51.0	37.7	13.3	24.4
图书、报纸、期刊	Books,Newspapers and Magazines	21.4	17.3	4.1	13.2
音像制品及电子出版物	Audio-Vedio Products and Electronic Products	6.3	1.0	5.3	-4.2
其他出版物	Other Publications	23.2	19.3	3.9	15.4
工艺美术品及收藏品	Arts,Crafts and Collections	452.2	366.1	86.1	279.9
工艺美术品	Arts and Crafts	446.9	363.6	83.3	280.3
收藏品	Collections	5.3	2.5	2.8	-0.4
文化用品	Cultural Products	784.8	761.9	22.9	739.0
文具	Stationery	6.4	6.2	0.2	6.1
乐器	Musical Instruments	25.8	20.8	5.0	15.8
玩具	Toys	412.6	405.7	6.9	398.8
游艺器材及娱乐用品	Recreation Equipment and Entertainment Supplies	340.0	329.1	10.8	318.3
文化专用设备	Special Cultural equipment	333.9	282.5	51.4	231.1
印刷专用设备	Printing Equipment	31.8	22.0	9.8	12.1
广播电视电影专用设备	Radio,Television and Film Special Equipment	111.6	100.1	11.6	88.5
其它设备	Other Equipment	190.4	160.5	30.0	130.5

1-5-4　按贸易方式分文化产品进出口(2023年)
Imports and Exports of Cultural Commodities by Type of Trade (2023)

单位：亿美元　　(USD 100 million)

项　目	Item	进出口总额 Total Imports & Exports	出口额 Total Exports	进口额 Total Imports
贸易总额	**Total**	**1621.8**	**1448.1**	**173.7**
一般贸易	General Trade	865.0	771.4	93.7
加工贸易	Processing Trade	436.7	412.6	24.1
其他贸易	Other Trade	320.1	264.2	56.0

1-5-5　按企业性质分文化产品进出口(2023年)
Imports and Exports of Cultural Commodities by Registration Status of Enterprises (2023)

单位：亿美元　　(USD 100 million)

项　目	Item	进出口总额 Total Imports & Exports	出口额 Total Exports	进口额 Total Imports
贸易总额	**Total**	**1621.8**	**1448.1**	**173.7**
国有企业	State-owned Enterprises	73.0	38.9	34.1
外资企业	Foreign Funded Enterprises	411.9	351.3	60.5
集体、私营及其他企业	Collectived-owned, Private and Other Enterprises	1137.0	1057.9	79.1

1-5-6 文化产品前十五位出口市场(2018-2023年)
Ranking List of Exports of Cultural Commodities by Country (Region) of Destination(2018-2023)

位 次 Ranking	2018 国别(地区)	2018 Country (Region)	2018 累计金额(亿美元) Total Value (USD 100 million)	2019 国别(地区)	2019 Country (Region)	2019 累计金额(亿美元) Total Value (USD 100 million)
	合计	**Total**	**719.37**	**合计**	**Total**	**741.15**
1	美国	United States	282.68	美国	United States	264.87
2	中国香港	Hong Kong,China	144.09	中国香港	Hong Kong,China	143.97
3	荷兰	Netherlands	44.63	英国	United Kingdom	49.46
4	英国	United Kingdom	40.13	荷兰	Netherlands	46.52
5	日本	Japan	39.54	日本	Japan	38.34
6	德国	Germany	28.65	德国	Germany	33.57
7	印度	India	23.85	加拿大	Canada	24.47
8	加拿大	Canada	21.34	印度	India	20.64
9	澳大利亚	Australia	18.62	新加坡	Singapore	20.26
10	韩国	Korea Rep.	14.09	澳大利亚	Australia	19.33
11	俄罗斯	Russia	13.07	马来西亚	Malaysia	17.02
12	意大利	Italy	12.51	韩国	Korea Rep.	16.50
13	法国	France	12.32	意大利	Italy	15.88
14	西班牙	Spain	12.08	西班牙	Spain	15.23
15	墨西哥	Mexico	11.77	墨西哥	Mexico	15.09

位 次 Ranking	2020 国别(地区)	2020 Country (Region)	2020 累计金额(亿美元) Total Value (USD 100 million)	2021 国别(地区)	2021 Country (Region)	2021 累计金额(亿美元) Total Value (USD 100 million)
	合计	**Total**	**723.36**	**合计**	**Total**	**1069.63**
1	美国	United States	281.86	美国	United States	429.46
2	中国香港	Hong Kong,China	95.65	中国香港	Hong Kong,China	195.08
3	英国	United Kingdom	51.04	荷兰	Netherlands	65.27
4	日本	Japan	45.25	英国	United Kingdom	65.15
5	荷兰	Netherlands	45.25	日本	Japan	53.91
6	德国	Germany	32.15	德国	Germany	47.21
7	加拿大	Canada	26.14	韩国	Korea Rep.	31.09
8	新加坡	Singapore	24.03	澳大利亚	Australia	28.71
9	澳大利亚	Australia	22.89	加拿大	Canada	26.48
10	俄罗斯	Russia	21.14	墨西哥	Mexico	23.02
11	韩国	Korea Rep.	20.42	法国	France	22.53
12	印度	India	15.10	马来西亚	Malaysia	22.51
13	法国	France	14.66	俄罗斯	Russia	22.10
14	波兰	Poland	13.95	意大利	Italy	19.00
15	沙特阿拉伯	Saudi Arabia	13.83	西班牙	Spain	18.09

1-5-6 续表 continued

位 次 Ranking	2022			2023		
	国别(地区)	Country (Region)	累计金额(亿美元) Total Value (USD 100 million)	国别(地区)	Country (Region)	累计金额(亿美元) Total Value (USD 100 million)
	合计	**Total**	**1218.32**	**合计**	**Total**	**1062.52**
1	美国	United States	501.41	美国	United States	395.31
2	中国香港	Hong Kong,China	160.03	中国香港	Hong Kong,China	157.05
3	荷兰	Netherlands	83.75	荷兰	Netherlands	81.34
4	日本	United Kingdom	73.20	日本	Japan	69.32
5	英国	Japan	64.95	英国	United Kingdom	54.17
6	德国	Germany	48.42	德国	Germany	38.92
7	澳大利亚	Australia	38.99	澳大利亚	Australia	35.80
8	韩国	Korea Rep.	38.63	马来西亚	Malaysia	34.51
9	墨西哥	Mexico	34.71	越南	Vietnam	31.13
10	越南	Vietnam	33.82	韩国	Korea Rep.	30.93
11	马来西亚	Malaysia	32.76	墨西哥	Mexico	30.41
12	加拿大	Canada	29.02	新加坡	Singapore	28.91
13	印度	India	27.85	俄罗斯	Russia	27.35
14	意大利	Italy	26.75	印度	India	25.16
15	法国	France	24.01	加拿大	Canada	22.21

1-5-7 文化产品前十五位进口市场（2018-2023年）
Ranking List of Imports of Cultural Commodities by Country (Region) of Origin(2018-2023)

位 次 Ranking	2018			2019		
	国别(地区)	Country (Region)	累计金额(亿美元) Total Value (USD 100 million)	国别(地区)	Country (Region)	累计金额(亿美元) Total Value (USD 100 million)
	合计	**Total**	**73.26**	**合计**	**Total**	**73.26**
1	德国	Germany	10.25	德国	Germany	10.25
2	韩国	Korea Rep.	10.14	韩国	Korea Rep.	10.14
3	美国	United States	9.13	美国	United States	9.13
4	越南	Vietnam	8.65	越南	Vietnam	8.65
5	日本	Japan	8.34	日本	Japan	8.34
6	意大利	Italy	5.26	意大利	Italy	5.26
7	泰国	Thailand	3.05	泰国	Thailand	3.05
8	中国台湾	Taiwan,China	2.84	中国台湾	Taiwan,China	2.84
9	英国	United Kingdom	2.81	英国	United Kingdom	2.81
10	法国	France	2.78	法国	France	2.78
11	瑞士	Switzerland	2.67	瑞士	Switzerland	2.67
12	中国香港	Hong Kong,China	2.13	中国香港	Hong Kong,China	2.13
13	印度尼西亚	Indonesia	2.06	印度尼西亚	Indonesia	2.06
14	新加坡	Singapore	2.04	新加坡	Singapore	2.04
15	菲律宾	Philippines	1.11	菲律宾	Philippines	1.11

1-5-7 续表 continued

位 次 Ranking	2020 国别(地区)	2020 Country (Region)	2020 累计金额(亿美元) Total Value (USD 100 million)	2021 国别(地区)	2021 Country (Region)	2021 累计金额(亿美元) Total Value (USD 100 million)
	合计	**Total**	**82.41**	**合计**	**Total**	**152.72**
1	意大利	Italy	11.95	中国香港	Hong Kong,China	54.00
2	法国	France	11.92	瑞士	Switzerland	18.53
3	德国	Germany	10.78	美国	United States	13.69
4	美国	United States	10.63	德国	Germany	13.46
5	日本	Japan	10.09	日本	Japan	10.99
6	瑞士	Switzerland	6.28	法国	France	10.07
7	中国香港	Hong Kong,China	5.13	意大利	Italy	6.26
8	英国	United Kingdom	3.86	中国台湾	Taiwan,China	4.17
9	新加坡	Singapore	3.78	新加坡	Singapore	4.04
10	中国台湾	Taiwan,China	2.22	爱尔兰	Ireland	3.67
11	韩国	Korea Rep.	1.64	韩国	Korea Rep.	3.56
12	印度尼西亚	Indonesia	1.60	英国	United Kingdom	3.33
13	加拿大	Canada	0.97	荷兰	Netherlands	2.61
14	荷兰	Netherlands	0.93	泰国	Thailand	2.45
15	波兰	Poland	0.64	印度尼西亚	Indonesia	1.88

位 次 Ranking	2022 国别(地区)	2022 Country (Region)	2022 累计金额(亿美元) Total Value (USD 100 million)	2023 国别(地区)	2023 Country (Region)	2023 累计金额(亿美元) Total Value (USD 100 million)
	合计	**Total**	**121.08**	**合计**	**Total**	**135.38**
1	日本	Japan	19.03	法国	France	18.89
2	法国	France	17.29	日本	Japan	18.69
3	美国	United States	15.34	意大利	Italy	15.85
4	意大利	Italy	14.43	美国	United States	15.30
5	德国	Germany	13.31	德国	Germany	12.74
6	瑞士	Switzerland	8.20	缅甸	France	11.50
7	越南	Vietnam	6.29	瑞士	Italy	9.56
8	泰国	Thailand	5.56	泰国	Taiwan,China	6.59
9	英国	United Kingdom	4.10	中国香港	Hong Kong,China	6.18
10	中国香港	Hong Kong,China	3.52	越南	Vietnam	6.17
11	马来西亚	Malaysia	3.38	英国	England	3.65
12	中国台湾	Taiwan,China	3.30	中国台湾	Taiwan,China	3.04
13	匈牙利	Hungary	2.76	马来西亚	Malaysia	2.47
14	印度尼西亚	Indonesia	2.31	匈牙利	Hungary	2.46
15	墨西哥	Mexico	2.25	韩国	Korea Rep.	2.29

1-5-8 与“一带一路”沿线国家和地区文化产品进出口(2012-2023年)
Imports and Exports of Cultural Commodities with Countries and Regions along the Belt and Road(2012-2023)

年 份 Year	进出口总额(亿美元) Total Imports & Exports (USD 100 million)	出口额 Total Exports	进口额 Total Imports	贸易差额(亿美元) Balance (USD 100 million)	占文化产品进出口总额比重(%) Share of Cultural Commodities (%)	占文化产品出口总额比重 Share of Exports	占文化产品进口总额比重 Share of Imports
2012	129.1	103.4	25.7	77.7	14.5	13.5	21.2
2013	157.7	125.8	31.9	93.9	14.7	14.0	18.5
2014	169.9	133.9	36.0	97.9	13.3	12.0	23.2
2015	168.5	133.1	35.4	97.7	16.6	15.3	24.9
2016	148.7	125.5	23.2	102.3	16.9	16.0	24.1
2017	176.2	157.9	18.3	139.5	18.1	17.9	20.5
2018	184.8	162.8	22.0	140.8	18.1	17.6	22.3
2019	229.3	203.4	25.9	177.5	20.6	20.4	22.4
2020	227.1	209.9	17.2	192.6	20.9	21.6	15.0
2021	259.3	240.0	19.3	220.8	16.6	17.2	11.6
2022	361.0	334.6	26.5	308.1	20.0	20.4	16.0
2023	484.5	430.1	54.4	375.7	29.9	29.7	31.3

1-5-9 按商品类别分与“一带一路”沿线国家和地区文化产品进出口(2023年)
Imports and Exports of Cultural Commodities by Category of Commodities (2023)

单位：亿美元 (USD 100 million)

项 目	Item	进出口总额 Total Imports & Exports	出口额 Total Exports	进口额 Total Imports	贸易差额 Balance
合 计	**Total**	**484.5**	**430.1**	**54.4**	**375.7**
出版物	Publications	10.7	8.2	2.5	5.7
图书、报纸、期刊	Books,Newspapers and Magazines	3.2	2.4	0.8	1.6
音像制品及电子出版物	Audio-Vedio Products and Electronic Products	1.2	0.3	0.9	-0.7
其他出版物	Other Publications	6.4	5.6	0.8	4.7
工艺美术品及收藏品	Arts,Crafts and Collections	114.1	85.2	29.0	56.2
工艺美术品	Arts and Crafts	114.0	85.2	28.9	56.3
收藏品	Collections	0.1	0.0	0.1	-0.1
文化用品	Cultural Products	234.9	229.0	5.9	223.1
文具	Stationery	2.4	2.3	0.0	2.3
乐器	Musical Instruments	8.2	6.7	1.5	5.2
玩具	Toys	175.0	171.7	3.2	168.5
游艺器材及娱乐用品	Recreation Equipment and Entertainment Supplies	49.3	48.2	1.1	47.2
文化设备	Cultural Equipment	124.8	107.8	17.0	90.8
印刷专用	Special Cultural equipment	11.7	10.4	1.2	9.2
广播电视	Radio and Television	38.8	34.8	4.1	30.7
其他设备	Other equipment	74.3	62.6	11.7	50.9

1-6-1 全国一般公共预算文化旅游体育与传媒支出(2012-2023年)
Expenditure for Culture, Tourism, Sport and Media of National Government Budget(2012-2023)

单位：亿元 (100 million yuan)

年 份	一般公共预算文化旅游体育与传媒支出 Expenditure for Culture, Tourism, Sport and Media	文化和旅游 Culture and Tourism	文物 Cultural Relics	体育 Sport	广播影视新闻出版 Radio,Film, Television, Press and Publication	其他 Others	占一般公共预算支出比重 Proportion of National Government Budget
2012	2268.35	757.10	259.53	272.49	663.73	315.49	1.80
2013	2544.39	858.59	314.14	299.08	662.14	410.44	1.81
2014	2691.48	917.42	311.18	370.75	684.28	407.86	1.77
2015	3076.64	1064.54	338.50	356.48	754.79	562.33	1.75
2016	3163.08	1160.46	350.86	389.48	741.47	520.81	1.68
2017	3391.93	1254.68	355.54	474.85	770.88	535.98	1.67
2018	3537.86	1285.73	392.29	494.72	774.84	590.29	1.60
2019	4086.31	1783.30	385.92	537.97	776.15	602.97	1.71
2020	4245.58	1950.12	381.60	507.64	760.48	645.74	1.73
2021	3985.23	1839.67	384.73	470.06	722.45	568.32	1.62
2022	3913.32	1850.50	376.61	469.74	714.14	502.33	1.50
2023	3965.36	1795.16	433.07	481.02	702.62	553.49	1.44

注：因政府收支分类科目调整，自2019年起“文化”决算数改为“文化和旅游”科目决算数，2018年及以前仅包括“文化”（以下相关表同）。

a) Since 2019, data of "Culture" refers to "Culture and tourism" because of the adjustment of government revenue and expenditure classification. Data of 2009-2018 only include "Culture". The same applies to the relevant tables following.

1-6-2 分地区全国一般公共预算文化旅游体育与传媒支出(2023年)
Expenditure for Culture, Tourism, Sport and Media of National Government Budget by Region (2023)

单位：亿元 (100 million yuan)

地区	Region	一般公共预算文化旅游体育与传媒支出 Expenditure for Culture,Tourism, Sport and Media	文化和旅游 Culture and Tourism	文物 Cultural Relics	体育 Sport	广播影视新闻出版 Radio,Film, Television, Press and Publication	其他 Others
全国	**National Total**	**3965.36**	**1795.16**	**433.07**	**481.02**	**702.62**	**553.49**
中央	Central-level	172.69	32.99	17.77	17.74	103.94	0.25
地方合计	Regional Total	3792.67	1762.17	415.30	463.28	598.68	553.24
北京	Beijing	215.87	102.87	41.70	26.95	31.63	12.73
天津	Tianjin	30.63	15.13	3.40	7.29	3.49	1.32
河北	Hebei	130.39	53.28	14.69	17.30	25.75	19.37
山西	Shanxi	117.16	48.75	23.96	10.57	22.16	11.72
内蒙古	Inner Mongolia	130.20	59.79	11.27	15.00	32.40	11.73
辽宁	Liaoning	88.12	32.16	8.95	10.29	25.84	10.89
吉林	Jilin	55.09	23.67	3.81	9.13	16.93	1.56
黑龙江	Heilongjiang	67.67	22.20	4.74	9.60	13.78	17.35
上海	Shanghai	152.70	66.32	14.36	34.95	6.25	30.82
江苏	Jiangsu	229.93	116.45	23.43	23.95	24.33	41.77
浙江	Zhejiang	291.44	130.78	24.92	52.82	26.70	56.23
安徽	Anhui	82.66	36.51	9.21	9.31	17.47	10.16
福建	Fujian	106.83	51.84	9.89	11.41	17.17	16.53
江西	Jiangxi	121.16	58.62	10.43	8.48	21.15	22.47
山东	Shandong	157.42	67.76	14.03	21.31	31.11	23.21
河南	Henan	125.99	58.97	21.31	9.32	24.50	11.87
湖北	Hubei	133.80	67.41	13.63	16.54	24.94	11.28
湖南	Hunan	142.49	71.25	14.11	11.12	20.48	25.53
广东	Guangdong	360.52	163.64	30.09	48.94	19.43	98.43
广西	Guangxi	82.77	36.29	5.58	19.25	14.22	7.43
海南	Hainan	42.75	19.69	2.96	4.67	6.86	8.57
重庆	Chongqing	66.19	35.90	8.57	6.62	8.32	6.78
四川	Sichuan	213.25	98.32	30.47	26.45	34.88	23.13
贵州	Guizhou	95.52	58.52	4.29	6.10	11.75	14.86
云南	Yunnan	97.50	57.73	5.93	6.27	18.97	8.59
西藏	Xizang	52.93	26.27	4.28	3.03	17.80	1.55
陕西	Shaanxi	136.51	61.87	30.57	14.36	12.37	17.34
甘肃	Gansu	83.98	41.98	12.32	8.29	14.81	6.59
青海	Qinghai	43.59	17.00	4.77	4.63	10.01	7.18
宁夏	Ningxia	25.76	11.92	1.45	2.13	6.39	3.88
新疆	Xinjiang	111.83	49.26	6.18	7.24	36.79	12.37

1-6-3 地方一般公共预算文化旅游体育与传媒支出(2012-2023年)
Expenditure for Culture, Tourism, Sport and Media of Regional Government Budget (2012-2023)

单位：亿元 (100 million yuan)

地　区	Region	2012	2013	2014	2015	2016	2017
地方合计	**Regional Total**	**2074.79**	**2339.94**	**2468.48**	**2804.65**	**2915.13**	**3121.02**
北　京	Beijing	141.37	154.71	163.90	188.50	198.35	208.96
天　津	Tianjin	35.85	44.53	47.87	51.73	57.16	57.94
河　北	Hebei	59.29	72.71	82.66	88.34	87.54	103.19
山　西	Shanxi	60.20	66.69	63.95	73.08	72.64	71.92
内蒙古	Inner Mongolia	87.21	88.05	91.90	95.81	89.25	116.79
辽　宁	Liaoning	79.25	95.34	92.60	88.59	84.70	86.44
吉　林	Jilin	47.48	56.55	61.16	73.01	72.03	70.69
黑龙江	Heilongjiang	47.27	52.37	45.63	53.17	53.21	53.56
上　海	Shanghai	72.51	89.17	86.38	108.22	113.34	191.32
江　苏	Jiangsu	150.90	173.54	190.86	196.06	193.28	194.37
浙　江	Zhejiang	94.18	106.00	115.36	165.38	158.72	159.66
安　徽	Anhui	71.43	79.50	82.25	88.19	84.23	80.94
福　建	Fujian	46.07	57.88	64.18	84.82	81.25	87.34
江　西	Jiangxi	44.77	52.62	60.03	68.90	70.49	74.65
山　东	Shandong	114.27	127.53	127.75	137.26	137.47	141.90
河　南	Henan	69.63	80.78	91.16	105.38	97.33	97.52
湖　北	Hubei	62.47	72.44	76.65	84.03	96.61	95.26
湖　南	Hunan	54.50	68.95	80.01	111.74	140.68	148.83
广　东	Guangdong	137.64	141.68	168.16	194.58	229.71	285.87
广　西	Guangxi	45.52	49.85	68.52	79.00	71.08	64.36
海　南	Hainan	19.85	21.90	23.51	25.48	26.90	29.86
重　庆	Chongqing	33.08	34.94	36.02	47.01	47.98	48.89
四　川	Sichuan	120.70	142.40	135.65	139.41	145.20	142.46
贵　州	Guizhou	49.85	48.68	54.69	61.20	67.34	64.73
云　南	Yunnan	62.06	61.35	56.21	61.66	77.93	71.30
西　藏	Xizang	24.18	22.51	34.10	34.73	34.85	44.93
陕　西	Shaanxi	91.81	100.44	93.23	103.09	125.85	121.95
甘　肃	Gansu	49.87	59.76	49.60	62.76	63.84	64.59
青　海	Qinghai	18.92	25.84	34.16	33.60	33.31	37.58
宁　夏	Ningxia	14.44	16.60	16.02	20.97	25.23	22.82
新　疆	Xinjiang	68.23	74.63	74.32	78.96	77.61	80.40

1-6-3 续表 continued

单位：亿元 (100 million yuan)

地区	Region	2018	2019	2020	2021	2022	2023
地方合计	**Regional Total**	**3256.73**	**3777.47**	**3995.34**	**3774.09**	**3740.00**	**3792.67**
北京	Beijing	245.43	279.32	225.11	220.06	204.95	215.87
天津	Tianjin	52.92	46.41	34.01	36.97	29.78	30.63
河北	Hebei	115.17	158.00	163.73	127.08	142.15	130.39
山西	Shanxi	92.85	112.24	112.31	97.04	107.98	117.16
内蒙古	Inner Mongolia	109.27	119.34	123.64	107.33	108.38	130.20
辽宁	Liaoning	71.59	85.98	89.73	84.36	89.06	88.12
吉林	Jilin	70.24	71.75	71.92	61.08	58.07	55.09
黑龙江	Heilongjiang	46.20	54.70	58.37	55.42	60.30	67.67
上海	Shanghai	186.52	179.87	161.26	156.42	162.18	152.70
江苏	Jiangsu	197.22	264.53	311.68	271.01	246.78	229.93
浙江	Zhejiang	174.59	203.26	229.62	249.35	269.28	291.44
安徽	Anhui	79.77	87.98	97.06	86.10	86.64	82.66
福建	Fujian	84.73	104.00	112.88	104.82	117.35	106.83
江西	Jiangxi	79.10	87.60	120.35	117.32	123.37	121.16
山东	Shandong	153.52	189.50	170.11	180.36	167.47	157.42
河南	Henan	103.04	127.87	140.93	122.01	130.22	125.99
湖北	Hubei	113.15	148.53	146.52	131.37	131.06	133.80
湖南	Hunan	134.54	144.83	139.87	134.98	136.98	142.49
广东	Guangdong	321.84	350.33	417.22	395.59	350.19	360.52
广西	Guangxi	63.59	76.33	109.49	88.51	81.36	82.77
海南	Hainan	47.37	56.34	53.22	37.74	38.66	42.75
重庆	Chongqing	49.31	55.24	64.89	64.23	61.05	66.19
四川	Sichuan	154.91	196.48	229.27	210.47	202.18	213.25
贵州	Guizhou	60.80	68.76	72.76	117.08	123.58	95.52
云南	Yunnan	72.20	77.90	93.08	77.57	78.40	97.50
西藏	Xizang	46.02	57.55	59.43	46.56	45.01	52.93
陕西	Shaanxi	126.11	127.58	140.57	161.76	137.13	136.51
甘肃	Gansu	72.52	84.85	88.43	82.71	84.70	83.98
青海	Qinghai	35.49	42.39	45.93	36.99	37.96	43.59
宁夏	Ningxia	23.33	25.85	29.43	24.39	25.76	25.76
新疆	Xinjiang	73.39	92.14	82.50	87.44	102.02	111.83

1-6-4 地方一般公共预算中文化旅游体育与传媒支出所占比重(2012-2023年)
Expenditure for Culture, Tourism, Sport and Media of and Its Percentage in Regional Government Budget(2012-2023)

单位：亿元 (100 million yuan)

地 区	Region	2012	2013	2014	2015	2016	2017	2018	2019	2020	2021	2022	2023
地方合计	**Regional Total**	**1.94**	**1.95**	**1.91**	**1.87**	**1.82**	**1.80**	**1.73**	**1.85**	**1.90**	**1.79**	**1.66**	**1.60**
北 京	Beijing	3.84	3.71	3.62	3.29	3.10	3.06	3.28	3.77	3.16	3.05	2.74	2.71
天 津	Tianjin	1.67	1.75	1.66	1.60	1.55	1.77	1.71	1.31	1.08	1.17	1.09	0.93
河 北	Hebei	1.45	1.65	1.77	1.57	1.45	1.55	1.49	1.90	1.81	1.44	1.53	1.36
山 西	Shanxi	2.18	2.20	2.07	2.13	2.12	1.91	2.17	2.38	2.20	1.92	1.84	1.85
内蒙古	Inner Mongolia	2.55	2.39	2.37	2.25	1.98	2.58	2.26	2.34	2.35	2.05	1.84	1.90
辽 宁	Liaoning	1.74	1.83	1.82	1.98	1.85	1.77	1.34	1.50	1.49	1.43	1.42	1.34
吉 林	Jilin	1.92	2.06	2.10	2.27	2.01	1.90	1.85	1.82	1.74	1.65	1.44	1.25
黑龙江	Heilongjiang	1.49	1.55	1.33	1.32	1.26	1.15	0.99	1.09	1.07	1.09	1.11	1.17
上 海	Shanghai	1.73	1.97	1.75	1.75	1.64	2.53	2.23	2.20	1.99	1.86	1.73	1.58
江 苏	Jiangsu	2.15	2.23	2.25	2.02	1.94	1.83	1.69	2.10	2.28	1.86	1.66	1.51
浙 江	Zhejiang	2.26	2.24	2.24	2.49	2.28	2.12	2.02	2.02	2.28	2.26	2.24	2.36
安 徽	Anhui	1.80	1.83	1.76	1.68	1.53	1.30	1.21	1.19	1.30	1.13	1.03	0.96
福 建	Fujian	1.77	1.89	1.94	2.12	1.90	1.86	1.75	2.05	2.16	2.01	2.06	1.82
江 西	Jiangxi	1.48	1.52	1.55	1.56	1.53	1.46	1.40	1.37	1.80	1.73	1.69	1.62
山 东	Shandong	1.94	1.91	1.78	1.66	1.57	1.53	1.52	1.76	1.51	1.54	1.38	1.25
河 南	Henan	1.39	1.45	1.51	1.55	1.31	1.19	1.12	1.26	1.36	1.25	1.22	1.14
湖 北	Hubei	1.66	1.66	1.55	1.37	1.50	1.40	1.56	1.86	1.74	1.66	1.52	1.44
湖 南	Hunan	1.32	1.47	1.59	1.95	2.22	2.17	1.80	1.80	1.66	1.62	1.52	1.49
广 东	Guangdong	1.86	1.68	1.84	1.52	1.71	1.90	2.05	2.03	2.39	2.17	1.89	1.95
广 西	Guangxi	1.52	1.55	1.97	1.94	1.60	1.31	1.20	1.30	1.77	1.52	1.38	1.36
海 南	Hainan	2.18	2.17	2.14	2.06	1.95	2.07	2.80	3.03	2.70	1.91	1.84	1.90
重 庆	Chongqing	1.09	1.14	1.09	1.24	1.20	1.13	1.09	1.14	1.33	1.33	1.25	1.25
四 川	Sichuan	2.21	2.29	2.00	1.86	1.81	1.64	1.60	1.90	2.05	1.88	1.70	1.67
贵 州	Guizhou	1.81	1.58	1.54	1.55	1.58	1.40	1.21	1.16	1.27	2.09	2.11	1.54
云 南	Yunnan	1.74	1.50	1.27	1.31	1.55	1.25	1.19	1.15	1.33	1.17	1.17	1.45
西 藏	Xizang	2.67	2.22	2.88	2.51	2.19	2.67	2.34	2.63	2.69	2.30	1.74	1.88
陕 西	Shaanxi	2.76	2.74	2.35	2.36	2.87	2.52	2.38	2.23	2.37	2.67	2.03	1.90
甘 肃	Gansu	2.42	2.59	1.95	2.12	2.03	1.95	1.92	2.15	2.12	2.05	1.99	1.86
青 海	Qinghai	1.63	2.10	2.54	2.22	2.18	2.46	2.15	2.27	2.38	1.99	1.92	1.99
宁 夏	Ningxia	1.67	1.80	1.60	1.84	2.01	1.66	1.64	1.80	1.99	1.71	1.62	1.47
新 疆	Xinjiang	2.51	2.43	2.24	2.08	1.88	1.73	1.46	1.73	1.49	1.63	1.49	1.48

2

文化及相关产业法人单位发展情况

Condition on Legal Entities of Culture and Related Industries

2-1-1 按类别分文化及相关产业法人单位基本情况(2023年)

Statistics on Culture and Related Industries by Caregory(2023)

单位：万元 (10 000 yuan)

类别	Caregory	法人单位数（个） Number of Enterprises (unit)	年末从业人员（人） Engaged Persons at Year-end (person)	资产总计 Total Assets	营业收入 Total Revenue	利润总额 Total Profit
合 计	**Total**	**3078545**	**22377123**	**3277111576**	**1787380994**	**164452949**
#文化新业态行业	Culture-Related New Form of Industry	387303	3269260	777103640	592536630	85361741
一、按产业类型分	**by Industry Type**					
文化制造业	Culture-Related Manufacture	255663	5570584	454812619	463350310	24093900
文化批发和零售业	Culture-Related Whole and Retail Trade	443225	2023216	239531618	307689543	13189981
文化服务业	Culture-Related Service	2379657	14783323	2582767340	1016341141	127169067
二、按领域分	**by Field**					
文化核心产业	Cultural Core Industry	1980568	14081438	2581014974	1172935528	132265634
文化相关产业	Culture-Related Industry	1097977	8295685	696096602	614445466	32187315
三、按行业类别分	**by Industry Category**					
新闻信息服务	News Information Service	178558	1528013	365306842	205078924	37379713
内容创作生产	Creation and Manufacture of Content	467223	4273027	608747904	358121300	55675549
创意设计服务	Services of Creative Design	946189	5229252	397384383	362628105	23223849
文化传播渠道	Cultural Diffusion Channel	206341	1481630	268329559	190345720	8177600
文化投资运营	Investment and Operation of Culture	16288	137978	580102317	14337083	3348007
文化娱乐休闲服务	Culture Leisure and Entertainment	165969	1431538	361143970	42424398	4460916
文化辅助生产和中介服务	Supplementary Manufacture of Culture and Intermediary Services	777642	4974463	410117175	250350909	17589418
文化装备生产	Manufacture of Culture Equipment	41733	739900	71703205	70302801	3720903
文化消费终端生产	Manufacture of Culture Consumption Endpoint	278602	2581322	214276222	293791756	10876993

注：文化新业态特征明显的16个行业小类是：广播电视集成播控，互联网搜索服务，互联网其他信息服务，数字出版，其文化艺术业，动漫、游戏数字内容服务，互联网游戏服务，多媒体、游戏动漫和数字出版软件开发，增值电信文化服务，其他文化数字内容服务，互联网广告服务，互联网文化娱乐平台，版权和文化软件服务，娱乐用智能无人飞行器制造，可穿戴智能文化设备制造，其他智能文化消费设备制造。

a) The 16 industry subcategories with obvious new business forms characteristics are: integrated broadcasting and television control, internet search services, other information services on the Internet, digital publishing, other cultural and artistic industries, digital content services for anime and games, internet gaming services, development of multimedia, game animation, and digital publishing software, value added telecommunications cultural services, other cultural digital content services, internet advertising services, internet cultural and entertainment platforms, copyright and cultural software services, manufacturing of intelligent unmanned aerial vehicles for entertainment, manufacturing of wearable intelligent cultural devices, manufacturing of other intelligent cultural consumer equipment.

2-1-2 按区域和地区分文化及相关产业法人单位基本情况(2023年)
Statistics on Culture and Related Industries above Designated Size by Caregory(2023)

单位：万元 (10 000 yuan)

地 区	Region	法人单位数(个) Number of Enterprises (unit)	年末从业人员(人) Engaged Persons at Year-end (person)	资产总计 Total Assets	营业收入 Total Revenue	利润总额 Total Profit
全 国	**National Total**	**3078545**	**22377123**	**3277111576**	**1787380994**	**164452949**
一、按区域分						
东部地区	Eastern Region	1767270	12961709	2249761822	1315414816	115744759
中部地区	Central Region	651053	5144526	446565944	267703764	27433000
西部地区	Western Region	545971	3573631	520114515	179864947	19672184
东北地区	Northeast Region	114251	697257	60669295	24397466	1603006
二、按地区分						
北 京	Beijing	178134	1091093	420999775	228855976	24590446
天 津	Tianjin	32436	182841	36381029	18436661	689908
河 北	Hebei	118457	669066	52502245	20380776	1965982
山 西	Shanxi	57728	274140	30784595	8184561	318359
内蒙古	Inner Mongolia	29648	145376	15138050	3509264	210140
辽 宁	Liaoning	60976	394535	39362973	15231087	660986
吉 林	Jilin	26535	166829	12467785	5113973	764038
黑龙江	Heilongjiang	26740	135893	8838537	4052406	177982
上 海	Shanghai	79620	772710	236381290	153666747	11373429
江 苏	Jiangsu	321921	2579043	533188955	199791441	13987594
浙 江	Zhejiang	223832	1682118	331229161	200113861	24765868
安 徽	Anhui	109354	739424	86150300	42101205	3654865
福 建	Fujian	119295	1031481	72085389	82412899	6812417
江 西	Jiangxi	62066	623962	58838526	35527556	3277770
山 东	Shandong	226000	1521280	151860225	120282211	7508907
河 南	Henan	175371	1388257	72340330	51645351	6434307
湖 北	Hubei	143869	1140234	130149849	78764096	7723286
湖 南	Hunan	102665	978509	68302344	51480996	6024414
广 东	Guangdong	445982	3333101	382464459	275369867	23283179
广 西	Guangxi	56666	340049	37553739	14898408	1100706
海 南	Hainan	21593	98976	32669295	16104378	767029
重 庆	Chongqing	87345	619324	97256351	38629394	5873053
四 川	Sichuan	134305	1008800	146020534	68924869	8786490
贵 州	Guizhou	37354	244764	74079565	8214937	846014
云 南	Yunnan	50680	332512	34209259	13046415	1517490
西 藏	Xizang	6156	41812	5849040	1981289	45269
陕 西	Shaanxi	76230	460812	66777434	18974934	878887
甘 肃	Gansu	29356	160273	15356210	3707857	116864
青 海	Qinghai	8683	44387	3581381	719383	4123
宁 夏	Ningxia	8767	53802	4765358	1357691	29804
新 疆	Xinjiang	20781	121720	19527594	5900507	263345

2-2-1 按类别分规模以上文化及相关产业企业基本情况(2023年)
Statistics on Culture and Related Industries above Designated Size by Caregory(2023)

单位：万元 (10 000 yuan)

类别	Category	法人单位数(个) Number of Enterprises (unit)	年末从业人员(人) Engaged Persons at Year-end (person)	固定资产原价 Original Value of Fixed Assets	本年折旧 Depreciation of Current Year
合计	**Total**	**74838**	**7264866**	**381395301**	**26894707**
#文化新业态行业	Culture-Related New Form of Industry	10163	1540480	62434794	7680750
一、按产业类型分	**by Industry Type**				
文化制造业	Culture-Related Manufacture	20815	3219909	158040060	11391867
文化批发和零售业	Culture-Related Whole and Retail Trade	14392	534657	11780524	693732
文化服务业	Culture-Related Service	39631	3510300	211574717	14809109
二、按领域分	**by Field**				
文化核心产业	Cultural Core Industry	44661	4158597	223236912	15834861
文化相关产业	Culture-Related Industry	30177	3106269	158158389	11059847
三、按行业类别分	**by Industry Category**				
新闻信息服务	News Information Service	2794	525456	35647085	3402735
内容创作生产	Creation and Manufacture of Content	14099	1526332	48859494	4768531
创意设计服务	Services of Creative Design	13041	998937	16196648	1026143
文化传播渠道	Cultural Diffusion Channel	9294	655591	51243654	3012305
文化投资运营	Investment and Operation of Culture	601	41558	14547591	844104
文化娱乐休闲服务	Culture Leisure and Entertainment	4832	410723	56742441	2781044
文化辅助生产和中介服务	Supplementary Manufacture of Culture and Intermediary Services	14554	1292470	106919324	6857761
文化装备生产	Manufacture of Culture Equipment	3324	491230	19500266	1475543
文化消费终端生产	Manufacture of Culture Consumption Endpoint	12299	1322569	31738799	2726543

2-2-1 续表 1 continued

单位：万元 (10 000 yuan)

类　别	Caregory	资产总计 Total Assets	营业收入 Total Revenue	营业成本 Operating Cost	税金及附加 Total Tax and Extra Charges
合　计	**Total**	**1992563670**	**1303422189**	**992655749**	**6486720**
#文化新业态行业	Culture-Related New Form of Industry	677750345	527710244	343885825	2303127
一、按产业类型分	**by Industry Type**				
文化制造业	Culture-Related Manufacture	368314178	382277602	329866659	2085671
文化批发和零售业	Culture-Related Whole and Retail Trade	161052431	217781854	193399590	708463
文化服务业	Culture-Related Service	1463197062	703362732	469389500	3692586
二、按领域分	**by Field**				
文化核心产业	Cultural Core Industry	1540531716	860395311	610674282	4330558
文化相关产业	Culture-Related Industry	452031955	443026878	381981468	2156162
三、按行业类别分	**by Industry Category**				
新闻信息服务	News Information Service	311916206	174747598	103969722	932383
内容创作生产	Creation and Manufacture of Content	427574918	285705948	183741515	1293287
创意设计服务	Services of Creative Design	202867665	221988836	190183128	1006927
文化传播渠道	Cultural Diffusion Channel	210397429	150910698	117502675	661352
文化投资运营	Investment and Operation of Culture	224727096	7416939	4277251	188654
文化娱乐休闲服务	Culture Leisure and Entertainment	163048403	19625292	10999990	247954
文化辅助生产和中介服务	Supplementary Manufacture of Culture and Intermediary Services	230451503	152614046	125590305	891279
文化装备生产	Manufacture of Culture Equipment	59408731	59416359	49911225	243370
文化消费终端生产	Manufacture of Culture Consumption Endpoint	162171721	230996473	206479938	1021513

2-2-1 续表 2 continued

单位：万元 (10 000 yuan)

类 别	Category	销售费用 Selling Expense	管理费用 Administration Expense	研发费用 R&D Expense	财务费用 Financial Expense
合 计	**Total**	**81241178**	**77055828**	**44822480**	**2601653**
#文化新业态行业	Culture-Related New Form of Industry	49685425	32719327	32410882	-2757052
一、按产业类型分	**by Industry Type**				
文化制造业	Culture-Related Manufacture	9463082	14276850	9757159	1992052
文化批发和零售业	Culture-Related Whole and Retail Trade	11245169	6114343	253873	364754
文化服务业	Culture-Related Service	60532927	56664635	34811448	244847
二、按领域分	**by Field**				
文化核心产业	Cultural Core Industry	66374488	59649315	35605956	540610
文化相关产业	Culture-Related Industry	14866690	17406513	9216524	2061043
三、按行业类别分	**by Industry Category**				
新闻信息服务	News Information Service	17298454	16713820	7432200	-1748488
内容创作生产	Creation and Manufacture of Content	23863012	17239458	20132508	-719600
创意设计服务	Services of Creative Design	6170843	12982332	3868447	-25368
文化传播渠道	Cultural Diffusion Channel	16624703	7782326	4124738	460133
文化投资运营	Investment and Operation of Culture	423981	1307131	17902	1312741
文化娱乐休闲服务	Culture Leisure and Entertainment	1993496	3624248	30161	1261191
文化辅助生产和中介服务	Supplementary Manufacture of Culture and Intermediary Services	5341931	8913942	3564706	1408883
文化装备生产	Manufacture of Culture Equipment	1953392	2352383	2028011	92917
文化消费终端生产	Manufacture of Culture Consumption Endpoint	7571367	6140189	3623807	559243

2-2-1 续表 3 continued

单位：万元 (10 000 yuan)

类 别	Category	利润总额 Total Profit	应付职工薪酬 Payroll Payable	应交增值税 Value-added Tax Payable
合 计	**Total**	**119724283**	**134321891**	**21583324**
#文化新业态行业	Culture-Related New Form of Industry	78988985	54529606	9170114
一、按产业类型分	**by Industry Type**			
文化制造业	Culture-Related Manufacture	17954396	35399583	6262408
文化批发和零售业	Culture-Related Whole and Retail Trade	7444972	7719281	1878156
文化服务业	Culture-Related Service	94324915	91203027	13442761
二、按领域分	**by Field**			
文化核心产业	Cultural Core Industry	100595334	97784039	14591154
文化相关产业	Culture-Related Industry	19128949	36537852	6992170
三、按行业类别分	**by Industry Category**			
新闻信息服务	News Information Service	34372895	20900388	3829499
内容创作生产	Creation and Manufacture of Content	48099765	36848640	6183904
创意设计服务	Services of Creative Design	8752147	22658773	2623265
文化传播渠道	Cultural Diffusion Channel	5559944	12259189	1264860
文化投资运营	Investment and Operation of Culture	2103149	956363	241979
文化娱乐休闲服务	Culture Leisure and Entertainment	1707434	4160687	447648
文化辅助生产和中介服务	Supplementary Manufacture of Culture and Intermediary Services	9203167	15948062	3736274
文化装备生产	Manufacture of Culture Equipment	3091855	6099804	716699
文化消费终端生产	Manufacture of Culture Consumption Endpoint	6833928	14489986	2539197

2-2-2 按企业特征分规模以上文化及相关产业企业基本情况(2023年)
Statistics on Culture and Related Industries above Designated Size(2023)

单位：万元 (10 000 yuan)

分 组	Group	法人单位数（个） Number of Enterprises (unit)	年末从业人员（人） Engaged Persons at Year-end (person)	固定资产原价 Original Value of Fixed Assets	本年折旧 Depreciation of Current Year	资产总计 Total Assets
合 计	**Total**	**74838**	**7264866**	**381395301**	**26894707**	**1992563670**
一、按单位规模分	**by Unit Size**					
大 型	Large	1754	2354463	170387300	12892508	787249916
中 型	Medium-sized	8930	2110843	97122416	6339424	531236489
小微型	Small and Micro	64154	2799560	113885585	7662775	674077265
二、按登记注册统计类别分	**by Registered Statistical Categories**					
内资企业	Domestic Funded Enterprises	70713	5931221	277845170	17413180	1485406088
港澳台投资企业	Enterprises with Funds from Hong Kong, Macao and Taiwan	2488	835313	62432335	6909473	393386621
外商投资企业	Foreign Funded Enterprises	1609	497597	41104201	2570490	113735978
其他统计类别	Others	28	735	13595	1564	34983
三、按企业控股情况分	**by Status of Holding**					
国有控股	State-holding	8488	1440593	140883380	7271512	733377262
集体控股	Collective-holding	501	74843	4329014	210394	18629962
私人控股	Private-holding	61785	4458165	140123367	10271605	737867373
港澳台商控股	Hong Kong, Macao and Taiwan-holding	2386	800549	58667987	6721120	381958924
外商控股	Foreign-holding	1551	463102	33080758	2207402	104542657
其他	Others	127	27614	4310795	212673	16187493

2-2-2 续表 1 continued

单位：万元 (10 000 yuan)

分 组	Group	营业收入 Total Revenue	营业成本 Operating Cost	税金及附 加 Total Tax and Extra Charges	销售费用 Selling Expense
合 计	**Total**	**1303422189**	**992655749**	**6486720**	**81241178**
一、按单位规模分	**by Unit Size**				
大 型	Large	502011577	331209644	2696339	41984652
中 型	Medium-sized	339905454	270312847	1564236	20501507
小微型	Small and Micro	461505158	391133258	2226145	18755019
二、按登记注册统计类别分	**by Registered Statistical Categories**				
内资企业	Domestic Funded Enterprises	983618388	811126772	4964609	45935989
港澳台投资企业	Enterprises with Funds from Hong Kong, Macao and Taiwan	231494580	111466931	1148534	29939945
外商投资企业	Foreign Funded Enterprises	88267807	70036104	373140	5364278
其他统计类别	Others	41414	25943	437	966
三、按企业控股情况分	**by Status of Holding**				
国有控股	State-holding	232686808	193090741	1353442	8846923
集体控股	Collective-holding	17605260	14748489	53953	1691414
私人控股	Private-holding	732313988	603988556	3543006	35245998
港澳台商控股	Hong Kong, Macao and Taiwan-holding	228340210	109169207	1130818	29847165
外商控股	Foreign-holding	89041847	68538268	359010	5492234
其他	Others	3434076	3120488	46492	117444

2-2-2 续表 2 continued

单位：万元 (10 000 yuan)

分 组	Group	管理费用 Administration Expense	研发费用 R&D Expense	财务费用 Financial Expense	利润总额 Total Profit
合 计	**Total**	**77055828**	**44822480**	**2601653**	**119724283**
一、按单位规模分	**by Unit Size**				
大 型	Large	30994737	27920714	-973750	75431663
中 型	Medium-sized	20363653	9778352	1062824	23688206
小微型	Small and Micro	25697439	7123414	2512579	20604414
二、按登记注册统计类别分	**by Registered Statistical Categories**				
内资企业	Domestic Funded Enterprises	51762823	24925645	4168297	56074844
港澳台投资企业	Enterprises with Funds from Hong Kong, Macao and Taiwan	19977615	17142198	-2053756	58747430
外商投资企业	Foreign Funded Enterprises	5313377	2754602	486962	4890131
其他统计类别	Others	2013	36	149	11879
三、按企业控股情况分	**by Status of Holding**				
国有控股	State-holding	15558297	4353267	2113520	15154787
集体控股	Collective-holding	516003	196201	82545	469782
私人控股	Private-holding	33697375	20672118	2537709	40204621
港澳台商控股	Hong Kong, Macao and Taiwan-holding	19686758	16948396	-2117276	58169276
外商控股	Foreign-holding	6808329	2641305	180021	5845881
其他	Others	789066	11193	-194867	-120064

2-2-2 续表 3 continued

单位：万元 (10 000 yuan)

分 组	Group	应付职工薪酬 Payroll Payable	应交增值税 Value-added Tax Payable	R&D人员(人) R&D Personnel (person)	R&D人员折合全时当量(人年) Full-time Equivalent of R&D Personnel (man-year)
合 计	**Total**	**134321891**	**21583324**	**461676**	**377936**
一、按单位规模分	**by Unit Size**				
大 型	Large	63216831	10050351	214582	186467
中 型	Medium-sized	35927487	4804906	124159	97709
小微型	Small and Micro	35177572	6728067	122935	93761
二、按登记注册统计类别分	**by Registered Statistical Categories**				
内资企业	Domestic Funded Enterprises	96307548	14389212	355634	284054
港澳台投资企业	Enterprises with Funds from Hong Kong, Macao and Taiwan	27056035	6003858	72732	65536
外商投资企业	Foreign Funded Enterprises	10954157	1189633	33310	28347
其他统计类别	Others	4151	620		
三、按企业控股情况分	**by Status of Holding**				
国有控股	State-holding	31176753	3494551	66592	51606
集体控股	Collective-holding	1098758	261580	3000	2665
私人控股	Private-holding	63572017	10745372	288988	232188
港澳台商控股	Hong Kong, Macao and Taiwan-holding	26574456	5918473	70055	62881
外商控股	Foreign-holding	10397062	1097217	32551	28088
其他	Others	1502846	66131	490	509

2-2-2 续表 4 continued

单位：万元 (10 000 yuan)

分组	Group	R&D经费内部支出 Internal Expenditure on R&D	新产品开发项目数(个) Number of New Products (unit)	新产品开发经费支出 Expenditure on New Products Development	新产品销售收入 Sales Revenue of New Products
合　计	**Total**	**15980603**	**44320**	**8402329**	**130505195**
一、按单位规模分	**by Unit Size**				
大　型	Large	9932574	3818	3038565	67503826
中　型	Medium-sized	3715973	8573	2132744	30286357
小微型	Small and Micro	2332056	31929	3231019	32715012
二、按登记注册统计类别分	**by Registered Statistical Categories**				
内资企业	Domestic Funded Enterprises	9956961	38673	6403140	91757995
港澳台投资企业	Enterprises with Funds from Hong Kong, Macao and Taiwan	4372757	3638	1134701	19379493
外商投资企业	Foreign Funded Enterprises	1650885	2009	864488	19367707
其他统计类别	Others				
三、按企业控股情况分	**by Status of Holding**				
国有控股	State-holding	2096567	2075	895480	15853580
集体控股	Collective-holding	82021	206	49262	1088749
私人控股	Private-holding	7819524	36983	5801792	80032915
港澳台商控股	Hong Kong, Macao and Taiwan-holding	4263245	3260	955018	16576524
外商控股	Foreign-holding	1692314	1781	698228	16889583
其他	Others	26932	15	2549	63845

2-2-2 续表 5 continued

单位：万元 (10 000 yuan)

分 组	Group	#出口 Export	专利申请数(件) Patent Applications (piece) (piece)	#发明专利 Inventions	有效发明专利数(件) Number of Patents in Force (piece)
合 计	**Total**	**43719135**	**121462**	**61589**	**216115**
一、按单位规模分	**by Unit Size**				
大 型	Large	30551672	58573	40019	127038
中 型	Medium-sized	7385432	24309	11098	42984
小微型	Small and Micro	5782031	38580	10472	46093
二、按登记注册统计类别分	**by Registered Statistical Categories**				
内资企业	Domestic Funded Enterprises	26093364	86047	35168	124698
港澳台投资企业	Enterprises with Funds from Hong Kong, Macao and Taiwan	6672047	29143	23638	70927
外商投资企业	Foreign Funded Enterprises	10953724	6272	2783	20490
其他统计类别	Others				
三、按企业控股情况分	**by Status of Holding**				
国有控股	State-holding	3969843	20722	11164	34487
集体控股	Collective-holding	78696	1120	237	994
私人控股	Private-holding	24696768	67251	24532	91647
港澳台商控股	Hong Kong, Macao and Taiwan-holding	6273344	27714	22946	69575
外商控股	Foreign-holding	8700475	4485	2545	18861
其他	Others	9	170	165	551

2-2-3　按区域和地区分规模以上文化及相关产业企业基本情况(2023年)
Statistics on Culture and Related Industries above Designated Size by Region(2023)

单位：万元　(10 000 yuan)

地　区	Region	法　人 单位数 (个) Number of Enterprises (unit)	年末从业人　员 (人) Engaged Persons at Year-end (person)	固定资产原　价 Original Value of Fixed Assets	本年折旧 Depreciation of Current Year	资产总计 Total Assets
全　国	**National Total**	**74838**	**7264866**	**381395301**	**26894707**	**1992563670**
一、按区域分						
东部地区	Eastern Region	48346	4894224	253820368	18305540	1489749960
中部地区	Central Region	16367	1371138	62817815	4688552	221003064
西部地区	Western Region	8561	821606	54217291	3398222	253474687
东北地区	Northeast Region	1564	177898	10539828	502394	28335959
二、按地区分						
北　京	Beijing	5945	534651	42139286	3836480	327793535
天　津	Tianjin	970	58744	4347227	218663	22778425
河　北	Hebei	1256	111217	7090722	350949	22200523
山　西	Shanxi	430	39175	3805172	177890	13608222
内蒙古	Inner Mongolia	162	15221	1848440	85404	3954156
辽　宁	Liaoning	999	129766	5845921	260622	17698263
吉　林	Jilin	289	27287	2674616	148558	6806991
黑龙江	Heilongjiang	276	20845	2019292	93213	3830705
上　海	Shanghai	3676	399527	20538956	1578909	183880195
江　苏	Jiangsu	11417	1043000	57538011	3901396	301066822
浙　江	Zhejiang	6263	607239	33813037	2338457	213087299
安　徽	Anhui	2411	207930	8197023	461151	37680090
福　建	Fujian	3471	311804	10418059	751707	39928991
江　西	Jiangxi	2754	246961	9616902	815334	29914409
山　东	Shandong	3703	382902	28877161	1798050	79510225
河　南	Henan	2579	210150	8687787	504820	28978983
湖　北	Hubei	3834	330106	20525068	1868526	71586354
湖　南	Hunan	4359	336816	11985864	860831	39235006
广　东	Guangdong	11345	1415341	43727234	3180267	286761282
广　西	Guangxi	836	92761	6766589	467311	27603264
海　南	Hainan	300	29799	5330676	350664	12742665
重　庆	Chongqing	1266	129290	9273342	633262	45144691
四　川	Sichuan	2842	297378	14951143	1016637	96058737
贵　州	Guizhou	511	47953	3317746	149987	18224393
云　南	Yunnan	736	69169	5139549	262740	17304170
西　藏	Xizang	41	3925	211979	10339	773437
陕　西	Shaanxi	1589	113315	8724800	529978	32981086
甘　肃	Gansu	182	19331	1348015	62844	3260492
青　海	Qinghai	44	4790	682917	27356	818535
宁　夏	Ningxia	75	10026	832200	96526	1292298
新　疆	Xinjiang	277	18447	1120571	55839	6059430

2-2-3 续表 1 continued

单位：万元 (10 000 yuan)

地 区	Region	营业收入 Total Revenue	营业成本 Operating Cost	税金及附 加 Total Tax and Extra Charges	销售费用 Selling Expense	管理费用 Administration Expense
全 国	**National Total**	**1303422189**	**992655749**	**6486720**	**81241178**	**77055828**
一、按区域分						
东部地区	Eastern Region	1026225990	772810628	4498508	69520907	60072591
中部地区	Central Region	151864270	124070038	1171352	6048754	7507507
西部地区	Western Region	112672586	85594530	739623	5134582	8208280
东北地区	Northeast Region	12659343	10180554	77237	536935	1267450
二、按地区分						
北 京	Beijing	209258083	134243354	899544	26132925	13396204
天 津	Tianjin	15423668	12576911	79062	1252875	636681
河 北	Hebei	8245468	6629895	50373	425563	733527
山 西	Shanxi	4615204	3906098	32860	217817	264336
内蒙古	Inner Mongolia	1431501	1121118	10407	70679	184954
辽 宁	Liaoning	9215224	7454052	56228	392690	858890
吉 林	Jilin	1923780	1486066	12252	86208	237084
黑龙江	Heilongjiang	1520339	1240437	8757	58037	171476
上 海	Shanghai	128761997	93014954	524582	12720787	8653898
江 苏	Jiangsu	137000066	112430485	644522	5101918	7138930
浙 江	Zhejiang	157278038	111272626	640206	9216054	13088497
安 徽	Anhui	23091851	18659229	105430	1052241	1224049
福 建	Fujian	55487101	47343642	302426	1748960	2012142
江 西	Jiangxi	25151576	20701212	136562	1032778	1060423
山 东	Shandong	76707277	68751871	295596	1948803	2255883
河 南	Henan	20007674	17274902	126593	695466	922645
湖 北	Hubei	47892049	39760521	210523	1505005	2061020
湖 南	Hunan	31105917	23768077	559384	1545447	1975033
广 东	Guangdong	223918577	176044614	1000785	9082050	11613052
广 西	Guangxi	11773513	9270641	50611	297876	984835
海 南	Hainan	14145715	10502276	61413	1890972	543778
重 庆	Chongqing	20768279	14547930	124209	692370	2843641
四 川	Sichuan	50693870	37995902	378370	2836165	2097942
贵 州	Guizhou	3941203	3346566	29534	141936	292581
云 南	Yunnan	7248638	5780342	50424	291468	498641
西 藏	Xizang	236753	146004	1248	10884	28435
陕 西	Shaanxi	11781685	9496216	61447	520706	891933
甘 肃	Gansu	1765681	1467272	14127	108409	126483
青 海	Qinghai	228988	165493	2135	19661	32272
宁 夏	Ningxia	565594	449299	4586	27456	57313
新 疆	Xinjiang	2236882	1807748	12525	116971	169253

2-2-3 续表 2 continued

单位：万元 (10 000 yuan)

地 区	Region	研发费用 R&D Expense	财务费用 Financial Expense	利润总额 Total Profit	应付职工薪酬 Payroll Payable	应交增值税 Value-added Tax Payable
全 国	**National Total**	**44822480**	**2601653**	**119724283**	**134321891**	**21583324**
一、按区域分						
东部地区	Eastern Region	38514454	88360	98158127	102610467	16245193
中部地区	Central Region	3526163	948979	9829981	17501353	2933241
西部地区	Western Region	2496979	1382394	11259745	11726167	2208996
东北地区	Northeast Region	284885	181920	476431	2483904	195894
二、按地区分						
北 京	Beijing	12141300	-701654	26019371	22303167	3551623
天 津	Tianjin	295187	19094	720140	1063891	178804
河 北	Hebei	129619	104504	310605	1148512	181694
山 西	Shanxi	51378	82860	137497	404092	76140
内蒙古	Inner Mongolia	8284	16912	85312	193237	14187
辽 宁	Liaoning	230304	121553	306270	2015147	167408
吉 林	Jilin	28244	47700	131077	262982	29245
黑龙江	Heilongjiang	26336	12666	39084	205775	-759
上 海	Shanghai	6578613	213075	11334872	15010914	1614888
江 苏	Jiangsu	4207059	760684	8583295	15626686	2628589
浙 江	Zhejiang	3640471	-838357	22562417	12829457	2413406
安 徽	Anhui	810864	124613	1485653	2534019	425277
福 建	Fujian	1006598	156955	3490800	4528490	608667
江 西	Jiangxi	484336	166900	1747152	2125310	353129
山 东	Shandong	1253613	379772	2495965	5095669	1006934
河 南	Henan	250722	147441	845621	2552446	363052
湖 北	Hubei	1214702	186030	3064143	5984775	946112
湖 南	Hunan	714161	241135	2549915	3900712	769532
广 东	Guangdong	9054814	-128916	21697256	24366120	3776271
广 西	Guangxi	146066	366093	925611	909923	171824
海 南	Hainan	207181	123204	943406	637562	284316
重 庆	Chongqing	394614	156702	2274730	2028596	365207
四 川	Sichuan	1571816	327183	6486553	4946175	1241145
贵 州	Guizhou	35404	72708	36956	489374	59824
云 南	Yunnan	101080	57525	699474	874483	127218
西 藏	Xizang	5704	303	49765	51802	9041
陕 西	Shaanxi	203455	310860	505247	1585460	150167
甘 肃	Gansu	11758	39010	4611	206232	22999
青 海	Qinghai	939	14171	-2164	49685	5135
宁 夏	Ningxia	8455	9473	28460	109532	11397
新 疆	Xinjiang	9404	11453	165191	281668	30851

2-2-3 续表 3 continued

单位：万元 (10 000 yuan)

地 区	Region	R&D人员 (人) R&D Personnel (person)	R&D人员折合全时当量 (人年) Full-time Equivalent of R&D Personnel (man-year)	R&D经费内部支出 Internal Expenditure on R&D	新产品开发项目数 (个) Number of New Products (unit)	新产品开发经费支出 Expenditure on New Products Development
全 国	**National Total**	**461676**	**377936**	**15980603**	**44320**	**8402329**
一、按区域分						
东部地区	Eastern Region	335163	281493	12514372	33705	6168358
中部地区	Central Region	78089	60202	2035499	8034	1496684
西部地区	Western Region	36212	27288	1224953	2319	681043
东北地区	Northeast Region	12212	8953	205778	262	56244
二、按地区分						
北 京	Beijing	23549	20593	2067033	359	83371
天 津	Tianjin	4684	3083	139460	300	26993
河 北	Hebei	4268	2946	56327	944	81201
山 西	Shanxi	309	164	14984	80	6901
内蒙古	Inner Mongolia	208	72	2240	26	3954
辽 宁	Liaoning	10556	7449	197226	217	50537
吉 林	Jilin	1038	1076	1089	22	4627
黑龙江	Heilongjiang	618	428	7463	23	1079
上 海	Shanghai	23773	18707	1170734	715	168202
江 苏	Jiangsu	70856	57545	2062131	5174	1491954
浙 江	Zhejiang	52255	46350	1910000	8498	911285
安 徽	Anhui	13583	11608	373582	1594	242441
福 建	Fujian	21951	18408	498876	1640	282581
江 西	Jiangxi	12654	9380	270325	2288	411104
山 东	Shandong	26193	21185	813047	3014	897797
河 南	Henan	9532	6797	220093	446	63095
湖 北	Hubei	24093	18612	712133	1249	379088
湖 南	Hunan	17918	13641	444383	2377	394057
广 东	Guangdong	107012	92197	3790060	13010	2181727
广 西	Guangxi	1582	1183	49829	316	80777
海 南	Hainan	622	479	6705	51	43248
重 庆	Chongqing	7375	5498	196962	377	94313
四 川	Sichuan	18919	15084	792475	948	365454
贵 州	Guizhou	904	639	20033	102	17649
云 南	Yunnan	3337	2224	59637	180	24888
西 藏	Xizang	114.00	86.00	4672.50		
陕 西	Shaanxi	3170	2181	90604	320	83904
甘 肃	Gansu	200	71	2146	5	802
青 海	Qinghai	4	1	36	6	701
宁 夏	Ningxia	281	170	5572	37	8386
新 疆	Xinjiang	118	79	747	2	214

2-2-3 续表 4 continued

单位：万元 (10 000 yuan)

地 区	Region	新产品销售收入 Sales Revenue of New Products	#出口 Export	专利申请数(件) Patent Applications (piece)	#发明专利 Inventions	有效发明专利数(件) Number of Patents in Force (piece)
全 国	**National Total**	**130505195**	**43719135**	**121462**	**61589**	**216115**
一、按区域分						
东部地区	Eastern Region	96690831	38945258	94791	50727	177715
中部地区	Central Region	22896010	3430094	17427	6987	21766
西部地区	Western Region	10624910	1214660	8298	3511	14114
东北地区	Northeast Region	293444	129123	946	364	2520
二、按地区分						
北 京	Beijing	1960418	45748	17653	13949	42747
天 津	Tianjin	329186	22820	870	371	1603
河 北	Hebei	751854	75214	834	231	1208
山 西	Shanxi	78567	175	125	23	300
内蒙古	Inner Mongolia	39059		23	11	105
辽 宁	Liaoning	259317	125336	747	303	1846
吉 林	Jilin	16054	1600	82	22	107
黑龙江	Heilongjiang	18073	2187	117	39	567
上 海	Shanghai	2073026	1041233	5464	2782	10256
江 苏	Jiangsu	18904978	6766392	14308	6271	21927
浙 江	Zhejiang	13973481	4155144	12378	4679	12430
安 徽	Anhui	4223122	542172	5370	2419	5369
福 建	Fujian	3136316	1818096	2992	1104	4946
江 西	Jiangxi	5977223	2268710	2296	657	1358
山 东	Shandong	25863239	12312880	5849	2457	9434
河 南	Henan	686789	334250	1361	327	2099
湖 北	Hubei	6300073	104634	5469	2405	8763
湖 南	Hunan	5630236	180154	2806	1156	3877
广 东	Guangdong	28630889	12540444	34358	18852	72987
广 西	Guangxi	1414783	349145	409	67	392
海 南	Hainan	1067445	167288	85	31	177
重 庆	Chongqing	1955359	128663	1472	553	1888
四 川	Sichuan	5757793	565820	3917	1971	7880
贵 州	Guizhou	597085	13659	283	97	194
云 南	Yunnan	253050	2428	924	275	734
西 藏	Xizang					2
陕 西	Shaanxi	559984	152281	1037	492	2759
甘 肃	Gansu	15453		60	18	82
青 海	Qinghai	10817		12		13
宁 夏	Ningxia	21527	2665	97	16	33
新 疆	Xinjiang			64	11	32

2-2-4 按企业特征分规模以上文化及相关产业制造业企业基本情况(2023年)
Statistics on Culture-Related Manufacturing Enterprises above Designated Size(2023)

单位：万元 (10 000 yuan)

类别	Category	法人单位数（个） Number of Enterprises (unit)	年末从业人员（人） Engaged Persons at Year-end (person)	固定资产原价 Original Value of Fixed Assets	本年折旧 Depreciation of Current Year
合计	**Total**	**20815**	**3219909**	**158040060**	**11391867**
一、按单位规模分	**by Unit Size**				
大型	Large	275	727677	62790968	4428451
中型	Medium-sized	1672	895482	40138320	3020953
小微型	Small and Micro	18868	1596750	55110773	3942463
二、按登记注册统计类别分	**by Registered Statistical Categories**				
内资企业	Domestic Funded Enterprises	18594	2389691	102876659	7632446
港澳台投资企业	Enterprises with Funds from Hong Kong, Macao and Taiwan	1394	512651	26115577	1836832
外商投资企业	Foreign Funded Enterprises	827	317567	29047825	1922589
其他统计类别	Others				
三、按企业控股情况分	**by Status of Holding**				
国有控股	State-holding	455	182031	19776338	1252100
集体控股	Collective-holding	113	23081	1570141	86720
私人控股	Private-holding	18181	2232485	84953137	6486121
港澳台商控股	Hong Kong, Macao and Taiwan-holding	1308	483623	23585466	1703687
外商控股	Foreign-holding	757	298417	28060377	1860735
其他	Others	NA	272	94602	2503

2-2-4 续表 1 continued

单位：万元 (10 000 yuan)

类 别	Category	资产总计 Total Assets	营业收入 Total Revenue	营业成本 Operating Cost
合 计	**Total**	**368314178**	**382277602**	**329866659**
一、按单位规模分	**by Unit Size**			
大 型	Large	145454273	135525096	119922813
中 型	Medium-sized	90867823	93400348	79230806
小微型	Small and Micro	131992082	153352159	130713040
二、按登记注册统计类别分	**by Registered Statistical Categories**			
内资企业	Domestic Funded Enterprises	248485235	273080314	234072122
港澳台投资企业	Enterprises with Funds from Hong Kong, Macao and Taiwan	63287267	57713837	50476225
外商投资企业	Foreign Funded Enterprises	56541676	51483452	45318312
其他统计类别	Others			
三、按企业控股情况分	**by Status of Holding**			
国有控股	State-holding	53022872	45366793	40459227
集体控股	Collective-holding	2917498	2754344	2357571
私人控股	Private-holding	207985641	233788758	198878854
港澳台商控股	Hong Kong, Macao and Taiwan-holding	53740408	52885967	46470245
外商控股	Foreign-holding	50423800	47396630	41637576
其他	Others	223959	85111	63186

2-2-4 续表 2 continued

单位：万元 (10 000 yuan)

类 别	Category	税金及附加 Total Tax and Extra Charges	销售费用 Selling Expense	管理费用 Administration Expense
合 计	**Total**	**2085671**	**9463082**	**14276850**
一、按单位规模分	**by Unit Size**			
大 型	Large	579311	2896482	3436081
中 型	Medium-sized	513247	2545672	3705460
小微型	Small and Micro	993114	4020929	7135310
二、按登记注册统计类别分	**by Registered Statistical Categories**			
内资企业	Domestic Funded Enterprises	1650397	6972266	10084508
港澳台投资企业	Enterprises with Funds from Hong Kong, Macao and Taiwan	246206	1398572	2487877
外商投资企业	Foreign Funded Enterprises	189068	1092244	1704465
其他统计类别	Others			
三、按企业控股情况分	**by Status of Holding**			
国有控股	State-holding	268171	990891	1467446
集体控股	Collective-holding	11275	49730	135654
私人控股	Private-holding	1401544	6173592	8792249
港澳台商控股	Hong Kong, Macao and Taiwan-holding	225589	1252700	2279941
外商控股	Foreign-holding	178155	991704	1596848
其他	Others	938	4465	4713

2-2-4　续表 3　continued

单位：万元　　(10 000 yuan)

类　别	Category	研发费用 R&D Expense	财务费用 Financial Expense	利润总额 Total Profit
合　计	**Total**	**9757159**	**1992052**	**17954396**
一、按单位规模分	**by Unit Size**			
大　型	Large	3536885	648969	5987988
中　型	Medium-sized	2475088	411817	5312913
小微型	Small and Micro	3745186	931267	6653495
二、按登记注册统计类别分	**by Registered Statistical Categories**			
内资企业	Domestic Funded Enterprises	7404194	1553364	13341109
港澳台投资企业	Enterprises with Funds from Hong Kong, Macao and Taiwan	1336080	207695	2344981
外商投资企业	Foreign Funded Enterprises	1016885	230993	2268306
其他统计类别	Others			
三、按企业控股情况分	**by Status of Holding**			
国有控股	State-holding	1048463	147033	1496530
集体控股	Collective-holding	56952	5843	152009
私人控股	Private-holding	6709056	1475736	12070862
港澳台商控股	Hong Kong, Macao and Taiwan-holding	1114290	166152	1944488
外商控股	Foreign-holding	825435	197427	2271056
其他	Others	2963	-138	19452

2-2-4 续表 4 continued

单位：万元 (10 000 yuan)

类　别	Category	应付职工薪酬 Payroll Payable	应交增值税 Value-added Tax Payable	工业总产值（当年价格） Value-added Tax Payable
合　计	**Total**	**35399583**	**6262408**	**369500216**
一、按单位规模分	**by Unit Size**			
大　型	Large	10229019	1585499	126786818
中　型	Medium-sized	9805677	1652855	91717843
小微型	Small and Micro	15364887	3024054	150995555
二、按登记注册统计类别分	**by Registered Statistical Categories**			
内资企业	Domestic Funded Enterprises	25171850	5014857	263798220
港澳台投资企业	Enterprises with Funds from Hong Kong, Macao and Taiwan	5584375	746213	55961483
外商投资企业	Foreign Funded Enterprises	4643358	501338	49740513
其他统计类别	Others			
三、按企业控股情况分	**by Status of Holding**			
国有控股	State-holding	3464091	683927	36669043
集体控股	Collective-holding	297976	39690	2669055
私人控股	Private-holding	22248764	4452620	232936386
港澳台商控股	Hong Kong, Macao and Taiwan-holding	5111882	671732	51193110
外商控股	Foreign-holding	4270147	412270	45948931
其他	Others	6723	2168	83691

2-2-5 按区域和地区分规模以上文化及相关产业制造业企业基本情况(2023年)

Statistics on Culture-Related Manufacturing Enterprises above Designated Size by Region(2023)

单位：万元 (10 000 yuan)

地　区	Region	法人单位数（个）Number of Enterprises (unit)	年末从业人员（人）Engaged Persons at Year-end (person)	固定资产原价 Original Value of Fixed Assets	本年折旧 Depreciation of Current Year	资产总计 Total Assets	营业收入 Total Revenue
全　国	**National Total**	**20815**	**3219909**	**158040060**	**11391867**	**368314178**	**382277602**
一、按区域分							
东部地区	Eastern Region	14036	2254776	106493766	7019276	265738341	280577357
中部地区	Central Region	5189	668540	28992682	2576875	55039166	62280320
西部地区	Western Region	1390	265863	20467473	1696346	44119723	36560590
东北地区	Northeast Region	200	30730	2086140	99369	3416948	2859336
二、按地区分							
北　京	Beijing	133	20671	1855980	72700	5232739	5931563
天　津	Tianjin	180	20695	1053451	62084	2557688	2479858
河　北	Hebei	465	47438	2703042	158245	4469296	3604210
山　西	Shanxi	54	7611	633885	36629	857802	648216
内蒙古	Inner Mongolia	7	1098	97283	1636	252573	173251
辽　宁	Liaoning	139	23691	1531806	74994	2583208	2409385
吉　林	Jilin	26	3989	432184	19335	628896	292086
黑龙江	Heilongjiang	35	3050	122151	5040	204844	157866
上　海	Shanghai	349	47457	3184772	165979	8891977	13699056
江　苏	Jiangsu	3488	480013	30750173	2010659	64921714	59629985
浙　江	Zhejiang	2668	327663	15053218	917635	38031741	31611665
安　徽	Anhui	1047	105134	4121834	263560	12109491	9346806
福　建	Fujian	1231	191236	6105762	516889	13555623	20856551
江　西	Jiangxi	1182	180086	6372954	624868	12667166	15493000
山　东	Shandong	1191	210174	19943625	1358611	36630372	42142513
河　南	Henan	865	78854	2910842	217388	6322625	6193370
湖　北	Hubei	776	107573	9720232	1016187	12990047	13891049
湖　南	Hunan	1265	189282	5232935	418242	10092035	16707879
广　东	Guangdong	4320	905498	22998583	1509006	88188617	99217630
广　西	Guangxi	229	50030	4406341	347257	8087648	5472272
海　南	Hainan	11	3931	2845160	247469	3258575	1404325
重　庆	Chongqing	207	37743	3526590	338669	4603972	5048544
四　川	Sichuan	490	98824	6033113	505351	19275904	18581734
贵　州	Guizhou	107	20074	599961	28026	1386429	1423384
云　南	Yunnan	111	19259	1554734	85668	4650419	2369532
西　藏	Xizang	4	495	27204	2027	76447	40445
陕　西	Shaanxi	188	30775	3757470	311489	5162601	3041402
甘　肃	Gansu	13	1638	74770	4162	106977	67956
青　海	Qinghai	5	851	54278	2025	83186	37621
宁　夏	Ningxia	13	3633	221824	64175	285965	242303
新　疆	Xinjiang	16	1443	113904	5862	147602	62148

2-2-5 续表 1 continued

单位：万元 (10 000 yuan)

地 区	Region	营业成本 Operating Cost	税金及附加 Total Tax and Extra Charges	销售费用 Selling Expense	管理费用 Administration Expense	研发费用 R&D Expense
全 国	**National Total**	**329866659**	**2085671**	**9463082**	**14276850**	**9757159**
一、按区域分						
东部地区	Eastern Region	244073723	1124530	6766016	10664756	7105039
中部地区	Central Region	52015638	695794	1571579	2275391	1747901
西部地区	Western Region	31284696	248658	1076554	1188019	860137
东北地区	Northeast Region	2492603	16689	48933	148685	44083
二、按地区分						
北 京	Beijing	5300089	26722	117969	232215	90690
天 津	Tianjin	2196893	9532	56600	99930	37081
河 北	Hebei	3117056	24434	101896	202233	83418
山 西	Shanxi	549601	4844	29361	35181	22343
内蒙古	Inner Mongolia	152628	1227	2929	11056	4574
辽 宁	Liaoning	2095334	13832	42342	118642	35128
吉 林	Jilin	259196	2114	3685	18862	7045
黑龙江	Heilongjiang	138073	743	2906	11181	1910
上 海	Shanghai	12025623	39768	346335	520262	253868
江 苏	Jiangsu	51031099	256061	1321282	2366125	1825628
浙 江	Zhejiang	26852757	147136	888838	1433873	1018035
安 徽	Anhui	7921501	53508	255205	346978	311531
福 建	Fujian	17434967	123012	598239	825165	298226
江 西	Jiangxi	13113358	110430	259089	444287	417768
山 东	Shandong	38284445	161979	610275	848596	952236
河 南	Henan	5492442	34243	169344	226082	84689
湖 北	Hubei	11710715	82558	311394	466381	435277
湖 南	Hunan	13228021	410211	547186	756483	476294
广 东	Guangdong	86716513	324297	2709854	4107040	2491438
广 西	Guangxi	4731148	22756	63111	133664	117844
海 南	Hainan	1114281	11589	14728	29317	54420
重 庆	Chongqing	4353432	31664	111236	169272	133385
四 川	Sichuan	16085520	151717	690852	528074	433318
贵 州	Guizhou	1252722	11183	42442	48441	16375
云 南	Yunnan	1864220	9691	59109	123261	31946
西 藏	Xizang	20740	332	285	3192	
陕 西	Shaanxi	2472933	16368	98875	138638	112171
甘 肃	Gansu	56904	522	1540	6681	1291
青 海	Qinghai	33149	618	1553	4880	861
宁 夏	Ningxia	210856	1728	3274	12109	7878
新 疆	Xinjiang	50445	854	1348	8751	495

2-2-5 续表 2 continued

单位：万元 (10 000 yuan)

地 区	Region	财务费用 Financial Expense	利润总额 Total Profit	应付职工薪 酬 Payroll Payable	应交增值税 Value-added Tax Payable	工业总产值（当年价格） Value-added Tax Payable
全 国	**National Total**	**1992052**	**17954396**	**35399583**	**6262408**	**369500216**
一、按区域分						
东部地区	Eastern Region	1218165	12182263	25522381	4067156	272583602
中部地区	Central Region	510568	3851173	6276642	1492946	63324852
西部地区	Western Region	245307	1822348	3300246	653985	30881317
东北地区	Northeast Region	18012	98613	300315	48321	2710445
二、按地区分						
北 京	Beijing	-6812	195273	444987	120099	3534328
天 津	Tianjin	8836	89186	229909	32042	2248032
河 北	Hebei	26701	88153	424584	108121	3547317
山 西	Shanxi	4715	20991	61619	28241	670773
内蒙古	Inner Mongolia	796	2624	13091	3644	149214
辽 宁	Liaoning	14247	87772	249405	37174	2268938
吉 林	Jilin	2099	7215	27904	7879	286117
黑龙江	Heilongjiang	1666	3627	23006	3268	155389
上 海	Shanghai	278	667312	908438	190818	11083058
江 苏	Jiangsu	251066	3142884	5772349	1056140	60689982
浙 江	Zhejiang	238881	1426496	3172661	648894	31196008
安 徽	Anhui	77124	456019	947930	213831	9075178
福 建	Fujian	107867	1523486	2494574	224627	21765045
江 西	Jiangxi	121692	1102865	1370654	254118	15083510
山 东	Shandong	250750	1430639	2618430	566875	38289773
河 南	Henan	43416	171512	706903	172328	5915025
湖 北	Hubei	95023	846149	1210032	335651	15001575
湖 南	Hunan	168600	1253636	1979504	488778	17578792
广 东	Guangdong	271980	3493778	9390263	1095266	98976089
广 西	Guangxi	136379	296234	387992	90912	5355218
海 南	Hainan	68619	125055	66186	24275	1253970
重 庆	Chongqing	24024	259363	527972	114841	5176659
四 川	Sichuan	81691	645125	1603310	318726	13190129
贵 州	Guizhou	3462	54124	139700	29805	1293064
云 南	Yunnan	-21721	340318	184997	37951	2383996
西 藏	Xizang	128	17435	5780	2689	41092
陕 西	Shaanxi	15737	197151	371682	45467	2912934
甘 肃	Gansu	1463	144	11522	924	60590
青 海	Qinghai	363	-2156	6331	527	30166
宁 夏	Ningxia	2036	10058	32134	6016	224390
新 疆	Xinjiang	949	1930	15735	2483	63867

2-2-6 按企业特征分限额以上文化及相关产业批发和零售业企业基本情况(2023年)

Statistics on Culture-Related Whole and Retail Enterprises above Designated Size(2023)

单位：万元 (10 000 yuan)

类别	Category	法人单位数(个) Number of Enterprises (unit)	年末从业人员(人) Engaged Persons at Year-end (person)	固定资产原价 Original Value of Fixed Assets	本年折旧 Depreciation of Current Year
合计	**Total**	**14392**	**534657**	**11780524**	**693732**
一、按单位规模分	**by Unit Size**				
大型	Large	177	165514	3822843	223280
中型	Medium-sized	2598	204404	4823051	239855
小微型	Small and Micro	11617	164739	3134630	230597
二、按登记注册统计类别分	**by Registered Statistical Categories**				
内资企业	Domestic Funded Enterprises	13949	472044	10910822	595938
港澳台投资企业	Enterprises with Funds from Hong Kong, Macao and Taiwan	258	36663	472558	59088
外商投资企业	Foreign Funded Enterprises	184	25950	397144	38706
其他统计类别	Others	NA			
三、按企业控股情况分	**by Status of Holding**				
国有控股	State-holding	1393	135379	6600020	281452
集体控股	Collective-holding	100	13876	184895	7481
私人控股	Private-holding	12448	319231	4137129	308605
港澳台商控股	Hong Kong, Macao and Taiwan-holding	261	36750	475732	59367
外商控股	Foreign-holding	190	29421	382748	36826
其他	Others				

2-2-6 续表 1 continued

单位：万元 (10 000 yuan)

类 别	Category	资产总计 Total Assets	营业收入 Total Revenue	营业成本 Operating Cost	税金及附加 Total Tax and Extra Charges
合 计	**Total**	**161052431**	**217781854**	**193399590**	**708463**
一、按单位规模分	**by Unit Size**				
大 型	Large	51074629	66189977	55606869	329883
中 型	Medium-sized	64625984	82557161	74198625	220414
小微型	Small and Micro	45351818	69034716	63594096	158165
二、按登记注册统计类别分	**by Registered Statistical Categories**				
内资企业	Domestic Funded Enterprises	139223977	186952649	168544653	494389
港澳台投资企业	Enterprises with Funds from Hong Kong, Macao and Taiwan	10310870	16844098	13591312	148048
外商投资企业	Foreign Funded Enterprises	11517584	13985108	11263626	66026
其他统计类别	Others				
三、按企业控股情况分	**by Status of Holding**				
国有控股	State-holding	66120253	65764685	59403659	174005
集体控股	Collective-holding	7058997	10477755	9902362	15795
私人控股	Private-holding	65719069	111139194	99747046	301114
港澳台商控股	Hong Kong, Macao and Taiwan-holding	10395581	16890522	13642930	148081
外商控股	Foreign-holding	11758531	13509699	10703594	69468
其他	Others				

2-2-6 续表 2 continued

单位：万元 (10 000 yuan)

类 别	Category	销售费用 Selling Expense	管理费用 Administration Expense	研发费用 R&D Expense	财务费用 Financial Expense
合 计	**Total**	**11245169**	**6114343**	**253873**	**364754**
一、按单位规模分	**by Unit Size**				
大 型	Large	5500122	1938121	75328	5021
中 型	Medium-sized	3777854	2441607	125153	135728
小微型	Small and Micro	1967193	1734615	53393	224006
二、按登记注册统计类别分	**by Registered Statistical Categories**				
内资企业	Domestic Funded Enterprises	7751674	5072683	217778	263249
港澳台投资企业	Enterprises with Funds from Hong Kong, Macao and Taiwan	1821081	561694	16222	38675
外商投资企业	Foreign Funded Enterprises	1672414	479967	19874	62830
其他统计类别	Others				
三、按企业控股情况分	**by Status of Holding**				
国有控股	State-holding	2353312	1846358	28033	-67216
集体控股	Collective-holding	388873	118359	17347	15595
私人控股	Private-holding	4948156	3126848	186582	316501
港澳台商控股	Hong Kong, Macao and Taiwan-holding	1829913	552264	11732	39428
外商控股	Foreign-holding	1724915	470514	10179	60446
其他	Others				

2-2-6 续表 3 continued

单位：万元 (10 000 yuan)

类　别	Category	利润总额 Total Profit	应付职工薪酬 Payroll Payable	应交增值税 Value-added Tax Payable
合　计	**Total**	**7444972**	**7719281**	**1878156**
一、按单位规模分	**by Unit Size**			
大　型	Large	3402825	3364269	693012
中　型	Medium-sized	2541000	2848031	607096
小微型	Small and Micro	1501147	1506982	578048
二、按登记注册统计类别分	**by Registered Statistical Categories**			
内资企业	Domestic Funded Enterprises	6039857	6138238	1488932
港澳台投资企业	Enterprises with Funds from Hong Kong, Macao and Taiwan	793722	881690	158719
外商投资企业	Foreign Funded Enterprises	611393	699353	230505
其他统计类别	Others			
三、按企业控股情况分	**by Status of Holding**			
国有控股	State-holding	3026117	2547993	409531
集体控股	Collective-holding	77399	251146	70028
私人控股	Private-holding	2929269	3306090	997420
港澳台商控股	Hong Kong, Macao and Taiwan-holding	789114	883623	156827
外商控股	Foreign-holding	623073	730430	244350
其他	Others			

2-2-7 按区域和地区分限额以上文化及相关产业批发和零售业企业基本情况(2023年)

Statistics on Culture-Related Whole and Retail Enterprises above Designated Size by Region(2023)

单位：万元 (10 000 yuan)

地 区	Region	法人单位数(个) Number of Enterprises (unit)	年末从业人员(人) Engaged Persons at Year-end (person)	固定资产原价 Original Value of Fixed Assets	本年折旧 Depreciation of Current Year	资产总计 Total Assets
全 国	**National Total**	**14392**	**534657**	**11780524**	**693732**	**161052431**
一、按区域分						
东部地区	Eastern Region	9530	353292	7102241	430154	122050168
中部地区	Central Region	2909	98455	2160557	146320	18364707
西部地区	Western Region	1522	69074	2113178	104238	17243100
东北地区	Northeast Region	431	13836	404548	13020	3394457
二、按地区分						
北 京	Beijing	752	43319	1097395	50770	21869194
天 津	Tianjin	201	4838	130661	6846	1542798
河 北	Hebei	260	11940	233759	13552	2093001
山 西	Shanxi	133	6619	284796	11847	1420729
内蒙古	Inner Mongolia	55	3155	128475	5427	918168
辽 宁	Liaoning	220	6763	129193	3549	1853692
吉 林	Jilin	96	3782	82673	3772	437008
黑龙江	Heilongjiang	115	3291	192681	5699	1103757
上 海	Shanghai	607	40233	731065	74040	16882820
江 苏	Jiangsu	2750	68474	1890833	102575	27326446
浙 江	Zhejiang	1206	37904	865870	43504	12041211
安 徽	Anhui	400	13093	237468	11607	4218636
福 建	Fujian	574	15843	319603	14384	5331703
江 西	Jiangxi	357	11013	291190	19053	2547945
山 东	Shandong	1038	43942	814144	57582	14867191
河 南	Henan	579	20324	424629	18124	2677744
湖 北	Hubei	978	27720	603650	64263	5405234
湖 南	Hunan	462	19686	318825	21427	2094420
广 东	Guangdong	2099	84900	929956	63300	19335287
广 西	Guangxi	166	5617	138470	6076	2015445
海 南	Hainan	43	1899	88955	3601	760516
重 庆	Chongqing	209	12720	223093	12131	2830313
四 川	Sichuan	390	16873	544823	27632	5198052
贵 州	Guizhou	58	2417	192148	9008	1296476
云 南	Yunnan	158	7288	220621	13311	1367227
西 藏	Xizang	8	95	3898	140	17744
陕 西	Shaanxi	323	11358	238392	12974	1638683
甘 肃	Gansu	46	4497	103884	6169	532020
青 海	Qinghai	12	736	34674	1150	105591
宁 夏	Ningxia	23	541	41474	1475	144808
新 疆	Xinjiang	74	3777	243227	8747	1178574

2-2-7 续表 1 continued

单位：万元 (10 000 yuan)

地 区	Region	营业收入 Total Revenue	营业成本 Operating Cost	税金及附加 Total Tax and Extra Charges	销售费用 Selling Expense	管理费用 Administration Expense
全 国	**National Total**	**217781854**	**193399590**	**708463**	**11245169**	**6114343**
一、按区域分						
东部地区	Eastern Region	176942871	158382878	554273	9017320	4479576
中部地区	Central Region	21764880	18680354	85497	1141127	833121
西部地区	Western Region	16108258	13721063	54216	941718	672285
东北地区	Northeast Region	2965845	2615295	14476	145004	129360
二、按地区分						
北 京	Beijing	22578572	19240341	101808	1462637	869567
天 津	Tianjin	2922903	2684328	7127	91523	52581
河 北	Hebei	1836649	1510286	5867	143127	95191
山 西	Shanxi	1182781	1039755	5882	75587	40148
内蒙古	Inner Mongolia	579830	472105	3502	28166	43772
辽 宁	Liaoning	1717033	1524246	10635	93519	63596
吉 林	Jilin	645163	560133	1795	26652	36188
黑龙江	Heilongjiang	603649	530915	2047	24833	29576
上 海	Shanghai	30986855	26685366	128723	2478436	868797
江 苏	Jiangsu	29497659	25960074	81756	1362762	701076
浙 江	Zhejiang	21827180	20186043	33422	883661	441892
安 徽	Anhui	3773826	3348221	10398	194886	108610
福 建	Fujian	13786116	13123270	18527	311958	169973
江 西	Jiangxi	2857555	2403927	5432	142864	141554
山 东	Shandong	22290675	20863190	53532	746860	352473
河 南	Henan	4498602	4018908	13517	197370	123730
湖 北	Hubei	5727865	4813374	27460	306135	234439
湖 南	Hunan	3724254	3056169	22808	224285	184641
广 东	Guangdong	28683535	25797081	120177	1503459	907330
广 西	Guangxi	1704137	1498615	3091	79546	69447
海 南	Hainan	2532726	2332899	3335	32897	20696
重 庆	Chongqing	3136562	2582894	17776	196413	93657
四 川	Sichuan	4505873	3886103	8253	248975	181451
贵 州	Guizhou	591118	514459	1547	19646	31586
云 南	Yunnan	1291385	1071627	5562	106911	56184
西 藏	Xizang	20938	17348	25	735	1682
陕 西	Shaanxi	2510549	2161339	5178	128897	129149
甘 肃	Gansu	710244	615931	4637	61707	18857
青 海	Qinghai	44439	31984	279	8269	3069
宁 夏	Ningxia	101942	83644	358	5469	8158
新 疆	Xinjiang	911242	785015	4010	56985	35273

2-2-7 续表 2 continued

单位：万元 (10 000 yuan)

地区	Region	研发费用 R&D Expense	财务费用 Financial Expense	利润总额 Total Profit	应付职工薪酬 Payroll Payable	应交增值税 Value-added Tax Payable
全 国	**National Total**	**253873**	**364754**	**7444972**	**7719281**	**1878156**
一、按区域分						
东部地区	Eastern Region	240510	357343	5407284	5643513	1528621
中部地区	Central Region	8668	6454	1082961	1044386	221157
西部地区	Western Region	4352	-14535	887521	890894	108581
东北地区	Northeast Region	343	15493	67206	140488	19797
二、按地区分						
北 京	Beijing	73142	93965	1000837	1055525	208906
天 津	Tianjin	257	4248	87842	52250	17642
河 北	Hebei	1450	-825	105311	136592	10457
山 西	Shanxi	102	2622	27632	64940	6161
内蒙古	Inner Mongolia		-1227	68980	46210	2730
辽 宁	Liaoning	343	17895	11657	73500	14116
吉 林	Jilin		686	29240	37444	2762
黑龙江	Heilongjiang	0	-3088	26309	29544	2919
上 海	Shanghai	27889	74431	1012659	1107704	247443
江 苏	Jiangsu	28684	51124	1553041	879489	427671
浙 江	Zhejiang	7004	9830	464665	507436	103428
安 徽	Anhui	2006	-15956	175189	150438	39098
福 建	Fujian	3558	17603	235671	192175	33012
江 西	Jiangxi	385	-7323	158452	162758	9769
山 东	Shandong	28699	23359	297331	584383	193882
河 南	Henan	807	12194	161411	179798	21859
湖 北	Hubei	3351	9703	332275	277995	106728
湖 南	Hunan	2017	5214	228003	208457	37543
广 东	Guangdong	69172	83834	497290	1107333	274275
广 西	Guangxi	6	-3055	58360	78988	5647
海 南	Hainan	655	-227	152637	20624	11906
重 庆	Chongqing	481	694	269179	160614	39173
四 川	Sichuan	1047	-8358	234302	217157	27152
贵 州	Guizhou		986	27482	31437	1387
云 南	Yunnan	251	-418	87625	102229	9651
西 藏	Xizang		-34	1683	1087	83
陕 西	Shaanxi	2417	-53	88481	133431	12286
甘 肃	Gansu	151	-1130	10916	47190	4659
青 海	Qinghai	0	-70	2789	7924	158
宁 夏	Ningxia		199	4807	8947	262
新 疆	Xinjiang		-2069	32917	55679	5392

2-2-8 按企业特征分规模以上文化及相关产业服务业企业基本情况(2023年)
Statistics on Culture-Related Service Enterprises above Designated Size(2023)

单位：万元 (10 000 yuan)

类别	Category	法人单位数(个) Number of Enterprises (unit)	年末从业人员(人) Engaged Persons at Year-end (person)	固定资产原价 Original Value of Fixed Assets	本年折旧 Depreciation of Current Year
合计	**Total**	**39631**	**3510300**	**211574717**	**14809109**
一、按单位规模分	**by Unit Size**				
大型	Large	1302	1461272	103773489	8240778
中型	Medium-sized	4660	1010957	52161046	3078617
小微型	Small and Micro	33669	1038071	55640182	3489714
二、按登记注册统计类别分	**by Registered Statistical Categories**				
内资企业	Domestic Funded Enterprises	38170	3069486	164057689	9184796
港澳台投资企业	Enterprises with Funds from Hong Kong, Macao and Taiwan	836	285999	35844200	5013554
外商投资企业	Foreign Funded Enterprises	598	154080	11659233	609195
其他统计类别	Others	27	735	13595	1564
三、按企业控股情况分	**by Status of Holding**				
国有控股	State-holding	6640	1123183	114507022	5737960
集体控股	Collective-holding	288	37886	2573978	116193
私人控股	Private-holding	31156	1906449	51033101	3476878
港澳台商控股	Hong Kong, Macao and Taiwan-holding	817	280176	34606790	4958066
外商控股	Foreign-holding	604	135264	4637633	309842
其他	Others	126	27342	4216193	210170

2-2-8 续表 1 continued

单位：万元 (10 000 yuan)

类 别	Category	资产总计 Total Assets	营业收入 Total Revenue	营业成本 Operating Cost	税金及附加 Total Tax and Extra Charges
合 计	**Total**	**1463197062**	**703362732**	**469389500**	**3692586**
一、按单位规模分	**by Unit Size**				
大 型	Large	590721014	300296504	155679963	1787146
中 型	Medium-sized	375742682	163947946	116883416	830574
小微型	Small and Micro	496733365	239118283	196826122	1074866
二、按登记注册统计类别分	**by Registered Statistical Categories**				
内资企业	Domestic Funded Enterprises	1097696875	523585426	408509997	2819823
港澳台投资企业	Enterprises with Funds from Hong Kong, Macao and Taiwan	319788485	156936645	47399393	754280
外商投资企业	Foreign Funded Enterprises	45676718	22799247	13454166	118046
其他统计类别	Others	34983	41414	25943	437
三、按企业控股情况分	**by Status of Holding**				
国有控股	State-holding	614234137	121555330	93227855	911266
集体控股	Collective-holding	8653467	4373162	2488557	26884
私人控股	Private-holding	464162663	387386036	305362657	1840348
港澳台商控股	Hong Kong, Macao and Taiwan-holding	317822934	158563722	49056032	757147
外商控股	Foreign-holding	42360326	28135519	16197098	111387
其他	Others	15963534	3348965	3057302	45554

2-2-8 续表 2 continued

单位：万元 (10 000 yuan)

类　别	Category	销售费用 Selling Expense	管理费用 Administration Expense	研发费用 R&D Expense	财务费用 Financial Expense
合　计	**Total**	**60532927**	**56664635**	**34811448**	**244847**
一、按单位规模分	**by Unit Size**				
大　型	Large	33588049	25620535	24308501	-1627739
中　型	Medium-sized	14177981	14216586	7178112	515279
小微型	Small and Micro	12766897	16827514	3324836	1357307
二、按登记注册统计类别分	**by Registered Statistical Categories**				
内资企业	Domestic Funded Enterprises	31212049	36605632	17303674	2351685
港澳台投资企业	Enterprises with Funds from Hong Kong, Macao and Taiwan	26720293	16928045	15789896	-2300125
外商投资企业	Foreign Funded Enterprises	2599620	3128945	1717843	193138
其他统计类别	Others	966	2013	36	149
三、按企业控股情况分	**by Status of Holding**				
国有控股	State-holding	5502720	12244493	3276772	2033703
集体控股	Collective-holding	1252811	261991	121902	61107
私人控股	Private-holding	24124250	21778279	13776481	745473
港澳台商控股	Hong Kong, Macao and Taiwan-holding	26764552	16854553	15822374	-2322856
外商控股	Foreign-holding	2775616	4740967	1805690	-77851
其他	Others	112980	784353	8230	-194729

2-2-8　续表 3　continued

单位：万元　　　　(10 000 yuan)

类　别	Category	利润总额 Total Profit	应付职工薪酬 Payroll Payable	应交增值税 Value-added Tax Payable
合　计	**Total**	**94324915**	**91203027**	**13442761**
一、按单位规模分	**by Unit Size**			
大　型	Large	66040851	49623543	7771840
中　型	Medium-sized	15834293	23273780	2544955
小微型	Small and Micro	12449772	18305704	3125966
二、按登记注册统计类别分	**by Registered Statistical Categories**			
内资企业	Domestic Funded Enterprises	36693878	64997460	7885423
港澳台投资企业	Enterprises with Funds from Hong Kong, Macao and Taiwan	55608727	20589970	5098927
外商投资企业	Foreign Funded Enterprises	2010432	5611446	457791
其他统计类别	Others	11879	4151	620
三、按企业控股情况分	**by Status of Holding**			
国有控股	State-holding	10632140	25164669	2401092
集体控股	Collective-holding	240375	549636	151862
私人控股	Private-holding	25204490	38017163	5295332
港澳台商控股	Hong Kong, Macao and Taiwan-holding	55435675	20578951	5089914
外商控股	Foreign-holding	2951752	5396486	440597
其他	Others	-139516	1496122	63963

2-2-9　按区域和地区分规模以上文化及相关产业服务业企业基本情况(2023年)

Statistics on Culture-Related Service Enterprises above Designated Size by Region(2023)

单位：万元　　(10 000 yuan)

地　区	Region	法　人单位数(个) Number of Enterprises (unit)	年　末从业人员(人) Engaged Persons at Year-end (person)	固定资产原　价 Original Value of Fixed Assets	本年折旧 Depreciation of Current Year	资产总计 Total Assets
全　国	**National Total**	**39631**	**3510300**	**211574717**	**14809109**	**1463197062**
一、按区域分						
东部地区	Eastern Region	24780	2286156	140224361	10856110	1101961452
中部地区	Central Region	8269	604143	31664575	1965358	147599191
西部地区	Western Region	5649	486669	31636640	1597637	192111865
东北地区	Northeast Region	933	133332	8049140	390004	21524555
二、按地区分						
北　京	Beijing	5060	470661	39185910	3713009	300691602
天　津	Tianjin	589	33211	3163115	149733	18677939
河　北	Hebei	531	51839	4153921	179152	15638227
山　西	Shanxi	243	24945	2886491	129415	11329691
内蒙古	Inner Mongolia	100	10968	1622683	78341	2783415
辽　宁	Liaoning	640	99312	4184922	182079	13261364
吉　林	Jilin	167	19516	2159759	125450	5741087
黑龙江	Heilongjiang	126	14504	1704460	82475	2522104
上　海	Shanghai	2720	311837	16623120	1338890	158105398
江　苏	Jiangsu	5179	494513	24897005	1788162	208818662
浙　江	Zhejiang	2389	241672	17893949	1377318	163014346
安　徽	Anhui	964	89703	3837720	185985	21351963
福　建	Fujian	1666	104725	3992693	220434	21041665
江　西	Jiangxi	1215	55862	2952759	171413	14699298
山　东	Shandong	1474	128786	8119392	381857	28012662
河　南	Henan	1135	110972	5352316	269308	19978614
湖　北	Hubei	2080	194813	10201185	788077	53191074
湖　南	Hunan	2632	127848	6434104	421162	27048551
广　东	Guangdong	4926	424943	19798695	1607961	179237378
广　西	Guangxi	441	37114	2221777	113977	17500171
海　南	Hainan	246	23969	2396561	99595	8723574
重　庆	Chongqing	850	78827	5523658	282462	37710406
四　川	Sichuan	1962	181681	8373208	483654	71584781
贵　州	Guizhou	346	25462	2525636	112954	15541488
云　南	Yunnan	467	42622	3364194	163761	11286524
西　藏	Xizang	29	3335	180878	8172	679246
陕　西	Shaanxi	1078	71182	4728938	205515	26179802
甘　肃	Gansu	123	13196	1169360	52514	2621495
青　海	Qinghai	27	3203	593965	24181	629757
宁　夏	Ningxia	39	5852	568902	30876	861525
新　疆	Xinjiang	187	13227	763440	41230	4733254

2-2-9 续表 1 continued

单位：万元 (10 000 yuan)

地 区	Region	营业收入 Total Revenue	营业成本 Operating Cost	税金及附加 Total Tax and Extra Charges	销售费用 Selling Expense	管理费用 Administration Expense
全 国	**National Total**	**703362732**	**469389500**	**3692586**	**60532927**	**56664635**
一、按区域分						
东部地区	Eastern Region	568705762	370354027	2819706	53737571	44928259
中部地区	Central Region	67819070	53374046	390060	3336048	4398995
西部地区	Western Region	60003738	40588771	436748	3116310	6347976
东北地区	Northeast Region	6834162	5072656	46072	342998	989405
二、按地区分						
北 京	Beijing	180747948	109702924	771015	24552319	12294422
天 津	Tianjin	10020906	7695690	62402	1104752	484170
河 北	Hebei	2804608	2002553	20072	180540	436103
山 西	Shanxi	2784208	2316742	22135	112870	189007
内蒙古	Inner Mongolia	678421	496385	5679	39584	130126
辽 宁	Liaoning	5088806	3834472	31762	256829	676652
吉 林	Jilin	986531	666737	8344	55871	182034
黑龙江	Heilongjiang	758825	571448	5967	30298	130720
上 海	Shanghai	84076086	54303965	356091	9896017	7264839
江 苏	Jiangsu	47872422	35439313	306705	2417874	4071729
浙 江	Zhejiang	103839194	64233826	459648	7443555	11212732
安 徽	Anhui	9971220	7389507	41524	602149	768461
福 建	Fujian	20844433	16785405	160887	838763	1017003
江 西	Jiangxi	6801021	5183927	20700	630825	474583
山 东	Shandong	12274089	9604236	80085	591668	1054814
河 南	Henan	9315702	7763551	78833	328752	572833
湖 北	Hubei	28273135	23236432	100505	887477	1360201
湖 南	Hunan	10673784	7483887	126364	773975	1033910
广 东	Guangdong	96017412	63531020	556311	4868737	6598682
广 西	Guangxi	4597104	3040878	24764	155219	781723
海 南	Hainan	10208664	7055096	46489	1843347	493765
重 庆	Chongqing	12583174	7611604	74769	384721	2580712
四 川	Sichuan	27606263	18024279	218400	1896338	1388417
贵 州	Guizhou	1926700	1579385	16805	79848	212554
云 南	Yunnan	3587722	2844495	35171	125448	319195
西 藏	Xizang	175370	107916	892	9865	23561
陕 西	Shaanxi	6229734	4861944	39901	292934	624146
甘 肃	Gansu	987482	794437	8968	45162	100945
青 海	Qinghai	146928	100361	1238	9839	24322
宁 夏	Ningxia	221350	154799	2501	18713	37046
新 疆	Xinjiang	1263492	972289	7661	58638	125229

2-2-9 续表 2 continued

单位：万元 (10 000 yuan)

地 区	Region	研发费用 R&D Expense	财务费用 Financial Expense	利润总额 Total Profit	应付职工薪酬 Payroll Payable	应交增值税 Value-added Tax Payable
全 国	**National Total**	**34811448**	**244847**	**94324915**	**91203027**	**13442761**
一、按区域分						
东部地区	Eastern Region	31168905	-1487148	80568580	71444574	10649415
中部地区	Central Region	1769595	431958	4895847	10180325	1219139
西部地区	Western Region	1632490	1151622	8549877	7535028	1446431
东北地区	Northeast Region	240459	148415	310611	2043101	127776
二、按地区分						
北 京	Beijing	11977467	-788807	24823261	20802655	3222619
天 津	Tianjin	257850	6010	543113	781732	129120
河 北	Hebei	44751	78628	117141	587336	63117
山 西	Shanxi	28933	75523	88874	277533	41739
内蒙古	Inner Mongolia	3710	17344	13708	133936	7814
辽 宁	Liaoning	194833	89411	206841	1692243	116119
吉 林	Jilin	21200	44915	94622	197634	18604
黑龙江	Heilongjiang	24426	14088	9148	153225	-6947
上 海	Shanghai	6296856	138366	9654901	12994771	1176628
江 苏	Jiangsu	2352747	458493	3887369	8974848	1144779
浙 江	Zhejiang	2615432	-1087068	20671256	9149360	1661084
安 徽	Anhui	497328	63446	854444	1435652	172349
福 建	Fujian	704814	31485	1731643	1841740	351028
江 西	Jiangxi	66183	52531	485834	591897	89242
山 东	Shandong	272678	105663	767995	1892856	246177
河 南	Henan	165226	91831	512699	1665745	168865
湖 北	Hubei	776075	81305	1885720	4496748	503733
湖 南	Hunan	235850	67322	1068276	1712751	243211
广 东	Guangdong	6494204	-484730	17706187	13868524	2406729
广 西	Guangxi	28216	232770	571017	442943	75265
海 南	Hainan	152106	54812	665714	550752	248134
重 庆	Chongqing	260749	131984	1746188	1340010	211193
四 川	Sichuan	1137452	253851	5607126	3125708	895267
贵 州	Guizhou	19029	68260	-44650	318236	28632
云 南	Yunnan	68883	79664	271531	587258	79616
西 藏	Xizang	5704	208	30648	44935	6268
陕 西	Shaanxi	88867	295177	219615	1080347	92415
甘 肃	Gansu	10316	38677	-6449	147520	17416
青 海	Qinghai	78	13878	-2797	35431	4450
宁 夏	Ningxia	577	7238	13596	68452	5119
新 疆	Xinjiang	8909	12573	130344	210253	22976

2-3-1 按类别分规模以下文化及相关产业法人单位情况(2023年) Main Indicators on Culture and Related Industries below Designated Size by Caregory(2023)

单位：万元 (10 000 yuan)

类 别	Category	法人单位数(个) Number of Enterprises (unit)	年末从业人员(人) Engaged Persons at Year-end (person)	资产总计 Total Assets	营业收入 Total Revenue	利润总额 Total Profit
总 计	**Total**	**3003707**	**15112257**	**1284547906**	**483958805**	**44728666**
#文化新业态行业	Culture-Related New Form of Industry	377140	1728780	99353295	64826385	6372756
一、按产业类型分	**by Industry Type**					
文化制造业	Culture-Related Manufacture	234848	2350675	86498441	81072708	6139504
文化批发和零售业	Culture-Related Whole and Retail Trade	428833	1488559	78479187	89907688	5745009
文化服务业	Culture-Related Service	2340026	11273023	1119570278	312978409	32844153
二、按领域分	**by Field**					
文化核心产业	Cultural Core Industry	1935907	9922841	1040483259	312540218	31670299
文化相关产业	Culture-Related Industry	1067800	5189416	244064647	171418587	13058366
三、按行业类别分	**by Industry Category**					
新闻信息服务	News Information Service	175764	1002557	53390636	30331326	3006818
内容创作生产	Creation and Manufacture of Content	453124	2746695	181172987	72415352	7575784
创意设计服务	Services of Creative Design	933148	4230315	194516719	140639269	14471701
文化传播渠道	Cultural Diffusion Channel	197047	826039	57932130	39435022	2617656
文化投资运营	Investment and Operation of Culture	15687	96420	355375221	6920144	1244858
文化娱乐休闲服务	Culture Leisure and Entertainment	161137	1020815	198095567	22799105	2753482
文化辅助生产和中介服务	Supplementary Manufacture of Culture and Intermediary Services	763088	3681993	179665672	97736862	8386252
文化装备生产	Manufacture of Culture Equipment	38409	248670	12294474	10886442	629049
文化消费终端生产	Manufacture of Culture Consumption Endpoint	266303	1258753	52104502	62795283	4043066

2-3-2 按区域和地区分规模以下文化及相关产业法人单位主要指标情况(2023年)

Main Indicators on Culture and Related Industries below Designated Size by Region (2023)

单位：万元　　(10 000 yuan)

地 区	Region	法人单位数(个) Number of Enterprises (unit)	年末从业人员(人) Engaged Persons at Year-end (person)	资产总计 Total Assets	营业收入 Total Revenue	利润总额 Total Profit
全 国	**National Total**	**3003707**	**15112257**	**1284547906**	**483958805**	**44728666**
一、按区域分						
东部地区	Eastern Region	1718924	8067485	760011861	289188826	17586632
中部地区	Central Region	634686	3773388	225562881	115839494	17603020
西部地区	Western Region	537410	2752025	266639828	67192361	8412439
东北地区	Northeast Region	112687	519359	32333336	11738123	1126575
二、按地区分						
北 京	Beijing	172189	556442	93206240	19597893	-1428925
天 津	Tianjin	31466	124097	13602604	3012993	-30232
河 北	Hebei	117201	557849	30301722	12135307	1655377
山 西	Shanxi	57298	234965	17176373	3569357	180862
内蒙古	Inner Mongolia	29486	130155	11183893	2077763	124828
辽 宁	Liaoning	59977	264769	21664710	6015863	354716
吉 林	Jilin	26246	139542	5660794	3190193	632961
黑龙江	Heilongjiang	26464	115048	5007832	2532067	138898
上 海	Shanghai	75944	373183	52501095	24904750	38557
江 苏	Jiangsu	310504	1536043	232122133	62791375	5404299
浙 江	Zhejiang	217569	1074879	118141862	42835823	2203451
安 徽	Anhui	106943	531494	48470211	19009354	2169212
福 建	Fujian	115824	719677	32156399	26925798	3321617
江 西	Jiangxi	59312	377001	28924117	10375980	1530618
山 东	Shandong	222297	1138378	72350000	43574934	5012942
河 南	Henan	172792	1178107	43361347	31637677	5588686
湖 北	Hubei	140035	810128	58563494	30872047	4659143
湖 南	Hunan	98306	641693	29067338	20375080	3474499
广 东	Guangdong	434637	1917760	95703178	51451290	1585924
广 西	Guangxi	55830	247288	9950475	3124895	175095
海 南	Hainan	21293	69177	19926629	1958663	-176377
重 庆	Chongqing	86079	490034	52111660	17861115	3598323
四 川	Sichuan	131463	711422	49961798	18230999	2299937
贵 州	Guizhou	36843	196811	55855173	4273734	809059
云 南	Yunnan	49944	263343	16905089	5797777	818016
西 藏	Xizang	6115	37887	5075603	1744537	-4496
陕 西	Shaanxi	74641	347497	33796349	7193249	373640
甘 肃	Gansu	29174	140942	12095719	1942175	112253
青 海	Qinghai	8639	39597	2762847	490395	6287
宁 夏	Ningxia	8692	43776	3473060	792097	1344
新 疆	Xinjiang	20504	103273	13468164	3663626	98154

2-4-1 文化及相关产业法人单位主要指标情况(2012-2023年)
Main Indicators on Culture and Related Industries (2012-2023)

单位：亿元 (100 million yuan)

年 份 Year	年末从业人员(万人) Engaged Persons at Year-end (10 000 persons)	资产总计 Total Assets	营业收入 Total Revenue	#文化新业态行业 Culture-Related New Form of Industry	利润总额 Total Profit
2012	1603	86453	77809	6439	5409
2013	1760	103407	83743	7833	6284
2014	1925	120105	97866	10574	7148
2015	2041	146318	112904	13765	8208
2016	2178	175549	127693	17785	9802
2017	2138	211926	134371	20763	11047
2018	2056	225786	130186	24271	10611
2019	1923	246229	135025	30156	10689
2020	1894	274157	139005	38456	11430
2021	1947	297494	163804	46950	12366
2022	1898	315945	165502	50106	12707
2023	2238	327711	178738	59254	16445

2-4-2 按类别分文化及相关产业法人单位年末从业人员情况(2018-2023年)
Engaged Persons and Composition at Year-end on Culture and Related Industries by Category (2018-2023)

单位：万人 (10 000 persons)

类 别	Category	2018	2019	2020	2021	2022	2023
总 计	**Total**	**2056**	**1923**	**1894**	**1947**	**1898**	**2238**
#文化新业态行业	Culture-Related New Form of Industry	253	251	261	276	273	327
一、按产业类型分	**by Industry Type**						
文化制造业	Culture-Related Manufacture	662	601	583	584	550	557
文化批发和零售业	Culture-Related Whole and Retail Trade	180	164	163	167	167	202
文化服务业	Culture-Related Service	1214	1158	1148	1196	1181	1478
二、按领域分	**by Field**						
文化核心产业	Cultural Core Industry	1273	1206	1188	1230	1207	1408
文化相关产业	Culture-Related Industry	783	718	705	717	691	830
三、按行业类别分	**by Industry Category**						
新闻信息服务	News Information Service	115	109	104	111	108	153
内容创作生产	Creation and Manufacture of Content	423	382	378	387	378	427
创意设计服务	Services of Creative Design	408	402	401	419	416	523
文化传播渠道	Cultural Diffusion Channel	146	141	141	142	138	148
文化投资运营	Investment and Operation of Culture	14	14	14	14	14	14
文化娱乐休闲服务	Culture Leisure and Entertainment	168	158	151	157	153	143
文化辅助生产和中介服务	Supplementary Manufacture of Culture and Intermediary Services	411	385	375	385	374	497
文化装备生产	Manufacture of Culture Equipment	90	78	79	78	73	74
文化消费终端生产	Manufacture of Culture Consumption Endpoint	282	255	251	254	244	258

2-4-3 按类别分文化及相关产业法人单位资产总计情况(2018-2023年)
Total Assets and Composition on Culture and Related Industries by Category (2018-2023)

单位：亿元 (100 million yuan)

类 别	Category	2018	2019	2020	2021	2022	2023
总 计	**Total**	**225786**	**246229**	**274157**	**297494**	**315945**	**327711**
#文化新业态行业	Culture-Related New Form of Industry	35735	42365	53654	63035	70557	77710
一、按产业类型分	**by Industry Type**						
文化制造业	Culture-Related Manufacture	41982	41151	43314	45139	46265	45481
文化批发和零售业	Culture-Related Whole and Retail Trade	19962	19102	19578	20807	21738	23953
文化服务业	Culture-Related Service	163843	185976	211265	231547	247942	258277
二、按领域分	**by Field**						
文化核心产业	Cultural Core Industry	170676	191609	216555	235988	252407	258101
文化相关产业	Culture-Related Industry	55110	54620	57602	61506	63538	69610
三、按行业类别分	**by Industry Category**						
新闻信息服务	News Information Service	21463	20668	24634	34363	36875	36531
内容创作生产	Creation and Manufacture of Content	38934	41951	49174	53108	57701	60875
创意设计服务	Services of Creative Design	27562	31192	34067	36523	38184	39738
文化传播渠道	Cultural Diffusion Channel	19424	24331	26045	23735	24462	26833
文化投资运营	Investment and Operation of Culture	37149	44828	51205	53874	59028	58010
文化娱乐休闲服务	Culture Leisure and Entertainment	26144	28640	31430	34385	36157	36114
文化辅助生产和中介服务	Supplementary Manufacture of Culture and and Intermediary Services	29863	31294	32783	35085	35894	41012
文化装备生产	Manufacture of Culture Equipment	6879	6346	6639	6779	7018	7170
文化消费终端生产	Manufacture of Culture Consumption Endpoint	18368	16980	18181	19642	20626	21428

2-4-4　按类别分文化及相关产业法人单位营业收入情况(2018-2023年)
Total Revenue and Composition on Culture and Related Industries by Category (2018-2023)

单位：亿元　　(100 million yuan)

类　别	Category	2018	2019	2020	2021	2022	2023
总　计	**Total**	**130186**	**135025**	**139005**	**163804**	**165502**	**178738**
#文化新业态行业	Culture-Related New Form of Industry	24271	30156	38456	46950	50106	59254
一、按产业类型分	**by Industry Type**						
文化制造业	Culture-Related Manufacture	46300	44434	44645	52498	51932	46335
文化批发和零售业	Culture-Related Whole and Retail Trade	27789	24281	23179	28313	29169	30769
文化服务业	Culture-Related Service	56096	66310	71180	82994	84401	101634
二、按领域分	**by Field**						
文化核心产业	Cultural Core Industry	73450	82868	87349	102309	103403	117294
文化相关产业	Culture-Related Industry	56736	52157	51655	61495	62099	61445
三、按行业类别分	**by Industry Category**						
新闻信息服务	News Information Service	10815	9471	11297	15844	16473	20508
内容创作生产	Creation and Manufacture of Content	23185	25600	27488	32419	33193	35812
创意设计服务	Services of Creative Design	21375	25425	27608	31957	31775	36263
文化传播渠道	Cultural Diffusion Channel	13491	17187	16557	17132	17206	19035
文化投资运营	Investment and Operation of Culture	1093	1351	1228	1326	1353	1434
文化娱乐休闲服务	Culture Leisure and Entertainment	3490	3834	3172	3630	3403	4242
文化辅助生产和中介服务	Supplementary Manufacture of Culture and and Intermediary Services	20787	21342	20389	24077	23979	25035
文化装备生产	Manufacture of Culture Equipment	10122	7342	6946	7813	7756	7030
文化消费终端生产	Manufacture of Culture Consumption Endpoint	25827	23474	24319	29605	30364	29379

2-4-5 按区域和地区分文化及相关产业法人单位年末从业人员情况(2018-2023年)

Engaged Persons at Year-end on Culture and Related Industries by Region (2018-2023)

单位：万人 (10 000 persons)

地 区	Region	2018	2019	2020	2021	2022	2023
全 国	**National Total**	**2056**	**1923**	**1894**	**1947**	**1898**	**2238**
一、按区域分							
东部地区	Eastern Region	1236	1146	1135	1174	1137	1296
中部地区	Central Region	457	444	427	427	417	514
西部地区	Western Region	308	281	282	299	298	357
东北地区	Northeast Region	55	53	50	48	46	70
二、按地区分							
北 京	Beijing	121	121	115	120	112	109
天 津	Tianjin	20	16	15	14	13	18
河 北	Hebei	58	52	49	48	48	67
山 西	Shanxi	23	21	21	21	20	27
内蒙古	Inner Mongolia	13	11	11	11	11	15
辽 宁	Liaoning	32	34	32	31	29	39
吉 林	Jilin	11	8	7	7	7	17
黑龙江	Heilongjiang	12	11	10	10	10	14
上 海	Shanghai	69	73	73	77	73	77
江 苏	Jiangsu	233	209	225	238	232	258
浙 江	Zhejiang	140	143	146	152	150	168
安 徽	Anhui	68	64	63	68	72	74
福 建	Fujian	106	105	102	104	104	103
江 西	Jiangxi	53	61	59	62	65	62
山 东	Shandong	142	104	101	107	111	152
河 南	Henan	124	105	104	104	90	139
湖 北	Hubei	98	107	98	89	88	114
湖 南	Hunan	90	85	82	83	82	98
广 东	Guangdong	337	314	301	305	285	333
广 西	Guangxi	29	26	25	25	26	34
海 南	Hainan	9	8	8	9	9	10
重 庆	Chongqing	56	49	48	53	55	62
四 川	Sichuan	72	74	80	88	88	101
贵 州	Guizhou	26	20	19	21	21	24
云 南	Yunnan	31	27	27	27	25	33
西 藏	Xizang	3	3	3	3	4	4
陕 西	Shaanxi	43	39	38	37	37	46
甘 肃	Gansu	13	13	13	13	12	16
青 海	Qinghai	4	4	4	4	4	4
宁 夏	Ningxia	5	4	4	4	4	5
新 疆	Xinjiang	11	12	11	12	11	12

2-4-6 按区域和地区分文化及相关产业法人单位资产总计情况(2018−2023年)
Total Assets on Culture and Related Industries by Region (2018-2023)

单位：亿元 (100 million yuan)

地 区	Region	2018	2019	2020	2021	2022	2023
全 国	**National Total**	**225786**	**246229**	**274157**	**297494**	**315945**	**327711**
一、按区域分							
东部地区	Eastern Region	152112	167758	187484	200905	213312	224976
中部地区	Central Region	32505	37278	39826	42432	44559	44657
西部地区	Western Region	35909	36043	41651	48817	52816	52011
东北地区	Northeast Region	5259	5151	5197	5339	5259	6067
二、按地区分							
北 京	Beijing	27169	30583	35383	41028	43321	42100
天 津	Tianjin	4345	3668	3397	3082	2939	3638
河 北	Hebei	4521	4328	3692	3730	4034	5250
山 西	Shanxi	1712	2840	3086	3417	3667	3078
内蒙古	Inner Mongolia	1363	1217	1155	1195	1112	1514
辽 宁	Liaoning	2971	3053	3053	3197	3006	3936
吉 林	Jilin	1417	1223	1269	1295	1428	1247
黑龙江	Heilongjiang	871	874	875	847	825	884
上 海	Shanghai	14155	15843	18355	20847	20316	23638
江 苏	Jiangsu	30900	37301	42462	44336	49534	53319
浙 江	Zhejiang	18737	21440	24648	27469	29951	33123
安 徽	Anhui	5961	7692	7782	8267	9666	8615
福 建	Fujian	5227	5776	6234	6250	6398	7209
江 西	Jiangxi	3276	4255	5436	5835	5782	5884
山 东	Shandong	15936	14840	14720	14483	14903	15186
河 南	Henan	6069	5705	5914	5974	4953	7234
湖 北	Hubei	9888	10895	11342	12325	13340	13015
湖 南	Hunan	5600	5891	6267	6613	7151	6830
广 东	Guangdong	27505	29585	33825	34760	36776	38246
广 西	Guangxi	1989	1824	2397	3173	3589	3755
海 南	Hainan	3618	4393	4769	4919	5140	3267
重 庆	Chongqing	5963	5727	6448	6566	7172	9726
四 川	Sichuan	8399	8582	10310	12229	14345	14602
贵 州	Guizhou	4986	5451	7346	8291	9638	7408
云 南	Yunnan	3628	2493	2647	3079	2931	3421
西 藏	Xizang	487	584	628	649	782	585
陕 西	Shaanxi	5376	5889	6319	8581	8236	6678
甘 肃	Gansu	1333	1135	1109	1151	1086	1536
青 海	Qinghai	335	299	386	382	328	358
宁 夏	Ningxia	362	338	351	375	434	477
新 疆	Xinjiang	1689	2503	2556	3146	3163	1953

2-4-7 按区域和地区分文化及相关产业法人单位营业收入情况(2018-2023年)

Total Revenue on Culture and Related Industries by Region (2018-2023)

单位：亿元 (100 million yuan)

地 区	Region	2018	2019	2020	2021	2022	2023
全 国	**National Total**	**130186**	**135025**	**139005**	**163804**	**165502**	**178738**
一、按区域分							
东部地区	Eastern Region	94506	97061	100889	119290	120700	131541
中部地区	Central Region	20797	22122	21988	26066	26525	26770
西部地区	Western Region	13179	14194	14628	16727	16552	17986
东北地区	Northeast Region	1704	1649	1499	1721	1725	2440
二、按地区分							
北 京	Beijing	13455	15973	17606	20375	20546	22886
天 津	Tianjin	2219	2286	1940	1627	1529	1844
河 北	Hebei	1654	1578	1525	1762	1699	2038
山 西	Shanxi	417	472	486	683	710	818
内蒙古	Inner Mongolia	222	239	236	285	264	351
辽 宁	Liaoning	1147	1148	1060	1231	1235	1523
吉 林	Jilin	271	202	182	215	216	511
黑龙江	Heilongjiang	286	299	256	274	274	405
上 海	Shanghai	11080	11002	11596	14186	14045	15367
江 苏	Jiangsu	15927	14834	15356	18258	18947	19979
浙 江	Zhejiang	12237	13784	15275	17888	18243	20011
安 徽	Anhui	3949	3854	3899	4350	4238	4210
福 建	Fujian	5940	7549	7621	9038	8814	8241
江 西	Jiangxi	2322	2907	3392	4192	4452	3553
山 东	Shandong	9103	7464	7296	9148	9669	12028
河 南	Henan	4447	4568	4389	4976	4865	5165
湖 北	Hubei	5321	5855	5499	6964	7247	7876
湖 南	Hunan	4342	4466	4324	4902	5013	5148
广 东	Guangdong	22424	22113	21876	25859	25908	27537
广 西	Guangxi	757	1088	1271	1478	1634	1490
海 南	Hainan	467	476	798	1149	1300	1610
重 庆	Chongqing	3138	2846	2904	3607	3750	3863
四 川	Sichuan	4206	4823	5281	6160	6098	6892
贵 州	Guizhou	790	726	737	846	783	821
云 南	Yunnan	1163	1123	1072	1107	941	1305
西 藏	Xizang	223	549	524	537	446	198
陕 西	Shaanxi	1595	1625	1549	1603	1599	1897
甘 肃	Gansu	228	231	220	246	228	371
青 海	Qinghai	100	85	48	50	42	72
宁 夏	Ningxia	91	91	88	112	113	136
新 疆	Xinjiang	667	768	699	696	653	590

2-4-8 规模以上文化及相关产业企业主要指标情况(2012-2023年)
Main Indicators on Culture and Related Industries above Designated Size (2012-2023)

单位：亿元 (100 million yuan)

类 别	Category	2012	2013	2014	2015	2016	2017
一、企业基本情况	**Basic Information**						
法人单位数(个)	Number of Enterprises (unit)	36469	41351	45799	49356	54728	60251
年末从业人员(万人)	Engaged Persons at Year-end (10 000 persons)	699	754	812	839	872	881
二、资产情况	**Balance Sheet Situation**						
固定资产原价	Original Value of Fixed Assets	16810	19246	23041	25743	31012	30557
本年折旧	Depreciation of Current Year	1229	1534	1783	1967	2078	2028
资产总计	Total Assets	50337	57568	69421	83902	98993	118888
三、损益情况	**Profit and Loss Distribution Situation**						
营业收入	Total Revenue	56264	64001	73841	84163	94051	98199
营业成本	Operating Cost	46310	52665	73925	69460	77074	78888
税金及附加	Total Tax and Extra Charges	516	509	530	577	571	627
销售费用	Selling Expense	2394	2640	3078	3604	3817	4670
管理费用	Administration Expense	3160	3640	4358	5017	5329	6581
研发费用	R&D Expense	—	—	—	—	—	—
财务费用	Financial Expense	374	419	467	528	474	572
利润总额	Total Profit	3705	4723	5249	5935	7143	8187
四、人工成本及增值税情况	**Labor Cost and Value-added Tax Situation**						
应付职工薪酬	Payroll Payable	4069	4666	5594	6445	7271	8026
应交增值税	Value-added Tax Payable	1102	1400	1561	1632	1719	1831

注：根据财政部《关于修订印发2018年度一般企业财务报表格式的通知》要求，国家统计局于2019年开始将“研发费用”指标纳入年度统计。

a) According to the Notice on Revising and Issuing the Format of General Enterprise Financial Statements in 2018 issued by the Ministry of Finance, the National Bureau of Statistics began incorporating the "R&D Expense" indicator into annual statistics in 2019.

2-4-8 续表 continued

单位：亿元 (100 million yuan)

类 别	Category	2018	2019	2020	2021	2022	2023
一、企业基本情况	**Basic Information**						
法人单位数(个)	Number of Enterprises (unit)	60460	61232	63913	68358	71772	74838
年末从业人员(万人)	Engaged Persons at Year-end (10 000 persons)	852	800	788	808	772	726
二、资产情况	**Balance Sheet Situation**						
固定资产原价	Original Value of Fixed Assets	31979	31450	33178	35061	36897	38140
本年折旧	Depreciation of Current Year	2239	2099	2284	2493	2635	2689
资产总计	Total Assets	126938	137054	156201	171414	186335	199256
三、损益情况	**Profit and Loss Distribution Situation**						
营业收入	Total Revenue	96799	99033	103465	122642	123755	130342
营业成本	Operating Cost	76495	77336	80096	95286	96363	99266
税金及附加	Total Tax and Extra Charges	612	616	472	537	596	649
销售费用	Selling Expense	5091	5263	5786	7322	6936	8124
管理费用	Administration Expense	7448	6623	6669	7945	7754	7706
研发费用	R&D Expense	—	2344	3072	3984	4415	4482
财务费用	Financial Expense	540	551	602	516	286	260
利润总额	Total Profit	7971	7887	8649	9116	9370	11972
四、人工成本及增值税情况	**Labor Cost and Value-added Tax Situation**						
应付职工薪酬	Payroll Payable	9347	9841	10288	12422	13170	13432
应交增值税	Value-added Tax Payable	1828	1646	1510	1747	1931	2158

2-4-9 规模以上文化及相关产业制造业企业主要指标情况(2012-2023年)
Main Indicators on Culture-Related Manufacturing Enterprises above Designated Size (2012-2023)

单位：亿元 (100 million yuan)

类 别	Category	2012	2013	2014	2015	2016	2017
一、企业基本情况	**Basic Information**						
法人单位数(个)	Number of Enterprises (unit)	15940	18076	19048	20079	20361	19803
年末从业人员(万人)	Engaged Persons at Year-end (10 000 persons)	460	498	520	521	520	488
二、资产情况	**Balance Sheet Situation**						
固定资产原价	Original Value of Fixed Assets	10864	12299	14469	15905	19500	16702
本年折旧	Depreciation of Current Year	778	966	1134	1225	1299	1166
资产总计	Total Assets	21653	24796	28441	31534	33399	34014
三、损益情况	**Profit and Loss Distribution Situation**						
营业收入	Total Revenue	30938	37093	42309	45902	49478	46624
营业成本	Operating Cost	26696	32007	36669	39775	42802	40126
税金及附加	Total Tax and Extra Charges	165	217	248	280	289	294
销售费用	Selling Expense	782	937	1028	1155	974	1230
管理费用	Administration Expense	1240	1487	1621	1763	1474	1920
研发费用	R&D Expense	—	—	—	—	—	—
财务费用	Financial Expense	273	327	362	388	354	407
利润总额	Total Profit	1820	2249	2467	2640	2977	2880
四、人工成本及增值税情况	**Labor Cost and Value-added Tax Situation**						
应付职工薪酬	Payroll Payable	1869	2233	2642	2864	3048	2947
应交增值税	Value-added Tax Payable	785	959	1016	1063	1048	953
工业总产值(当年价格)	Gross Industrial Output Value (current prices)	30726	36904	42533	46535	50217	46638

2-4-9 续表 continued

单位：亿元 (100 million yuan)

类 别	Category	2018	2019	2020	2021	2022	2023
一、企业基本情况	**Basic Information**						
法人单位数(个)	Number of Enterprises (unit)	19919	19284	19479	21099	21809	20815
年末从业人员(万人)	Engaged Persons at Year-end (10 000 persons)	441	399	384	391	366	322
二、资产情况	**Balance Sheet Situation**						
固定资产原价	Original Value of Fixed Assets	14825	14553	14554	15247	15857	15804
本年折旧	Depreciation of Current Year	1059	991	972	1115	1163	1139
资产总计	Total Assets	34125	33288	35096	37401	39234	36831
三、损益情况	**Profit and Loss Distribution Situation**						
营业收入	Total Revenue	39672	38044	38137	44611	43432	38228
营业成本	Operating Cost	34029	32499	32639	38228	37544	32987
税金及附加	Total Tax and Extra Charges	262	244	211	227	222	209
销售费用	Selling Expense	1099	1043	980	1108	1043	946
管理费用	Administration Expense	1901	1426	1355	1587	1567	1428
研发费用	R&D Expense	—	688	783	956	1017	976
财务费用	Financial Expense	345	317	357	298	190	199
利润总额	Total Profit	2293	2116	2125	2509	2204	1795
四、人工成本及增值税情况	**Labor Cost and Value-added Tax Situation**						
应付职工薪酬	Payroll Payable	3316	3238	3183	3738	3856	3540
应交增值税	Value-added Tax Payable	856	690	578	667	706	626
工业总产值(当年价格)	Gross Industrial Output Value (current prices)	39361	37741	37334	43729	42642	36950

2-4-10 限额以上文化及相关产业批发和零售业企业主要指标情况(2012-2023年)

Main Indicators on Culture-Related Whole and Retail Enterprises above Designated Size (2012-2023)

单位：亿元 (100 million yuan)

类　别	Category	2012	2013	2014	2015	2016	2017
一、企业基本情况	**Basic Information**						
法人单位数(个)	Number of Enterprises (unit)	6796	7617	8520	8620	9604	9739
年末从业人员(万人)	Engaged Persons at Year-end (10 000 persons)	51	50	52	54	57	55
二、资产情况	**Balance Sheet Situation**						
固定资产原价	Original Value of Fixed Assets	632	722	826	830	829	780
本年折旧	Depreciation of Current Year	35	43	45	44	45	44
资产总计	Total Assets	7717	7236	8568	9975	11296	12180
三、损益情况	**Profit and Loss Distribution Situation**						
营业收入	Total Revenue	13550	13426	14703	17707	19293	19684
营业成本	Operating Cost	12113	12001	13201	16093	17453	17746
税金及附加	Total Tax and Extra Charges	42	53	56	62	60	65
销售费用	Selling Expense	690	646	676	763	825	847
管理费用	Administration Expense	323	325	365	369	410	430
研发费用	R&D Expense	—	—	—	—	—	—
财务费用	Financial Expense	41	23	63	102	95	62
利润总额	Total Profit	265	420	371	384	520	594
四、人工成本及增值税情况	**Labor Cost and Value-added Tax Situation**						
应付职工薪酬	Payroll Payable	356	326	362	396	429	474
应交增值税	Value-added Tax Payable	153	165	153	162	128	168

2-4-10 续表 continued

单位：亿元 (100 million yuan)

类　　别	Category	2018	2019	2020	2021	2022	2023
一、企业基本情况	**Basic Information**						
法人单位数(个)	Number of Enterprises (unit)	10528	10462	11183	12169	13158	14392
年末从业人员(万人)	Engaged Persons at Year-end (10 000 persons)	59	53	51	52	53	53
二、资产情况	**Balance Sheet Situation**						
固定资产原价	Original Value of Fixed Assets	936	896	978	1032	1068	1178
本年折旧	Depreciation of Current Year	57	55	52	52	57	69
资产总计	Total Assets	12747	12221	12785	13894	14766	16105
三、损益情况	**Profit and Loss Distribution Situation**						
营业收入	Total Revenue	20538	17534	16454	19739	20020	21778
营业成本	Operating Cost	18384	15536	14497	17501	17830	19340
税金及附加	Total Tax and Extra Charges	62	69	56	69	62	71
销售费用	Selling Expense	976	888	833	1009	1042	1125
管理费用	Administration Expense	467	453	458	541	561	611
研发费用	R&D Expense	—	22	21	25	30	25
财务费用	Financial Expense	96	75	60	56	59	36
利润总额	Total Profit	601	541	570	690	570	744
四、人工成本及增值税情况	**Labor Cost and Value-added Tax Situation**						
应付职工薪酬	Payroll Payable	586	553	543	617	678	772
应交增值税	Value-added Tax Payable	212	139	134	160	149	188

2-4-11　规模以上文化及相关产业服务业企业主要指标情况(2012-2023年)

Main Indicators on Culture-Related Service Enterprises above Designated Size (2012-2023)

单位：亿元　(100 million yuan)

类　别	Category	2012	2013	2014	2015	2016	2017
一、企业基本情况	**Basic Information**						
法人单位数(个)	Number of Enterprises (unit)	13733	15658	18231	20657	24763	30709
年末从业人员(万人)	Engaged Persons at Year-end (10 000 persons)	188	205	240	264	295	338
二、资产情况	**Balance Sheet Situation**						
固定资产原价	Original Value of Fixed Assets	5315	6224	7745	9007	10683	13075
本年折旧	Depreciation of Current Year	416	525	604	698	735	817
资产总计	Total Assets	20966	25537	32412	42393	54297	72694
三、损益情况	**Profit and Loss Distribution Situation**						
营业收入	Total Revenue	11776	13482	16829	20553	25280	31891
营业成本	Operating Cost	7501	8657	24055	13592	16820	21016
税金及附加	Total Tax and Extra Charges	309	239	226	234	222	268
销售费用	Selling Expense	922	1056	1374	1686	2018	2593
管理费用	Administration Expense	1597	1828	2373	2884	3445	4230
研发费用	R&D Expense	—	—	—	—	—	—
财务费用	Financial Expense	60	69	42	39	25	102
利润总额	Total Profit	1621	2053	2410	2911	3646	4713
四、人工成本及增值税情况	**Labor Cost and Value-added Tax Situation**						
应付职工薪酬	Payroll Payable	1844	2107	2591	3185	3794	4604
应交增值税	Value-added Tax Payable	165	276	392	407	543	710

2-4-11 续表 continued

单位：亿元 (100 million yuan)

类　别	Category	2018	2019	2020	2021	2022	2023
一、企业基本情况	**Basic Information**						
法人单位数(个)	Number of Enterprises (unit)	30013	31486	33251	35090	36805	39631
年末从业人员(万人)	Engaged Persons at Year-end (10 000 persons)	352	348	353	365	354	351
二、资产情况	**Balance Sheet Situation**						
固定资产原价	Original Value of Fixed Assets	16218	16001	17647	18782	19972	21157
本年折旧	Depreciation of Current Year	1123	1053	1260	1326	1415	1481
资产总计	Total Assets	80066	91544	108320	120119	132336	146320
三、损益情况	**Profit and Loss Distribution Situation**						
营业收入	Total Revenue	36589	43454	48874	58292	60303	70336
营业成本	Operating Cost	24082	29301	32960	39557	40989	46939
税金及附加	Total Tax and Extra Charges	288	302	205	241	312	369
销售费用	Selling Expense	3017	3332	3972	5205	4851	6053
管理费用	Administration Expense	5081	4744	4856	5816	5627	5666
研发费用	R&D Expense	—	1634	2268	3004	3369	3481
财务费用	Financial Expense	99	160	184	161	37	24
利润总额	Total Profit	5078	5230	5954	5918	6595	9432
四、人工成本及增值税情况	**Labor Cost and Value-added Tax Situation**						
应付职工薪酬	Payroll Payable	5445	6050	6563	8067	8637	9120
应交增值税	Value-added Tax Payable	760	817	798	921	1076	1344

2-4-12 文化新业态行业法人单位主要指标情况(2018-2023年)
Main Indicators on Culture-Related New Form of Industry(2018-2023)

年　份 Year	年末从业人员 Engaged Persons at Year-end		资产总计 Total Assets		营业收入 Total Revenu	
	绝对值 (万人) Absolute Figures (10 000 persons)	占全国比重 (%) As Percentage of National Total(%)	绝对值 (亿元) Absolute Figures (100 million yuan)	占全国比重 (%) As Percentage of National Total(%)	绝对值 (亿元) Absolute Figures (100 million yuan)	占全国比重 (%) As Percentage of National Total(%)
2018	253	12.3	35735	15.8	24271	18.6
2019	251	13.1	42365	17.2	30156	22.3
2020	261	13.8	53654	19.6	38456	27.7
2021	276	14.2	63035	21.2	46950	28.7
2022	273	14.4	70557	22.3	50106	30.3
2023	327	14.6	77710	23.7	59254	33.2

3

主要文化行业发展情况

Development of Main Cultural Industries

3-1-1　图书、期刊和报纸出版情况
Statistics on Books, Periodicals and Newspapers

年份 Year 地区 Region	图书 Books Published 种数（种） Number of Publications (kind)	#新出版 New Publications	总印数（亿册、亿张） Total Printed Copies (100 million copies)	期刊 Periodicals Published 种数（种） Number of Publications (kind)	总印数（亿册） Total Printed Copies (100 million copies)	报纸 Newspapers Published 种数（种） Number of Publications (kind)	总印数（亿份） Total Printed Copies (100 million copies)
1978	14987	11888	37.7	930	7.6	186	127.8
1980	21621	17660	45.9	2191	11.2	188	140.4
1985	45603	33743	66.7	4705	25.6	1445	246.8
1990	80224	55245	56.4	5751	17.9	1444	211.2
1995	101381	59159	63.2	7583	23.4	2089	263.3
2000	143376	84235	62.7	8725	29.4	2007	329.3
2005	222473	128578	64.7	9468	27.6	1931	412.6
2006	233971	160757	64.1	9468	28.5	1938	424.5
2007	248283	136226	62.9	9468	30.4	1938	438.0
2008	274123	148978	70.6	9549	31.0	1943	442.9
2009	301719	168296	70.4	9851	31.5	1937	439.1
2010	328387	189295	71.7	9884	32.2	1939	452.1
2011	369523	207506	77.0	9849	32.9	1928	467.4
2012	414005	241986	79.2	9867	33.5	1918	482.3
2013	444427	255981	83.1	9877	32.7	1915	482.4
2014	448431	255890	81.8	9966	30.9	1912	463.9
2015	475768	260426	86.6	10014	28.8	1906	430.1
2016	499884	262415	90.4	10084	27.0	1894	390.1
2017	512487	255106	92.4	10130	24.9	1884	362.5
2018	519250	247108	100.1	10139	22.9	1871	337.3
2019	505979	224762	106.0	10171	21.9	1851	317.6
2020	489051	213636	103.7	10192	20.4	1810	289.1
2021	529197	225253	118.6	10185	20.1	1752	283.0
2022	502246	205261	114.0	10139	19.3	1709	271.0
2023	540274	217041	125.0	10157	18.5	1669	261.0
中　央 Central Level	217669	84439	35.2	3232	7.0	197	74.5
北　京 Beijing	13328	5718	2.6	170	0.1	30	2.5
天　津 Tianjin	8904	4181	1.2	234	0.2	15	1.5
河　北 Hebei	10830	3095	3.7	217	0.3	56	9.7
山　西 Shanxi	3298	2068	1.2	198	0.2	53	20.8
内蒙古 Inner Mongolia	2634	1278	0.6	149	0.1	51	1.9
辽　宁 Liaoning	12241	5349	1.8	312	0.5	54	4.0
吉　林 Jilin	28169	12519	3.3	237	0.2	44	5.2
黑龙江 Heilongjiang	8811	5619	1.2	315	0.2	48	3.0
上　海 Shanghai	28105	12467	4.5	641	0.5	63	5.7
江　苏 Jiangsu	26955	9027	7.5	453	1.1	74	17.8
浙　江 Zhejiang	17422	8069	5.2	235	0.6	63	15.7
安　徽 Anhui	11135	3265	3.5	181	0.3	48	4.8
福　建 Fujian	4955	2247	1.8	174	0.2	42	6.2
江　西 Jiangxi	10744	4050	3.6	165	0.7	37	5.7
山　东 Shandong	17284	5501	6.4	269	0.6	76	12.4
河　南 Henan	11174	4217	5.1	244	0.6	77	12.0
湖　北 Hubei	18255	6372	3.8	416	0.7	68	5.5
湖　南 Hunan	11971	4767	6.4	253	0.7	44	5.0
广　东 Guangdong	12082	5089	5.5	380	0.8	90	12.7
广　西 Guangxi	6933	2571	3.6	177	0.3	42	4.4
海　南 Hainan	4699	1487	0.8	41	0.0	13	1.4
重　庆 Chongqing	5498	1931	1.4	139	0.4	27	1.3
四　川 Sichuan	13769	6709	4.4	356	0.5	66	9.1
贵　州 Guizhou	1266	748	1.2	92	0.1	24	2.1
云　南 Yunnan	6218	3327	2.1	127	0.2	39	3.0
西　藏 Xizang	663	318	0.2	39	0.0	24	0.9
陕　西 Shaanxi	13365	5092	3.1	270	0.3	42	4.4
甘　肃 Gansu	4810	1903	1.4	131	0.9	44	2.6
青　海 Qinghai	746	451	0.1	56	0.0	25	0.7
宁　夏 Ningxia	2319	1001	0.5	36	0.0	13	0.8
新　疆 Xinjiang	4022	2166	2.0	218	0.1	80	3.5

3-1-2 图书出版情况（2023年）
Statistics on Books Published by Category (2023)

类　别	Category	种　数（种）Number of Publications (kind)	印　数（万册）Printed Copies (10 000 copies)
图书总计	**Total**	**540274**	**1249691**
使用“中国标准书号”部分合计	**Publications with "China Standard Book Numbering"**	**540045**	**1243134**
马列主义、毛泽东思想	Marxism-Leninism, Mao Zedong Thought	977	2452
哲学	Philosophy	9917	9268
社会科学总论	General Social Sciences	5310	3333
政治、法律	Politics and Law	18719	38365
军事	Military Affairs	1451	1681
经济	Economics	34476	12651
文化、科学、教育、体育	Culture, Science, Education and Sports	227126	988132
语言、文字	Languages	16732	21574
文学	Literature	54391	78169
艺术	Arts	23836	19663
历史、地理	History and Geography	20075	17527
自然科学总论	General Natural Sciences	1011	692
数理科学、化学	Mathematics, Physics and Chemistry	12390	7287
天文学、地球科学	Astronomy and Geology	4399	2188
生物科学	Biology	5071	3484
医学、卫生	Medicine and Health Care	24556	10182
农业科学	Agricultural Science	5434	1514
工业技术	Industrial Technology	57773	16449
交通运输	Transportation	6789	2269
航空、航天	Aeronautics and Aerospace	1353	488
环境科学	Environmental Science	3635	1060
综合性图书	General Books	4624	4706
不使用“中国标准书号”部分合计	**Publications without "China Standard Book Numbering"**	**229**	**6557**
图片	Pictures	229	383
国标(GB)、部标(BB)等标准类文件印品	Standards Publications such as National Standards, Ministry Standards		853
活页文选、活页歌篇、小件印品等	Loose-leaf Collectanea, Loose-leaf Song Collections and Prints of Small Volume		5321

3-1-3 分地区少年儿童读物和课本出版情况（2023年）
Statistics on Juvenile and Children's Books, Textbooks by Region (2023)

地区	Region	种数(种) Number of Publications (kind) 少儿读物 Juvenile and Children's Books	课本 Textbooks	总印数（万册） Printed Copies (10 000 copies) 少儿读物 Juvenile and Children's Books	课本 Textbooks	总印张(千印张) Printed Sheets (1 000 sheets) 少儿读物 Juvenile and Children's Books	课本 Textbooks
全国	**National Total**	**44575**	**87922**	**101382**	**481528**	**5369183**	**37072319**
中央	Central Level	11251	56613	27909	144485	1377957	13301222
北京	Beijing	2559	569	6352	2007	323837	205869
天津	Tianjin	1047	440	1832	2102	94776	153074
河北	Hebei	865	303	1275	18419	61833	1241424
山西	Shanxi	190	124	157	5633	14474	401032
内蒙古	Inner Mongolia	335	549	113	4223	5182	306767
辽宁	Liaoning	1101	2524	1508	6480	87098	541504
吉林	Jilin	2237	372	2695	5875	156178	402870
黑龙江	Heilongjiang	531	1029	1084	3408	34991	250334
上海	Shanghai	1637	5364	7202	14524	251850	1255178
江苏	Jiangsu	1443	3574	2098	27620	147924	1893288
浙江	Zhejiang	2353	1335	3549	18286	248437	1177124
安徽	Anhui	1511	428	4357	13528	364778	984458
福建	Fujian	697	415	3139	7130	88688	489831
江西	Jiangxi	1908	266	5911	10000	362378	770888
山东	Shandong	1976	1232	3491	25564	198763	1818461
河南	Henan	496	989	862	28161	29501	1880847
湖北	Hubei	2577	2654	5134	9817	320227	805269
湖南	Hunan	1066	1024	2259	23949	156439	1468208
广东	Guangdong	1044	1581	4228	30066	257283	2007228
广西	Guangxi	1802	509	2555	12540	120512	874661
海南	Hainan	255	21	653	2218	38336	141527
重庆	Chongqing	152	1927	207	7077	8096	506702
四川	Sichuan	2785	1530	7493	14482	399034	1072738
贵州	Guizhou	315	72	1279	8246	37878	589085
云南	Yunnan	611	128	1270	10060	77062	704099
西藏	Xizang	63	43	42	1235	1704	88842
陕西	Shaanxi	736	2075	1531	9484	47574	716051
甘肃	Gansu	287	36	614	3946	32605	283236
青海	Qinghai	49	124	15	1075	771	84123
宁夏	Ningxia	55	9	212	1182	4896	89654
新疆	Xinjiang	641	63	356	8706	18121	566725

3-1-4 课本出版情况(2023年)
Statistics on Publication of Textbooks (2023)

项　目	Item	种数 (种) Number of Publications (kind)	#新出版 New Publications	总印数 (万册) Printed Copies (10 000 copies)	总印张 (千印张) Printed Sheets (1 000 sheets)	定价总金额 (万元) Total Priced Value (10 000 yuan)
总　计	**Total**	**87922**	**20135**	**481528**	**37072319**	**5191011**
大专及以上课本	Textbooks for Higher Education	67522	17219	31581	5608486	1491383
中专、技校课本	Textbooks for Secondary Vocational Education	6163	1072	9945	1519307	289372
中学课本	Textbooks for Secondary Education	4178	376	215814	17994912	1882389
小学课本	Textbooks for Primary Education	4236	359	220213	11230861	1320977
业余教育课本	Textbooks for Spare-time Education	2045	683	1287	274321	74987
扫盲课本	Textbooks for Literacy Courses	8		9	875	120
教学用书	Teaching Materials	3770	426	2679	443557	131783

3-1-5 音像制品和电子出版物情况
Statistics on Audio-Vedio and Electronic Products

年　份 Year	音像制品 Audio-Vedio Products		电子出版物 Electronic Products	
	种数 (种) Number of Publications (kind)	出版数量 (万盒、万张) Volume of Publication (10 000 cassettes, 10 000 discs)	种数 (种) Number of Publications (kind)	数量 (万张) Volume of Publication (10 000 discs)
2009	25384	39146.5	10708	22914.0
2010	21552	42383.9	11175	25911.9
2011	19408	46431.0	11154	21322.2
2012	18485	39365.8	11822	26344.9
2013	16972	40604.6	11708	35220.2
2014	15355	32839.0	11823	35048.8
2015	15372	29418.2	10091	21438.4
2016	14384	27584.6	9836	29064.7
2017	13552	25591.9	9240	28132.9
2018	11063	24124.1	8403	25884.2
2019	10712	23171.4	9070	29261.9
2020	8611	17515.0	7825	25270.7
2021	8172	17200.8	8199	31773.1
2022	6612	10099.0	8072	11924.3
2023	6320	9113.8	10205	13904.9

3-1-6 分地区音像制品及电子出版物情况（2023年）
Statistics on Publication of Audio-Visual and Electronic Products by Region (2023)

地 区	Region	录像制品出版品种（种）Number of Publications of Video Products (kind)	录像制品出版数量（万盒、万张）Volume of Publications of Video Products (10 000 cassettes, 10 000 discs)	录音制品出版品种（种）Number of Publications of Audio Products (kind)	录音制品出版数量（万盒、万张）Volume of Publications of Audio Products (10 000 cassettes, 10 000 discs)	电子出版物出版品种（种）Number of Electronic Publications (kind)	电子出版物出版数量（万张）Volume of Electronic Publications (10 000 discs)
全 国	**National Total**	**2743**	**1381.8**	**3577**	**7731.9**	**10205**	**13904.9**
中 央	Central Level	1411	749.5	1612	5483.5	5154	10259.1
北 京	Beijing	36	4.1	158	178.8	29	12.6
天 津	Tianjin	14	0.2	7	0.1	41	1.1
河 北	Hebei	29	0.3	39	811.6	104	56.7
山 西	Shanxi	9	0.4	32	2.5	8	0.2
内蒙古	Inner Mongolia	1	0.0	9	3.0	48	9.7
辽 宁	Liaoning	80	1.5	112	143.8	692	143.2
吉 林	Jilin	69	10.6	46	65.9	210	15.1
黑龙江	Heilongjiang	3	3.1	14	0.2	104	122.1
上 海	Shanghai	174	181.1	381	431.7	291	540.2
江 苏	Jiangsu	13	0.8	50	36.9	352	1260.1
浙 江	Zhejiang	21	35.4	17	122.2	233	311.2
安 徽	Anhui	34	1.5	11	0.2	10	1.1
福 建	Fujian	38	6.5	14	1.1	8	0.8
江 西	Jiangxi	190	291.2	35	17.2	77	49.2
山 东	Shandong	78	15.3	41	4.3	1051	156.6
河 南	Henan	54	4.6	1	0.0	558	115.3
湖 北	Hubei	20	2.1	18	1.1	211	21.2
湖 南	Hunan	48	27.3	59	93.5	94	103.2
广 东	Guangdong	147	8.6	818	310.9	369	672.7
广 西	Guangxi	14	2.3	7	8.4	13	0.7
海 南	Hainan	8	0.3	14	0.5	17	0.3
重 庆	Chongqing	8	0.8	4	0.2	126	26.9
四 川	Sichuan	39	3.6	9	1.9	232	16.0
贵 州	Guizhou			1	0.8	6	1.8
云 南	Yunnan	59	2.7	24	1.3	21	1.4
西 藏	Xizang	10	2.0	1	0.1		
陕 西	Shaanxi	43	4.5	26	1.7	98	2.2
甘 肃	Gansu	21	1.6	5	0.2	9	0.2
青 海	Qinghai	10	0.4	1	0.0	4	0.1
宁 夏	Ningxia			5	0.2	4	0.1
新 疆	Xinjiang	62	19.5	6	7.8	31	3.8

3-1-7 图书出版机构及人员情况
Statistics on Institutions and Employed Persons of Publication Industry

年份 地区	Year Region	机构数 (个) Number of Institutions (unit)	职工人数 (人) Number of Employed Persons (person)
	2009	580	62890
	2010	581	63903
	2011	580	67173
	2012	580	67125
	2013	582	64757
	2014	583	66074
	2015	584	67103
	2016	584	66820
	2017	585	67252
	2018	585	67166
	2019	585	66507
	2020	586	65759
	2021	587	66178
	2022	587	67136
	2023	586	66235
中　央	Central Level	219	29252
北　京	Beijing	19	1149
天　津	Tianjin	12	866
河　北	Hebei	8	825
山　西	Shanxi	8	647
内蒙古	Inner Mongolia	7	520
辽　宁	Liaoning	18	1501
吉　林	Jilin	15	1873
黑龙江	Heilongjiang	13	874
上　海	Shanghai	40	3849
江　苏	Jiangsu	19	2546
浙　江	Zhejiang	15	1519
安　徽	Anhui	11	995
福　建	Fujian	11	833
江　西	Jiangxi	7	1319
山　东	Shandong	17	2160
河　南	Henan	12	1342
湖　北	Hubei	14	2101
湖　南	Hunan	13	1597
广　东	Guangdong	19	1879
广　西	Guangxi	8	1462
海　南	Hainan	4	324
重　庆	Chongqing	3	609
四　川	Sichuan	16	1515
贵　州	Guizhou	6	410
云　南	Yunnan	8	717
西　藏	Xizang	2	182
陕　西	Shaanxi	17	1870
甘　肃	Gansu	9	306
青　海	Qinghai	2	166
宁　夏	Ningxia	3	191
新　疆	Xinjiang	11	836

3-1-8 出版物发行购、销、存情况
Statistics on Purchase, Sales and Stock of Publications

单位：万元 (10 000 yuan)

年份 地区	Year Region	购进金额 Purchase	销售金额 Sales	库存金额 Stock
	2009	16005755	15569553	6582141
	2010	17753997	17541569	7377979
	2011	20248910	19534916	8040534
	2012	21609143	21598845	8418751
	2013	24182149	23461488	9643972
	2014	24478617	24155210	10101107
	2015	26693829	25637427	10824358
	2016	28571116	27713353	11430050
	2017	30421914	29544348	12209707
	2018	33605735	32133713	13754029
	2019	36618876	35655010	14771552
	2020	37047468	36589123	15185913
	2021	44973585	43561574	17057717
	2022	45744389	44669253	18193838
	2023	49176284	48721225	18629086
中　央	Central Level	9788750	9574113	6467505
北　京	Beijing	864844	1043504	519656
天　津	Tianjin	597824	582404	182495
河　北	Hebei	1651902	1638611	202090
山　西	Shanxi	535201	532559	151667
内蒙古	Inner Mongolia	355973	353644	67861
辽　宁	Liaoning	695164	710920	263711
吉　林	Jilin	999173	908231	343719
黑龙江	Heilongjiang	444788	434249	92754
上　海	Shanghai	1480693	1479450	1017029
江　苏	Jiangsu	3588767	3427110	2179013
浙　江	Zhejiang	3299977	3241282	1405882
安　徽	Anhui	2075448	2083298	330768
福　建	Fujian	924981	919573	185190
江　西	Jiangxi	1884995	1950973	283436
山　东	Shandong	3021526	2909938	966478
河　南	Henan	1992503	1997115	285317
湖　北	Hubei	1179785	1167998	361686
湖　南	Hunan	2789887	2871753	643977
广　东	Guangdong	2283953	2294261	514130
广　西	Guangxi	1134768	1152966	189227
海　南	Hainan	342367	329245	27255
重　庆	Chongqing	646583	641767	208709
四　川	Sichuan	2207738	2144007	974663
贵　州	Guizhou	580492	547855	132560
云　南	Yunnan	722867	739083	146368
西　藏	Xizang	62819	63672	19380
陕　西	Shaanxi	1294443	1256912	210780
甘　肃	Gansu	587148	597787	66007
青　海	Qinghai	52785	53647	12520
宁　夏	Ningxia	100756	98346	17926
新　疆	Xinjiang	987382	974953	159327

注：本表数据为全国新华书店系统和出版社自办发行单位的数据。

a)Data in the table above refer to data of issuing units owned by Xinhua bookstores and presses.

3-1-9 出版物印刷机构情况
Statistics on Printing Institutions

年份 地区	Year Region	印刷单位数（个） Number of Printing Institutions (unit)	职工人数（万人） Number of Employed Persons (10 000 persons)	印刷产量 Output of Printing 黑白（万令） Black and White (10 000 reams)	印刷产量 Output of Printing 彩色（万对开色令） Color (10 000 bisect color reams)	装订产量（万令） Output of Bookbinding (10 000 reams)	用纸量（万令） Amount of Paper Used (10 000 reams)
	2009	8189	63.14	27034	129520	35498	
	2010	8484	61.28	28272	141917	29007	37860
	2011	8309	57.62	30091	152913	28985	33366
	2012	8714	55.09	32654	164713	29740	63821
	2013	8963	51.68	32608	255672	36316	85621
	2014	9079	48.85	31936	252659	31965	65406
	2015	8910	48.29	30945	219634	31630	60698
	2016	8936	47.83	31518	150688	33669	64299
	2017	8753	45.17	30375	140601	33425	62256
	2018	8923	42.98	27760	116388	33358	55951
	2019	9014	40.86	24907	119584	34739	51814
	2020	9271	37.28	20960	110037	29640	43238
	2021	9518	35.76	18956	123687	29626	39305
	2022	9409	34.22	17485	119798	27450	36570
	2023	9673	34.01	16610	128531	27241	36267
北京	Beijing	958	2.23	1240	11684	2291	2889
天津	Tianjin	207	0.65	422	3321	689	1036
河北	Hebei	825	2.69	1935	7814	3196	3123
山西	Shanxi	135	0.44	141	1484	221	373
内蒙古	Inner Mongolia	168	0.26	66	535	106	143
辽宁	Liaoning	198	0.48	302	2619	518	680
吉林	Jilin	198	0.47	224	1608	279	493
黑龙江	Heilongjiang	131	0.29	129	934	155	261
上海	Shanghai	167	1.14	275	3734	430	957
江苏	Jiangsu	448	2.26	1353	9421	1955	2756
浙江	Zhejiang	562	2.45	1183	11793	1982	2985
安徽	Anhui	369	1.00	404	4257	810	1020
福建	Fujian	313	1.37	622	3176	681	1056
江西	Jiangxi	155	0.47	498	1974	588	801
山东	Shandong	708	3.18	2282	9336	3443	3844
河南	Henan	451	1.33	755	6638	1165	1674
湖北	Hubei	357	1.19	981	4515	1400	1654
湖南	Hunan	516	1.52	622	6466	1232	1591
广东	Guangdong	967	6.08	1422	20008	3263	4666
广西	Guangxi	260	0.61	230	3194	488	698
海南	Hainan	52	0.16	41	485	31	108
重庆	Chongqing	140	0.44	182	1566	333	420
四川	Sichuan	357	0.97	471	3741	711	1001
贵州	Guizhou	153	0.30	65	1376	143	258
云南	Yunnan	157	0.41	149	1615	245	397
西藏	Xizang	22	0.06	24	314	33	64
陕西	Shaanxi	303	0.70	322	2282	461	695
甘肃	Gansu	96	0.28	136	780	157	234
青海	Qinghai	61	0.11	24	113	24	42
宁夏	Ningxia	99	0.12	32	206	36	58
新疆	Xinjiang	140	0.36	79	1545	176	288

3-1-10 图书、期刊、报纸进出口情况
Statistics on Import and Export of Books, Periodicals and Newspapers

年 份 Year	出口 Exports 数量（万册、万份） Number (10 000 copies)	出口 Exports 金额（万美元） Value (10 000 USD)	进口 Imports 数量（万册、万份） Number (10 000 copies)	进口 Imports 金额（万美元） Value (10 000 USD)
2009	885.16	3437.72	2794.53	24505.27
2010	945.64	3711.00	2881.87	26008.58
2011	1144.18	3905.51	2979.88	28373.26
2012	1639.27	4863.15	3138.07	30121.65
2013	1992.86	6012.40	2361.54	28048.63
2014	1689.42	5649.66	2538.85	28381.57
2015	1552.63	5726.74	2811.75	30557.53
2016	1765.52	5886.67	3108.18	30051.73
2017	1870.72	6024.66	3255.60	31978.76
2018	1478.09	5723.00	4088.02	36202.19
2019	1472.85	6079.69	4206.50	38560.51
2020	928.63	3262.80	3974.18	36216.29
2021	699.47	3539.03	4435.73	37858.58
2022	622.20	3271.76	3901.99	33201.39
2023	624.99	3327.51	3976.67	34893.71

注：本表仅包括有出版物进口经营许可证的出版物进出口经营单位数据(以下相关表同)。
a) Data in the table above only source from those units with the quanlification of publication imports and exports. The same applies to the relevant tables following.

3-1-11 图书、期刊、报纸进出口情况（2023年）
Statistics on Import and Export of Books, Periodicals and Newspapers(2023)

指 标	Item	出口 Exports 数量（万册、万份） Number (10 000 copies)	出口 Exports 金额（万美元） Value (10 000 USD)	进口 Imports 数量（万册、万份） Number (10 000 copies)	进口 Imports 金额（万美元） Value (10 000 USD)
总 计	**Total**	**624.99**	**3327.51**	**3976.67**	**34893.71**
图书	Books	541.94	3159.73	3345.80	23838.63
哲学、社会科学	Philosophy, Social Science	93.04	849.33	86.30	1755.39
文化、教育	Culture and Education	145.05	569.96	504.44	3687.06
文学、艺术	Literature and Arts	92.86	627.69	1115.02	6437.66
自然、科学技术	Natural Science and S&T	26.49	205.47	133.87	3337.74
少儿读物	Juvenile and Children's Books	105.67	195.72	802.12	3225.27
综合性图书	General Books	78.83	711.56	704.05	5395.51
期刊	Periodicals	76.07	165.61	194.98	10351.50
报纸	Newspapers	6.98	2.17	435.89	703.58

3-1-12 音像制品、电子出版物与数字出版物进出口情况
Statistics on Import and Export of Audio-Visual Products, Electronic Publications and Digital Publications

年 份 Year	出口 Exports		进口 Imports	
	数量 (盒、张) Number (cassette, disc)	金额 (万美元) Value (10 000 USD)	数量 (盒、张) Number (cassette, disc)	金额 (万美元) Value (10 000 USD)
2009	100053	61.11	167428	6527.06
2010	1018687	47.16	629542	11382.70
2011	77091	35.17	396287	14134.78
2012	93448	33.54	185646	16685.95
2013	34136	122.43	285070	20022.34
2014	20692	156.46	134380	21000.13
2015	9409	136.76	116213	24207.67
2016	13270	156.43	108096	25859.38
2017	19294	163.34	135551	34584.46
2018	12354	212.20	88444	38019.93
2019	11126	205.90	113804	41116.31
2020	6660	171.74	200690	43293.73
2021	1863	185.19	146387	42688.27
2022	828	124.21	151131	43501.49
2023	191	194.73	202129	46147.84

3-1-13 音像、电子出版物与数字出版物进出口情况(2023年)
Statistics on Import and Export of Audio-Visual Products and Electronic Publications (2023)

指 标	Item	出 口 Exports		进 口 Imports	
		数量 (盒、张) Number (cassette,disc)	金额 (万美元) Value (10 000 USD)	数量 (盒、张) Number (cassette,disc)	金额 (万美元) Value (10 000 USD)
总 计	**Total**	**191**	**194.73**	**202129**	**46147.84**
录音合计	Audio Products	12	0.02	200839	182.56
录像合计	Video Products	169	0.29	1290	1.48
电子出版物	Electronic Publications	10	23.78		
数字出版物	Digital Publications		170.64		45963.80

3-1-14 版权合同登记情况
Statistics on Registration of Copyright Contracts

单位：份 (unit)

年份 地区	Year Region	合计 Total	#书刊 Books	#音像制品 Audio-Video Products	#电子出版物 Electronic Publications	#软件 Software
	2009	14223	12741	257	473	393
	2010	15160	13537	306	418	453
	2011	20797	14689	245	485	955
	2012	18645	16753	319	417	1085
	2013	19521	17431	150	183	1161
	2014	17376	16214	130	194	276
	2015	19030	16085	1688	190	762
	2016	19744	16854	1790	238	686
	2017	20015	16635	1860	424	869
	2018	20339	16685	1877	420	1045
	2019	20313	16218	1563	296	1156
	2020	17811	15336	1001	169	965
	2021	17610	14788	788	88	1353
	2022	16215	13086	714	53	1527
	2023	16693	12455	598	47	2483
中国版权保护中心	Copyright Protection Center of China	1840		589		1251
北京	Beijing	6294	6288		4	2
天津	Tianjin	257	257			
河北	Hebei	286	286			
山西	Shanxi	16	16			
内蒙古	Inner Mongolia					
辽宁	Liaoning	160	160			
吉林	Jilin	28	28			
黑龙江	Heilongjiang	72	72			
上海	Shanghai	1243	1203	9	31	
江苏	Jiangsu	1286	494			792
浙江	Zhejiang	932	496			436
安徽	Anhui	44	44			
福建	Fujian	82	77		5	
江西	Jiangxi	130	130			
山东	Shandong	121	121			
河南	Henan	172	172			
湖北	Hubei	182	175		7	
湖南	Hunan	309	309			
广东	Guangdong	1470	360			
广西	Guangxi	335	335			
海南	Hainan	111	109			2
重庆	Chongqing	196	196			
四川	Sichuan	783	783			
贵州	Guizhou	19	19			
云南	Yunnan	109	109			
西藏	Xizang					
陕西	Shaanxi	182	182			
甘肃	Gansu	15	15			
青海	Qinghai					
宁夏	Ningxia					
新疆	Xinjiang	19	19			

3-1-15 作品自愿登记情况
Statistics on Registration of Original Products

单位：件 (piece)

年份 地区	Year Region	合计 Total	#文字 Literature	#音乐 Music	#曲艺 Recitation and Ballad	#舞蹈 Dance	#美术 Arts	#摄影 Photograph	#影视 Films and TV
	2009	336086	3509	1360	94	47	30501	299218	291
	2010	359871	6294	1425	112	18	37607	311897	1243
	2011	442983	80424	2004	46	34	53326	297028	7544
	2012	560583	179471	3901	58	40	85873	239801	30335
	2013	834569	124948	62119	118	21	171059	429903	11943
	2014	997350	349885	6094	73	19	187408	424449	11222
	2015	1349552	485539	2839	90	119	279884	540722	13820
	2016	1895053	631997	18496	310	147	440099	729473	26530
	2017	2068388	487238	11683	179	270	668930	778647	45938
	2018	2458995	291489	35119	382	175	1019601	961561	71746
	2019	2967177	192974	17467	397	164	1370975	1179451	93331
	2020	3362591	219440	16478	374	185	1318146	1526428	197659
	2021	4051221	300727	50875	444	279	1694362	1591157	261202
	2022	4531857	350450	33209	659	706	2145750	1604703	128730
	2023	6428316	329128	25765	659	1024	3296477	2501994	119672
中国版权保护中心	Copyright Protection Center of China	493070	26787	2568	11	59	421593	4560	25166
北京	Beijing	1101072	1524	6511			10048	1068014	
天津	Tianjin	142223	1892	62	4	4	7908	121419	1848
河北	Hebei	317690	52273	526	224	188	53453	187395	2633
山西	Shanxi	508	54	12			402	1	27
内蒙古	Inner Mongolia	9645	2115	464	9	51	4369	1557	393
辽宁	Liaoning	50130	882	265			36311	12073	513
吉林	Jilin	3939	187	1323			1674	49	79
黑龙江	Heilongjiang	10019	766	196			2374	1139	158
上海	Shanghai	412660	16667	2481		14	318524	43902	19836
江苏	Jiangsu	331814	34260	811	22	60	273975	10855	7408
浙江	Zhejiang	46579	1898	377			35033	7387	375
安徽	Anhui	340105	17174	519	98	11	123554	176902	18938
福建	Fujian	710648	9330	649	4	1	525731	164793	3341
江西	Jiangxi	144945	11563	297	6	27	89878	26245	16399
山东	Shandong	873826	34317	1322	224	445	494194	326189	6380
河南	Henan	17705	1113	405	6	5	9333	2501	1253
湖北	Hubei	100043	4364	262			85113	397	1069
湖南	Hunan	241359	38123	913	1	9	65713	130438	1523
广东	Guangdong	54963	1081	1246	6	15	40810	5271	548
广西	Guangxi	5415	313	93	2	3	4401	191	54
海南	Hainan	633	39	55			349	5	114
重庆	Chongqing	150921	5702	394	2	64	96741	41277	3014
四川	Sichuan	296406	43018	1330	7	42	164182	84606	2585
贵州	Guizhou	359302	3607	873	5	15	326691	11263	3248
云南	Yunnan	109655	14229	719	17	1	20942	65032	256
西藏	Xizang	11					11		
陕西	Shaanxi	37753	3448	357		4	25204	6577	1063
甘肃	Gansu	62543	2044	511	8	5	56368	1542	1413
青海	Qinghai	67	3				64		
宁夏	Ningxia	1532	209	122	3	1	857	279	37
新疆	Xinjiang	1135	146	102			677	135	1

3-1-16 版权引进和输出情况
Statistics on Copyright Import and Export

单位：项 (item)

项　目	Item	2011	2012	2013	2014	2015	2016
引进合计	**Total Number of Copyright Import**	**16639**	**17589**	**18167**	**16695**	**16467**	**17252**
#图书	Books	14708	16115	16625	15542	15458	16587
录音制品	Audio Products	278	475	378	208	133	119
录像制品	Video Products	421	503	538	451	90	251
电子出版物	Electronic Publications	185	100	72	120	292	217
输出合计	**Total Number of Copyright Export**	**7783**	**9365**	**10401**	**10293**	**10471**	**11133**
#图书	Books	5922	7568	7305	8088	7998	8328
录音制品	Audio Products	130	97	300	139	217	201
录像制品	Video Products	20	51	193	73		18
电子出版物	Electronic Publications	125	115	646	433	650	1264

3-1-16 续表 continued

单位：项 (item)

项　目	Item	2017	2018	2019	2020	2021	2022	2023
引进合计	**Total Number of Copyright Import**	**18120**	**16829**	**16140**	**14185**	**12220**	**10904**	**10044**
#图书	Books	17154	16071	15684	13919	12005	10791	9835
录音制品	Audio Products	147	125	78	79	63	39	63
录像制品	Video Products	364	192	204	154	124	72	61
电子出版物	Electronic Publications	372	214	11	33	28	2	85
输出合计	**Total Number of Copyright Export**	**13816**	**12778**	**15767**	**13895**	**12770**	**11908**	**11731**
#图书	Books	10670	10873	13680	12915	11795	11072	11509
录音制品	Audio Products	322	214	290	230	238	247	153
录像制品	Video Products	102		8	14	23	18	14
电子出版物	Electronic Publications	1557	743	838	736	714	571	55

3-1-17 版权引进和输出情况（2023年）
Statistics on Import and Export of Copyright (2023)

单位：项 (item)

项　目	Item	合 计 Total	图 书 Books	录音制品 Audio Products	录像制品 Video Products	电子出版物 Electronic Publications
本年引进版权总数	**Number of Imported Copyright in the Year**	**10044**	**9835**	**63**	**61**	**85**
美 国	United States	2826	2794	9		23
英 国	United Kingdom	2550	2510	7	10	23
德 国	Germany	801	787	8	2	4
法 国	France	641	610	11	7	13
俄罗斯	Russia	40	40			
加拿大	Canada	83	80		2	1
新加坡	Singapore	125	125			
日 本	Japan	1313	1282	8	6	17
韩 国	Korea, Rep.	253	248	1	3	1
中国香港	Hong Kong, China	96	73	14	9	
中国澳门	Macao, China	5	5			
中国台湾	Taiwan, China	490	479		11	
其 他	Others	821	802	5	11	3
本年输出版权总数	**Number of Exported Copyright in the Year**	**11731**	**11509**	**153**	**14**	**55**
美 国	United States	785	779			6
英 国	United Kingdom	314	312			2
德 国	Germany	389	387		2	
法 国	France	183	170	8	2	3
俄罗斯	Russia	831	831			
加拿大	Canada	132	132			
新加坡	Singapore	742	707	6	5	24
日 本	Japan	222	222			
韩 国	Korea, Rep.	693	693			
中国香港	Hong Kong, China	484	352	127	5	
中国澳门	Macao, China	87	87			
中国台湾	Taiwan, China	899	895			4
其 他	Others	5970	5942	12		16

3-2-1 广播电视事业发展情况
Statistics on Radio and Television

指 标	Item	2010	2020	2021	2022	2023
广播	**Radio**					
广播节目综合人口覆盖率 (%)	Population Coverage Rate of Radio Programs (%)	96.78	99.38	99.48	99.65	99.71
#乡村	Rural Areas	95.64	99.17	99.26	99.49	99.59
公共广播节目套数 (套)	Number of Public Radio Programs (set)	2549	2932	2941	2927	2918
公共广播节目播出时间(万小时)	Broadcasting of Public Radio Programs (10 000 hours)	1266.0	1580.7	1589.5	1602.2	1616.0
广播节目制作时间 (万小时)	Production of Radio Programs (10 000 hours)	681.4	821.0	812.7	787.7	759.2
电视	**Television**					
电视节目综合人口覆盖率 (%)	Population Coverage Rate of TV Programs (%)	97.62	99.59	99.66	99.75	99.79
#乡村	Rural	96.78	99.45	99.52	99.65	99.72
有线广播电视实际用户数(万户)	Actual Users of Cable Radio and TV(10 000 households)	18872	20745	20423	19964	20182
#乡村	Rural	7293	7055	6719	6585	6493
#数字电视	Users of Digital TV	8870	19889	19634	19199	19370
有线广播电视实际用户数占家庭总户数比重 (%)	Actual Popularization Rate of Cable Radio and TV(%)	46.40	46.23	44.63	43.66	43.46
#乡村	Rural	29.35	30.18	33.11	31.92	31.77
公共电视节目套数 (套)	Number of Public TV Programs(set)	3272	3603	3613	3559	3511
公共电视节目播出时间(万小时)	Broadcasting of Public TV Programs (10 000 hours)	1635.5	1988.3	2014.0	2003.6	2001.6
电视剧播出数 (万部)	Number of TV Dramas Broadcasted (10 000 series)	24.92	21.27	20.89	20.82	21.00
#进口电视剧播出数	Imported TV Dramas	0.88	0.04	0.03	0.02	0.03
电视剧播出数 (万集)	Number of TV Dramas Broadcasted (10 000 episodes)	635.86	739.38	744.14	734.28	762.64
#进口电视剧播出数	Imported TV Dramas	19.51	1.18	0.98	0.71	0.81
电视动画播出时间 (万小时)	Number of Cartoons Broadcasted(10 000 hours)		44.61	45.24	46.53	47.28
#进口电视动画播出时间	Imported Cartoons		0.71	0.29	0.28	0.16
电视节目制作时间 (万小时)	Production of TV Programs (10 000 hours)	274.3	328.2	306.0	285.2	260.0

3-2-2 广播和电视综合人口覆盖情况
Statistics on Population Coverage of Radio and TV Programs

单位：% (%)

年份 地区	Year Region	广播节目综合人口覆盖率 Population Covertage Rate of Radio Programs	#乡村 Rural	电视节目综合人口覆盖率 Population Covertage Rate of TV Programs	#乡村 Rural
	2009	96.31	95.10	97.23	91.90
	2010	96.78	95.64	97.62	96.78
	2011	97.06	96.09	97.82	97.10
	2012	97.51	96.60	98.20	97.55
	2013	97.79	97.00	98.42	97.86
	2014	97.99	97.29	98.60	98.11
	2015	98.17	97.53	98.77	98.32
	2016	98.37	97.79	98.88	98.49
	2017	98.71	98.24	99.07	98.74
	2018	98.94	98.58	99.25	99.01
	2019	99.13	98.84	99.39	99.19
	2020	99.38	99.17	99.59	99.45
	2021	99.48	99.26	99.66	99.52
	2022	99.65	99.49	99.75	99.65
	2023	99.71	99.59	99.79	99.72
北京	Beijing	100.00	100.00	100.00	100.00
天津	Tianjin	100.00	100.00	100.00	100.00
河北	Hebei	99.83	99.74	99.88	99.84
山西	Shanxi	98.99	98.43	99.31	99.02
内蒙古	Inner Mongolia	99.76	99.60	99.76	99.57
辽宁	Liaoning	99.52	99.17	99.49	99.13
吉林	Jilin	99.57	99.50	99.64	99.47
黑龙江	Heilongjiang	99.96	99.95	99.95	99.93
上海	Shanghai	100.00	100.00	100.00	100.00
江苏	Jiangsu	100.00	100.00	100.00	100.00
浙江	Zhejiang	99.82	99.73	99.89	99.86
安徽	Anhui	99.96	99.94	99.95	99.94
福建	Fujian	99.89	99.85	99.90	99.87
江西	Jiangxi	99.58	99.41	99.81	99.75
山东	Shandong	99.69	99.61	99.73	99.73
河南	Henan	99.73	99.70	99.72	99.69
湖北	Hubei	99.90	99.86	99.88	99.83
湖南	Hunan	99.43	99.01	99.77	99.61
广东	Guangdong	99.98	99.96	99.98	99.98
广西	Guangxi	99.28	99.19	99.62	99.56
海南	Hainan	99.49	99.44	99.51	99.50
重庆	Chongqing	99.57	99.39	99.69	99.59
四川	Sichuan	99.53	99.37	99.77	99.70
贵州	Guizhou	99.68	99.55	99.76	99.66
云南	Yunnan	99.68	99.61	99.70	99.62
西藏	Xizang	99.50	99.61	99.66	99.75
陕西	Shaanxi	99.53	99.29	99.72	99.53
甘肃	Gansu	99.48	99.26	99.54	99.35
青海	Qinghai	99.20	98.96	99.23	98.92
宁夏	Ningxia	99.93	99.86	99.99	99.97
新疆	Xinjiang	99.23	99.02	99.36	99.25

3-2-3 有线广播电视传输干线及实际用户情况
Statistics on Transmission Trunk and Actual Users of Cable Radio and TV

年份 地区	Year Region	有线广播电视传输干线长度(万公里) Total Length of Transmission Trunk for Cable Radio and TV (10 000 km)	有线电视实际用户数(万户) Actual Users of Cable Radio and TV (10 000 households)	#乡村 Rural Areas	#数字电视 Users of Digital TV	#增值业务 Value-Added Service	有线电视实际用户数占家庭总户数的比重(%) Actual Popularization Rate of Cable Radio and TV (%)	#乡村 Rural Areas
	2009		17523	6863	6322		44.0	
	2010	356.3	18872	7293	8870	1105	46.4	29.4
	2011	369.7	20264	8123	11489	1761	49.4	32.4
	2012	376.1	21509	8432	14303	2501	51.5	33.5
	2013	381.6	22894	8911	17160	3498	54.1	35.3
	2014	415.3	23458	7986	19143	4505	54.8	31.5
	2015	426.2	23567	8250	19776	5559	54.6	33.5
	2016	477.6	22830	8093	20157	5817	52.8	33.2
	2017	214.5	21446	7504	19404	7014	48.3	31.7
	2018	225.3	21832	7404	20144	7730	49.0	31.2
	2019	218.9	20661	7322	19417	7987	46.2	30.5
	2020	227.6	20745	7055	19889	5872	46.2	30.2
	2021	220.6	20423	6719	19634	6059	44.6	33.1
	2022	224.4	19964	6585	19199	5998	43.7	31.9
	2023	220.9	20182	6493	19370	6223	43.5	31.8
北京	Beijing	22.5	618	98	576	62	117.7	
天津	Tianjin	0.4	359	46	359	1	83.0	63.3
河北	Hebei	2.8	703	126	675	468	26.7	11.8
山西	Shanxi	7.4	323	90	291	12	70.4	56.4
内蒙古	Inner Mongolia	1.3	245	43	245	148	26.7	13.2
辽宁	Liaoning	2.6	479	111	455	143	30.8	17.1
吉林	Jilin	2.3	630	211	630	237	61.6	42.2
黑龙江	Heilongjiang	9.9	519	93	515	175	38.1	17.1
上海	Shanghai	10.5	749		736	171	130.8	
江苏	Jiangsu	4.5	1216	471	1208	337	46.8	34.5
浙江	Zhejiang	6.2	1303	705	1283	344	73.3	99.2
安徽	Anhui	3.6	777	255	589	115	35.0	19.1
福建	Fujian	25.2	725	466	725	572	61.1	58.0
江西	Jiangxi	11.2	564	288	532	132	38.0	50.6
山东	Shandong	45.0	1431	756	1321	496	41.1	43.9
河南	Henan	6.3	614	135	587	164	18.5	8.7
湖北	Hubei	3.1	1286	573	1271	348	61.4	58.6
湖南	Hunan	10.3	584	90	571	156	24.6	9.6
广东	Guangdong	19.4	1734	316	1656	835	49.5	31.3
广西	Guangxi	1.3	794	310	794	176	47.1	39.7
海南	Hainan	0.3	123	38	115	45	45.4	25.3
重庆	Chongqing	0.7	621	165	557	217	48.1	28.1
四川	Sichuan	3.4	932	265	853	176	29.1	14.2
贵州	Guizhou	1.7	920	464	920	136	70.5	78.1
云南	Yunnan	3.6	346	96	324	106	22.7	13.5
西藏	Xizang	0.6	21	0	19		17.8	0.1
陕西	Shaanxi	4.1	755	247	755	295	55.2	60.9
甘肃	Gansu	1.7	295	27	295	97	33.6	6.8
青海	Qinghai	0.8	99	0	99	7	47.7	0.4
宁夏	Ningxia	0.5	125	6	125		47.2	8.0
新疆	Xinjiang	3.9	293	1	289	51	34.5	0.4

注：自2020年起，原“付费电视用户数”指标改为为“增值业务用户数”。

a)Since 2020, the former indicator "pay TV users" has been changed to "value-added service users".

3-2-4　广播电视节目制作和播出情况
Statistics on Production and Broadcasting of Radio and TV Programs

单位：小时　　(hour)

年　份 Year	广播节目制作时间 Radio Programs Produced	公共广播节目播出时间 Broadcasting Hours of Public Radio Programs	电视节目制作时间 TV Programs Produced	公共电视节目播出时间 Broadcasting Hours of Public TV Programs
2009	6716500	12265513	2653552	15776767
2010	6814226	12660314	2742949	16355043
2011	6936960	13057496	2950490	16753029
2012	7188245	13383651	3436301	16985291
2013	7391000	13795461	3398000	17057212
2014	7647267	14058328	3277394	17476126
2015	7718163	14218253	3520190	17796010
2016	7820296	14565058	3507217	17924388
2017	7888254	14918863	3651775	18810197
2018	8017573	15267407	3577444	19250257
2019	8018667	15533983	3455809	19509935
2020	8210448	15807230	3282440	19883117
2021	8127066	15894889	3059642	20139917
2022	7876547	16021508	2852115	20036401
2023	7592428	16159761	2600098	20016309

3-2-5　广播电视节目制作时间
Statistics on Production of Radio and Television Programs

单位：小时　　(hour)

项　目	Item	1995	2005	2010	2015	2020	2021	2022	2023
广播节目制作	**Production of Radio Programs**	**2332164**	**6139227**	**6814226**	**7718163**	**8210448**	**8127066**	**7876547**	**7592428**
新闻资讯	News Programs	353368	1066880	1216632	1436129	1452701	1457219	1427331	1382644
专题服务	Special Subject Programs	1054140	1822621	1955180	2072348	2241754	2226133	2167907	2116447
综艺益智	General Entertainment Programs	924656	1937290	1942828	2078791	1977798	1938630	1890869	1776443
广播剧	Radio Play Programs		75456	80181	183124	218581	223858	201393	194203
广告	Advertising Programs		671071	775931	752705	684014	712183	654182	623772
其他	Others		565909	843474	1195065	1635600	1569044	1534865	1498919
电视节目制作	**Production of TV Programs**	**383513**	**2553861**	**2742949**	**3520190**	**3282440**	**3059642**	**2852115**	**2600098**
新闻资讯	News Programs	80800	637956	719680	978801	1097543	1093688	1091683	977654
专题服务	Special Subject Programs	193391	525528	640857	930283	899825	792714	743000	696695
综艺益智	General Entertainment Programs	109322	382350	407849	511398	341886	300189	279907	210686
影视剧	TV Drama Programs		193771	93536	120604	95403	75241	60738	67443
广告	Advertising Programs		524892	526839	481973	389655	379452	346682	328353
其他	Others		289364	354188	497131	458128	418358	330104	319267

3-2-6　分地区广播节目制作情况(2023年)
Statistics on Production of Radio Program by Region(2023)

单位：小时　　(hour)

地　区	Region	制作广播节目时间 Radio Programs Produced	新　闻资讯类 News Programs	专　题服务类 Special Subject Programs	综艺益智类 General Entertain-ment Programs	广播剧类 Radio Play Programs	广告类 Advertising Programs	其他类 Others
全　国	**National Total**	**7592428**	**1382644**	**2116447**	**1776443**	**194203**	**623772**	**1498919**
国家广播电视总局	National Radio and Television Administration	2660	3	1327	780		271	281
中央广播电视总台	China Media Group	211504	45051	90127	56220	1387	4416	14303
其他部门所属单位	Under Other Department	771	532	239				
北　京	Beijing	70614	12125	21429	21539	5445	2518	7558
天　津	Tianjin	94908	8982	16502	46533	60	14806	8025
河　北	Hebei	402300	63199	122618	92580	9946	38819	75138
山　西	Shanxi	268309	52720	76100	52773	17192	25675	43850
内蒙古	Inner Mongolia	287043	42918	92559	93059	13948	16918	27641
辽　宁	Liaoning	395247	62103	135228	92147	17317	30587	57866
吉　林	Jilin	215403	23835	80199	78961	3028	22901	6479
黑龙江	Heilongjiang	202093	35553	71714	47400	2499	11373	33554
上　海	Shanghai	79585	9267	21023	31230	377	2548	15139
江　苏	Jiangsu	559847	92393	133127	142357	12502	64587	114880
浙　江	Zhejiang	464799	83247	136873	112994	7135	37482	87067
安　徽	Anhui	309610	52347	88706	58066	6177	35934	68380
福　建	Fujian	228812	48032	48914	51940	4122	6616	69189
江　西	Jiangxi	160632	34450	32476	37303	4996	9971	41435
山　东	Shandong	537971	86222	131796	135252	14798	49809	120095
河　南	Henan	354458	62903	100279	103916	11173	31612	44576
湖　北	Hubei	221370	48393	72323	54978	6102	22267	17308
湖　南	Hunan	228610	48862	29267	46981	2272	17503	83725
广　东	Guangdong	592737	107268	123321	67997	11472	45193	237485
广　西	Guangxi	203691	45387	37275	62890	2236	13041	42862
海　南	Hainan	70258	12526	14170	12180	3028	2568	25788
重　庆	Chongqing	99664	19535	36010	17161	1851	5877	19231
四　川	Sichuan	281436	73712	85495	46353	5611	17966	52299
贵　州	Guizhou	135911	27914	24585	36580	4956	16498	25378
云　南	Yunnan	187335	38372	60715	32404	6139	14724	34981
西　藏	Xizang	25387	8149	7393	2983	3275	1531	2057
陕　西	Shanxi	234408	44733	67066	36297	5400	19316	61596
甘　肃	Gansu	165173	36578	42502	34524	3023	16746	31799
青　海	Qinghai	38208	12917	11858	9045	1738	2088	564
宁　夏	Ningxia	54354	10515	23069	11596	1229	6105	1841
新　疆	Xinjiang	207319	31903	80164	49426	3770	15508	26550

3-2-7 分地区电视节目制作交易情况(2023年)
Statistics on Production and Transaction of TV Program by Region(2023)

地 区	Region	制作电视节目时间(小时) TV Programs Produced (hour)	新闻资讯类 News Programs	专题服务类 Special Subject Programs	综艺益智类 General Entertainment Programs	影视剧类 TV Drama Programs
全 国	**National Total**	**2600098**	**977654**	**696695**	**210686**	**67443**
国家广播电视总局	National Radio and Television Administration					
中央广播电视总台	Chian Media Group	86149	43968	23225	6497	6045
其他部门所属单位	Under Other Department	6387	2047	1563	2560	95
北 京	Beijing	65582	10568	21807	4974	1995
天 津	Tianjin	18799	8491	7647	935	818
河 北	Hebei	144138	48335	38353	14045	4384
山 西	Shanxi	90623	32552	21088	7352	5342
内蒙古	Inner Mongolia	62709	28135	16098	6376	730
辽 宁	Liaoning	113867	30450	25067	14142	122
吉 林	Jilin	53773	12773	19412	9294	2
黑龙江	Heilongjiang	90826	33676	29445	5685	213
上 海	Shanghai	40101	9170	8640	1579	1312
江 苏	Jiangsu	181946	58225	46687	16171	6027
浙 江	Zhejiang	129056	43036	36041	7827	4372
安 徽	Anhui	73421	31721	17703	3931	87
福 建	Fujian	51290	22912	13988	2993	2088
江 西	Jiangxi	75821	27734	18194	4516	9213
山 东	Shandong	166291	53145	49828	22783	722
河 南	Henan	137023	42967	41865	18543	325
湖 北	Hubei	87541	31270	28294	5245	3614
湖 南	Hunan	89777	37824	21171	7364	223
广 东	Guangdong	123168	58140	32515	8037	2629
广 西	Guangxi	66560	36023	15155	1150	488
海 南	Hainan	18727	7906	5283	2855	64
重 庆	Chongqing	59395	15456	18774	4570	145
四 川	Sichuan	129540	57651	30831	7910	5358
贵 州	Guizhou	57269	27936	8615	922	
云 南	Yunnan	99738	47250	25712	3821	1376
西 藏	Xizang	36269	13951	6932	2552	4419
陕 西	Shaanxi	98992	37514	27056	8000	362
甘 肃	Gansu	59826	25478	17217	3476	251
青 海	Qinghai	16849	8696	5025	243	1568
宁 夏	Ningxia	16426	8070	4352	543	23
新 疆	Xinjiang	52220	24587	13115	3798	3032

3-2-7 续表 1 continued

地 区	Region	广告类 Advertising Programs	其他类 Others	电视节目制作投资额（万元） Investment in Production of TV Programs (10 000 yuan)	#电视剧 TV Dramas	#动画电视 Cartoon Programs
全 国	**National Total**	**328353**	**319267**	**3063922**	**1411896**	**113538**
国家广播电视总局	National Radio and Television Administration					
中央广播电视总台	Chian Media Group	1	6412	925268	7806	4915
其他部门所属单位	Under Other Department	0	121	24746		
北 京	Beijing	14301	11937	521983	417817	5706
天 津	Tianjin	248	659	49732	43541	
河 北	Hebei	19368	19655	2444	26	6
山 西	Shanxi	13072	11219	1065		525
内蒙古	Inner Mongolia	5944	5426	286	24	
辽 宁	Liaoning	23267	20820	3287	490	124
吉 林	Jilin	9932	2360	11204	3142	266
黑龙江	Heilongjiang	6373	15434	352		
上 海	Shanghai	2521	16879	436689	386053	9845
江 苏	Jiangsu	30896	23939	61038	44601	7953
浙 江	Zhejiang	26722	11059	311556	187391	7975
安 徽	Anhui	10833	9146	22515	17913	1275
福 建	Fujian	4107	5202	74091	22591	9618
江 西	Jiangxi	8774	7391	11147	8000	1068
山 东	Shandong	21856	17957	33864	6653	2237
河 南	Henan	12910	20414	18773		
湖 北	Hubei	13605	5514	105945	28085	548
湖 南	Hunan	12978	10217	98351	18540	3073
广 东	Guangdong	10734	11112	101891	7883	51918
广 西	Guangxi	6629	7116	11722	10323	931
海 南	Hainan	2328	292	71138	66395	
重 庆	Chongqing	11682	8768	4552	2179	832
四 川	Sichuan	9364	18426	77003	68046	3286
贵 州	Guizhou	8610	11186			
云 南	Yunnan	12581	8999	6743	2889	398
西 藏	Xizang	5287	3129	1885	929	15
陕 西	Shaanxi	13028	13032	37278	35026	206
甘 肃	Gansu	6434	6969	2555	73	17
青 海	Qinghai	472	846	42		
宁 夏	Ningxia	1464	1975	35		
新 疆	Xinjiang	2032	5656	34743	25479	801

3-2-7 续表 2 continued

地 区	地 区	#纪录片 Documentaires	电视节目销售额（万元） Sales of TV Programs (10 000 yuan)	#电视剧 TV Dramas	#动画电视 Cartoon Programs	#纪录片 Documentaires
全 国	**National Total**	**114579**	**2232585**	**1776600**	**118180**	**44611**
国家广播电视总局	National Radio and Television Administration					
中央广播电视总台	Chian Media Group	53563	143370	9198	3727	1778
其他部门所属单位	Under Other Department	1988	708			601
北 京	Beijing	25385	495880	430620	16123	20947
天 津	Tianjin	293	46045	43355	735	516
河 北	Hebei	273	1515	60	6	779
山 西	Shanxi	26	309		52	20
内蒙古	Inner Mongolia	157	5233	4951		265
辽 宁	Liaoning	464	784	425	135	212
吉 林	Jilin	1197	867	246	20	464
黑龙江	Heilongjiang	352	444	105		309
上 海	Shanghai	350	482315	436838	12613	620
江 苏	Jiangsu	1339	178265	161298	3027	1672
浙 江	Zhejiang	5469	288362	245322	5898	910
安 徽	Anhui	665	2667	755	206	836
福 建	Fujian	983	58346	44155	7232	848
江 西	Jiangxi	1045	8380	728	6267	109
山 东	Shandong	716	17300	5508	687	1931
河 南	Henan	35	92	66		
湖 北	Hubei	2174	16706	15798	630	25
湖 南	Hunan	3774	43403	29930	840	1020
广 东	Guangdong	5057	106364	36372	55271	6573
广 西	Guangxi	130	2300	10	850	297
海 南	Hainan	678	74260	74131		
重 庆	Chongqing	1138	77173	72048	3544	541
四 川	Sichuan	1475	28100	19076	256	385
贵 州	Guizhou		572	572		
云 南	Yunnan	2503	5846	5238	3	417
西 藏	Xizang	895	3520	3459	39	
陕 西	Shaanxi	1388	49061	46547		2131
甘 肃	Gansu	209	1914		20	45
青 海	Qinghai	42				
宁 夏	Ningxia		70			
新 疆	Xinjiang	815	92412	89787		361

3-2-8 分地区广播节目播出情况(2023年)
Statistics on Broadcasting of Radio Programs by Region(2023)

地区	Region	公共广播节目套数(套) Number of Public Radio Programs (set)	公共广播节目播出时间(小时) Broadcasting Hours of Radio Programs (hour)	#转中央台节目 Relaying Programs of CCTV	#自制节目 Own-produced Programs	#购买交换节目 Purchased or Exchanged Programs
全　国	**National Total**	**2918**	**16159761**	**2122113**	**9220079**	**3350686**
中央广播电视总台	China Media Group	22	171095		170991	104
北　京	Beijing	16	107246	2966	71770	21814
天　津	Tianjin	22	144289	3384	120985	12974
河　北	Hebei	188	957533	113480	495493	264573
山　西	Shanxi	123	568296	112076	263544	134764
内蒙古	Inner Mongolia	124	681253	93548	353349	117304
辽　宁	Liaoning	108	667094	46035	406931	202543
吉　林	Jilin	82	592576	70839	329502	181652
黑龙江	Heilongjiang	99	558202	100395	266450	125977
上　海	Shanghai	22	151568	5850	107584	31586
江　苏	Jiangsu	122	775745	41112	586804	120168
浙　江	Zhejiang	111	755465	57512	559216	96682
安　徽	Anhui	111	654535	84960	357967	156988
福　建	Fujian	92	532594	103917	296118	66138
江　西	Jiangxi	94	368701	78701	191035	61269
山　东	Shandong	172	1045657	76212	649593	268512
河　南	Henan	166	774457	90190	509791	118345
湖　北	Hubei	102	607596	83044	327027	163602
湖　南	Hunan	121	563217	69754	307818	130659
广　东	Guangdong	140	835066	65529	627735	75637
广　西	Guangxi	76	441716	37095	262058	87403
海　南	Hainan	26	158452	18934	76383	47275
重　庆	Chongqing	32	208840	29656	117416	49781
四　川	Sichuan	146	738880	182926	358032	141845
贵　州	Guizhou	49	297751	29189	179682	75731
云　南	Yunnan	81	454091	96808	233259	106761
西　藏	Xizang	30	153077	34501	42242	23944
陕　西	Shaanxi	111	501182	76183	280210	101217
甘　肃	Gansu	98	391829	81857	196706	64703
青　海	Qinghai	49	284367	88807	76433	81179
宁　夏	Ningxia	22	131952	22774	72117	30295
新　疆	Xinjiang	161	885440	123881	325836	189262

3-2-8 续表 continued

地 区	Region	按节目类型分播出时间(小时) by Type of Programs (hour)						少儿广播节目播出时间(小时) Broadcasting Hours of Juvenile Programs (hour)
		新闻资讯类 News	专题服务类 Special Subject	综艺益智类 General Entertainment	广播剧类 Radio Plays	广告类 Advertising	其他类 Others	
全 国	**National Total**	**3213317**	**3419041**	**3504591**	**972490**	**1358182**	**3692140**	**270605**
中央广播电视总台	China Media Group	36729	56430	67009	3123	7152	654	740
北 京	Beijing	15309	42137	30996	5203	5998	7602	1935
天 津	Tianjin	20182	24935	65125	420	17889	15738	482
河 北	Hebei	145212	178029	228077	90789	84316	231109	11703
山 西	Shanxi	138006	106232	99352	43999	41726	138980	8852
内蒙古	Inner Mongolia	115298	139230	181518	48138	25946	171123	11153
辽 宁	Liaoning	91017	176820	160616	52832	63149	122660	10140
吉 林	Jilin	85331	144996	207631	45965	67956	40697	7130
黑龙江	Heilongjiang	117291	132779	99930	50073	36675	121455	7167
上 海	Shanghai	23643	40649	46045	6458	7227	27544	1746
江 苏	Jiangsu	131805	164611	172351	33343	93829	179806	14386
浙 江	Zhejiang	148279	188498	172498	15837	69383	160971	12518
安 徽	Anhui	122248	121234	116179	31497	72008	191369	11397
福 建	Fujian	125821	85998	99743	16029	24901	180103	6094
江 西	Jiangxi	83052	62526	70496	27117	26631	98878	10216
山 东	Shandong	159093	215674	249398	59322	100660	261510	15147
河 南	Henan	151429	156879	223503	55484	63181	123980	11704
湖 北	Hubei	129001	142366	167435	37132	58857	72806	10776
湖 南	Hunan	117444	86487	86759	25471	54050	193006	10659
广 东	Guangdong	164727	141996	103272	26218	75401	323451	15069
广 西	Guangxi	105613	59058	107813	8069	38246	122917	7628
海 南	Hainan	33669	28716	18949	5370	11394	60353	2320
重 庆	Chongqing	45182	62501	32083	11954	13008	44112	2508
四 川	Sichuan	183276	146163	119315	49587	46868	193671	14871
贵 州	Guizhou	57283	44648	54263	16015	33438	92104	3033
云 南	Yunnan	104646	103588	68652	27774	43158	106272	12049
西 藏	Xizang	37257	34490	32676	27288	4618	16749	8368
陕 西	Shaanxi	112445	103677	87954	43206	50779	103123	10701
甘 肃	Gansu	117388	80392	66781	22143	36096	69030	6517
青 海	Qinghai	88721	58247	62291	42936	12330	19841	7814
宁 夏	Ningxia	28117	37035	32837	6370	13345	14250	1052
新 疆	Xinjiang	178804	252018	173045	37328	57969	186276	14732

3-2-9 分地区电视节目播出情况(2023年)
Statistics on Broadcasting of TV Program by Region(2023)

地 区	Region	公共电视节目套数(套) Number of Public TV Programs (set)	全年公共电视节目播出时间(小时) Broadcasting Hours of TV Programs (hour)	#转中央台节目 Relaying Programs of CCTV	#自制节目 Own-produced Programs	#购买交换节目 Purchased or Exchanged Programs
全 国	**National Total**	**3511**	**20016309**	**1741918**	**5604447**	**11339024**
中央广播电视总台	China Media Group	31	255848		244540	11309
其他部门所属单位	Under Other Department	5	43800	201	23152	20447
北 京	Beijing	26	172419	1539	59998	87136
天 津	Tianjin	24	173909	23818	61756	82891
河 北	Hebei	185	959635	64264	265280	576306
山 西	Shanxi	135	655468	72385	177193	358698
内蒙古	Inner Mongolia	118	678414	68842	192932	363418
辽 宁	Liaoning	101	632209	21526	205990	379731
吉 林	Jilin	77	543594	20954	181066	337319
黑龙江	Heilongjiang	99	598871	67327	166448	308046
上 海	Shanghai	21	139422	2038	64430	72948
江 苏	Jiangsu	122	786238	27206	289022	458499
浙 江	Zhejiang	113	707516	21179	256120	426091
安 徽	Anhui	133	754291	50246	198512	457243
福 建	Fujian	98	485414	25658	138634	297511
江 西	Jiangxi	121	669585	104498	155338	373994
山 东	Shandong	268	1502068	54495	422695	976231
河 南	Henan	172	934900	90954	312550	487489
湖 北	Hubei	110	699791	44463	200742	441182
湖 南	Hunan	143	813832	100433	193511	449848
广 东	Guangdong	146	831172	48233	240666	499766
广 西	Guangxi	116	642574	33182	147787	396589
海 南	Hainan	16	107496	2231	41897	59646
重 庆	Chongqing	45	296601	11528	106896	171922
四 川	Sichuan	209	1188695	201612	287982	621900
贵 州	Guizhou	111	615787	65282	126446	389378
云 南	Yunnan	166	952634	141477	218658	540982
西 藏	Xizang	81	396612	57302	54238	150111
陕 西	Shaanxi	124	648446	67186	186082	360794
甘 肃	Gansu	114	567228	67521	136711	324041
青 海	Qinghai	50	313841	68021	55969	130948
宁 夏	Ningxia	29	179119	22428	35473	118426
新 疆	Xinjiang	202	1068881	93886	155733	608180

3-2-9 续表 continued

地 区	Region	按节目类型分播出时间(小时) by Type of Programs (hour)					
		新闻资讯类 News	专题服务类 Special Subject	综艺益智类 General Entertainment	影视剧类 TV Plays	广告类 Advertising	其他类 Others
全 国	**National Total**	**2838011**	**2851110**	**978860**	**8824664**	**2168280**	**2355384**
中央广播电视总台	China Media Group	76034	80155	37320	51409	6624	4307
其他部门所属单位	Under Other Department	1260	8070	14020	11404	4530	4516
北 京	Beijing	29450	41600	9181	45805	12227	34157
天 津	Tianjin	22489	42490	7744	55070	18786	27330
河 北	Hebei	115202	116584	46542	505779	91110	84418
山 西	Shanxi	101972	88742	31403	292716	68766	71869
内蒙古	Inner Mongolia	83446	78445	42768	302433	46322	125000
辽 宁	Liaoning	68249	104374	47458	273565	67409	71154
吉 林	Jilin	44864	104041	74419	223101	65530	31640
黑龙江	Heilongjiang	86592	100978	26106	229602	53829	101764
上 海	Shanghai	16207	32738	6916	48146	11104	24311
江 苏	Jiangsu	107122	139521	42371	288770	108775	99679
浙 江	Zhejiang	95716	103935	22599	305345	111983	67938
安 徽	Anhui	96704	77832	23154	385399	102177	69025
福 建	Fujian	74752	97774	12117	183175	71728	45868
江 西	Jiangxi	89940	73220	25105	317374	67169	96776
山 东	Shandong	163486	220328	76505	752790	154688	134272
河 南	Henan	119855	136054	69060	430088	79246	100598
湖 北	Hubei	112497	116856	26167	327384	84123	32763
湖 南	Hunan	105927	83858	53527	383145	83963	103411
广 东	Guangdong	128883	122391	20528	315291	113211	130867
广 西	Guangxi	111949	78798	14150	251784	101210	84682
海 南	Hainan	23125	17036	5242	37583	18372	6138
重 庆	Chongqing	44316	66652	17726	96413	36420	35073
四 川	Sichuan	181031	123999	51636	575523	84232	172274
贵 州	Guizhou	90863	69549	9035	244854	99205	102281
云 南	Yunnan	132206	104368	16900	408735	146097	144327
西 藏	Xizang	72539	35037	22586	193881	17157	55412
陕 西	Shaanxi	110837	76212	22558	311446	56028	71364
甘 肃	Gansu	96552	80944	18817	260609	50360	59946
青 海	Qinghai	51132	43159	35237	143069	16523	24721
宁 夏	Ningxia	22355	25417	3862	82315	22610	22559
新 疆	Xinjiang	160457	159951	46100	490662	96765	114945

3-2-10 分地区电视剧播出情况(2023年)
Statistics on Broadcasting of TV Plays by Region(2023)

地区	Region	全年电视剧播出数 Number of TV Plays Broadcasted 部 series	集 episodes	#进口 Import 部 series	集 episodes	全年电视动画片播出时间(小时) Broadcasting Hours of Cartoon (hour)	#进口 Import
全国	**National Total**	**210018**	**7626425**	**273**	**8090**	**472768**	**1639**
中央广播电视总台	China Media Group	1105	57333			5872	950
其他部门所属单位	Under Other Department	82	4270			357	50
北京	Beijing	877	38082			8496	
天津	Tianjin	1511	53454			1715	
河北	Hebei	12508	440399			12948	
山西	Shanxi	6546	234966	3	92	9017	180
内蒙古	Inner Mongolia	7023	267954			19180	
辽宁	Liaoning	7409	256079			8335	
吉林	Jilin	6581	242807			3899	
黑龙江	Heilongjiang	4546	182186	7	104	11762	
上海	Shanghai	1060	44495	6	132	17594	
江苏	Jiangsu	6104	235736			14732	
浙江	Zhejiang	6446	273857			24854	
安徽	Anhui	9667	343360			12713	
福建	Fujian	5159	175033	1	36	19526	
江西	Jiangxi	6897	231291	55	1076	17726	373
山东	Shandong	16741	634403			29113	
河南	Henan	12831	412838	10	286	10644	20
湖北	Hubei	10674	366629			14468	
湖南	Hunan	11465	356693	6	153	24898	55
广东	Guangdong	6998	292669			38560	
广西	Guangxi	6052	250645	113	4403	17120	
海南	Hainan	594	32052			7494	
重庆	Chongqing	2288	106214			10324	
四川	Sichuan	14767	504009	28	730	29820	
贵州	Guizhou	5161	206732			12815	
云南	Yunnan	8810	287303	13	357	21449	
西藏	Xizang	1142	50713	25	661	3797	
陕西	Shaanxi	6794	244621	6	60	6080	
甘肃	Gansu	5052	177318			13458	
青海	Qinghai	2526	94300			6663	
宁夏	Ningxia	1687	66219			6224	
新疆	Xinjiang	12915	461765			31115	10

3-2-11 广播电视从业人员情况
Statistics on Number of Employed Persons in Radio and TV Broadcasting Industry

单位：人 (person)

年份 地区	Year Region	从业人员 Number of Employed Persons	#新闻专业人员 Journalism Professionals	#播音员、主持人 Announcers and Anchor Persons	#工程技术人员 Engineering Technical Personnel
	2009	705817	122004	24627	126257
	2010	750899	132186	25743	132431
	2011	786372	135748	28007	143474
	2012	820410	142297	28164	151884
	2013	844330	146798	29683	152130
	2014	864351	152571	29116	149882
	2015	900664	154976	30191	153624
	2016	919283	160253	30563	151234
	2017	976856	167284	30812	158294
	2018	978974	167792	30962	152859
	2019	994422	172246	31001	152592
	2020	1010997	175679	29997	149627
	2021	1050050	180175	30120	149828
	2022	1047549	180843	30862	148791
	2023	1059139	175294	27437	126956
国家广播电视总局	National Radio and Television Administration	9877	197	2	4660
中央广播电视总台	China Media Group	42054	9250	575	5950
其他部门所属单位	Under Other Department	3719	1246	34	395
北京	Beijing	106055	7422	1051	5459
天津	Tianjin	9067	2776	268	1113
河北	Hebei	32978	5178	1194	3490
山西	Shanxi	23956	6399	601	2333
内蒙古	Inner Mongolia	20068	6437	949	3841
辽宁	Liaoning	26624	4928	1003	4389
吉林	Jilin	19793	4719	819	3274
黑龙江	Heilongjiang	21245	4813	611	3188
上海	Shanghai	45317	3269	434	4079
江苏	Jiangsu	65326	10340	1817	8608
浙江	Zhejiang	67269	10284	1606	8862
安徽	Anhui	28808	5280	1146	2596
福建	Fujian	38474	5105	808	4521
江西	Jiangxi	21822	3634	702	2015
山东	Shandong	68378	13044	2673	9959
河南	Henan	36170	9103	1529	4222
湖北	Hubei	35515	6220	941	4104
湖南	Hunan	46447	4911	935	4262
广东	Guangdong	83300	8499	1363	9945
广西	Guangxi	20117	3889	623	3157
海南	Hainan	7609	1694	337	752
重庆	Chongqing	17942	2519	423	1519
四川	Sichuan	53959	7737	1374	4560
贵州	Guizhou	18927	3758	539	1898
云南	Yunnan	20753	6197	707	4590
西藏	Xizang	4939	1434	284	887
陕西	Shaanxi	22473	4494	624	2480
甘肃	Gansu	14723	3658	460	1677
青海	Qinghai	4039	1407	232	798
宁夏	Ningxia	5006	1218	195	782
新疆	Xinjiang	16390	4235	578	2591

3-2-12 广播电视实际创收收入情况
Statistics on Actual Revenue of Radio and TV Broadcasting Industry

单位：万元 (10 000 yuan)

年 份 Year	实际创收收入 Actual Revenue	#广告收入 Revenue from Advertising	#广播广告收入 Radio Advertising Revenue	#电视广告收入 TV Advertising Revenue
2009	15820227	7817757	814648	6758184
2010	20028538	9399745	995807	7965883
2011	23711781	11228956	1233178	9345355
2012	28033517	12702465	1361954	10462897
2013	32427688	13870071	1399245	11192629
2014	36355079	14644911	1599361	11161883
2015	39522681	15295391	1564218	10651632
2016	43224005	15472245	1458277	10048691
2017	48417556	16512368	1555599	9683447
2018	56396113	18644866	1403677	9588555
2019	67668964	20752728	1212365	8776106
2020	77117578	19400576	956710	6939079
2021	96731132	30794236	1025201	6839432
2022	106685188	33423228	737211	5532270
2023	122120821	34353627	673103	5163510

3-2-12 续表 continued

单位：万元 (10 000 yuan)

年 份 Year	#有线电视网络收入 Revenue from Network Services	#有线电视收视维护费收入 Revenue from Subscription and Maintenance of Cable TV Programs	#付费电视收入 Revenue from Pay Digital TV	#增值业务收入 Revenue from Value-Added Service
2009	4188499	2846206	181747	
2010	4874430	3225188	252921	
2011	5637763	3641728	376876	205841
2012	6609791	4083530	448793	376684
2013	7549089	4378749	585982	501372
2014	8272101	4573905	665108	579657
2015	8660586	4751534	702337	845340
2016	9102646	4579214	764358	1223967
2017	8344311	4140032	655596	1028187
2018	7794763	3683780	568467	1114073
2019	7533513	3266825	503951	1161175
2020	7569791	2987229	343302	1016509
2021	7345627	2760252	296222	1037299
2022	7195480	2553122	271318	1010287
2023	7120631	2261647	247974	819935

注：原指标“三网融合业务收入”于2020年调整为“增值业务收入”，统计范围与口径与原指标基本一致。

a) "Revenue from Value-Added Service" is changed from"Revenue from Three-network Convergence" in 2020, statistical range and specification are basically consistent with the original index.

3-2-13　分地区广播电视实际创收收入情况(2023年)
Statistics on Actual Revenue of Radio and TV Broadcasting Industry by Region(2023)

单位：万元　　　　(10 000 yuan)

地　区	Region	实际创收收入 Actual Revenue	#广告收入 Revenue from Advertising	#有线电视网络收入 Revenue from Network Services
全　国	**National Total**	**122120821**	**34353627**	**7120631**
国家广播电视总局	National Radio and Television Administration	654520	1122	191141
中央广播电视总台	China Media Group	5883080	2305776	5190
其他部门所属单位	Under Other Department	292278	163004	243
北　京	Beijing	45812232	10238785	202790
天　津	Tianjin	1226755	63185	72990
河　北	Hebei	534605	99997	224237
山　西	Shanxi	224219	71033	54156
内蒙古	Inner Mongolia	193319	27688	123480
辽　宁	Liaoning	360902	92840	161603
吉　林	Jilin	335565	69326	150324
黑龙江	Heilongjiang	292171	53242	144525
上　海	Shanghai	22000543	14469589	315035
江　苏	Jiangsu	3895058	582495	743712
浙　江	Zhejiang	5814199	1012843	849691
安　徽	Anhui	1075054	553836	181850
福　建	Fujian	1868589	169083	446560
江　西	Jiangxi	647339	139273	166798
山　东	Shandong	2102221	600025	401155
河　南	Henan	375420	110289	65511
湖　北	Hubei	3671267	186719	301730
湖　南	Hunan	2822372	740383	205138
广　东	Guangdong	16132832	1815822	839596
广　西	Guangxi	416898	37506	149221
海　南	Hainan	348435	19783	33059
重　庆	Chongqing	677674	93785	154059
四　川	Sichuan	1835673	182105	376051
贵　州	Guizhou	641506	90191	175851
云　南	Yunnan	418753	156116	97738
西　藏	Xizang	8549	299	1808
陕　西	Shaanxi	612074	97615	149601
甘　肃	Gansu	99429	23395	41050
青　海	Qinghai	14295	1615	11135
宁　夏	Ningxia	55830	11003	21604
新　疆	Xinjiang	777166	73859	61998

3-2-13 续表 continued

单位：万元 (10 000 yuan)

地 区	Region	#新媒体业务收入 revenue New media	#广播电视节目销售收入 Revenue from Sales of Radio and TV Programs	#电视购物频道收入 Revenue from TV Shopping
全 国	**National Total**	**52551763**	**3186373**	**504325**
国家广播电视总局	National Radio and Television Administration	145189	1566	
中央广播电视总台	China Media Group	1096064	199760	20681
其他部门所属单位	Under Other Department	5129	3955	
北 京	Beijing	26985246	494324	61404
天 津	Tianjin	650029	95213	3573
河 北	Hebei	89801	2126	3389
山 西	Shanxi	25187	1219	12051
内蒙古	Inner Mongolia	14589	5122	
辽 宁	Liaoning	19203	2276	4548
吉 林	Jilin	31756	2514	
黑龙江	Heilongjiang	12124	519	
上 海	Shanghai	4024218	630502	43387
江 苏	Jiangsu	616146	251449	16380
浙 江	Zhejiang	1181255	640339	16363
安 徽	Anhui	108983	18047	26865
福 建	Fujian	171486	74640	
江 西	Jiangxi	190680	13827	9220
山 东	Shandong	551775	22981	15317
河 南	Henan	72221	25	2
湖 北	Hubei	2989998	1556	
湖 南	Hunan	898859	55207	175321
广 东	Guangdong	11723634	104585	14203
广 西	Guangxi	32245	2982	2102
海 南	Hainan	92153	92106	
重 庆	Chongqing	130351	83298	3743
四 川	Sichuan	421666	42863	2537
贵 州	Guizhou	76145	612	68176
云 南	Yunnan	23349	7247	
西 藏	Xizang	489	7	
陕 西	Shaanxi	106731	50528	4150
甘 肃	Gansu	12479	854	
青 海	Qinghai	1161		
宁 夏	Ningxia	7800	114	185
新 疆	Xinjiang	43621	284010	726

3-2-14 分地区广播电视行政事业单位财务收支情况(2023年)

Statistics on Main Financial Indicators of Administrative Organs and Institutions Engaged in Radio and TV Broadcasting by Region(2023)

单位：万元 (10 000 yuan)

地 区	Region	总收入 Total Revenue	财政补助收入 Government Subsidy	事业收入 Revenue from Radio and TV Institutions	经营收入 Business Revenue	其他收入 Other income	总支出 Total Expenses
全 国	**National Total**	**12234139**	**9406970**	**1800231**	**434893**	**592045**	**12315518**
国家广播电视总局	National Radio and Television Administration	455816	353976	74632		27208	452665
其他部门所属单位	Under Other Department	145435	19162	102762	17320	6192	145218
北 京	Beijing	519022	327497	164114	2786	24625	522360
天 津	Tianjin	105705	48457	26345	5242	25661	110577
河 北	Hebei	299101	273041	18749	4431	2880	286293
山 西	Shanxi	496228	457820	27122	1815	9472	504455
内蒙古	Inner Mongolia	393606	354726	3257	11	35612	384548
辽 宁	Liaoning	245409	215195	22767	4355	3092	310903
吉 林	Jilin	271585	190615	13662	3231	64078	259548
黑龙江	Heilongjiang	303113	287486	4183	8298	3146	302017
上 海	Shanghai	230911	209640	4511	1628	15132	228031
江 苏	Jiangsu	564708	240244	150631	99327	74505	603311
浙 江	Zhejiang	742140	504949	150442	45743	41006	746056
安 徽	Anhui	584153	458652	97923	16414	11165	567230
福 建	Fujian	316370	250162	41574	10274	14360	324410
江 西	Jiangxi	512001	461264	16664	21308	12765	496043
山 东	Shandong	710353	441668	231212	19312	18162	733061
河 南	Henan	466778	312073	139878	5873	8953	458659
湖 北	Hubei	315252	257052	46896	4391	6913	319738
湖 南	Hunan	417475	342668	53834	9926	11047	410327
广 东	Guangdong	441014	242589	117569	55505	25351	546519
广 西	Guangxi	559697	415856	68043	1600	74198	540263
海 南	Hainan	160886	136179	17963	291	6453	156828
重 庆	Chongqing	117146	107859	3677	2868	2743	118443
四 川	Sichuan	975841	894620	53865	15505	11851	964806
贵 州	Guizhou	185649	171747	7972	1629	4300	190917
云 南	Yunnan	327024	240232	79491	3238	4063	336960
西 藏	Xizang	176396	171051	4311	92	943	160013
陕 西	Shaanxi	286045	219399	17252	42551	6843	311159
甘 肃	Gansu	236177	209506	12758	1832	12081	233067
青 海	Qinghai	120268	117502	1411		1354	118560
宁 夏	Ningxia	105135	79383	18049	2642	5061	97778
新 疆	Xinjiang	447700	394700	6714	25457	20829	374757

3-2-15 分地区广播电视行政事业单位实际创收收入情况(2023年)
Statistics on Actual Revenue of Administrative Organs and Institutions Engaged in Radio and TV Broadcasting by Region(2023)

单位：万元　(10 000 yuan)

地区	Region	实际创收收入 Actual Revenue	#广告收入 Revenue from Advertising	#有线电视网络收入 Revenue from Network Services	#新媒体业务收入 Revenue from New Media	#广播电视节目销售收入 Revenue from Sales of Radio and TV Programs	#电视购物频道收入 Revenue from TV Shopping
全国	**National Total**	**2760183**	**1554366**	**85661**	**147828**	**11890**	**2139**
国家广播电视总局	National Radio and Television Administration	89527	376				
其他部门所属单位	Under Other Department	110413	62846	243	887	1233	
北京	Beijing	197382	98755		1287	3276	
天津	Tianjin	57052	11077			22	
河北	Hebei	23455	18974	102	60	6	
山西	Shanxi	64193	43834	3903			
内蒙古	Inner Mongolia	40750	26951		13294		
辽宁	Liaoning	33268	13238	13615	1707		
吉林	Jilin	76125	61263	152	7690		
黑龙江	Heilongjiang	18529	12860		289		
上海	Shanghai	9582					
江苏	Jiangsu	329362	198308		7988	216	
浙江	Zhejiang	226638	155201	15293	2444	4	
安徽	Anhui	118072	97297	1309	3393	1934	
福建	Fujian	51438	25304		1296		
江西	Jiangxi	40311	25190	1741	800	22	
山东	Shandong	262222	224417		1319	980	
河南	Henan	150523	74925	5649	56854		
湖北	Hubei	57443	45816		835	37	
湖南	Hunan	74073	54787	8009	1198	650	
广东	Guangdong	185386	75107	32985	6196	2061	
广西	Guangxi	90742	33839		266	10	2102
海南	Hainan	20264	5653				
重庆	Chongqing	6405	3601		3		
四川	Sichuan	183764	30176	271	15243	1273	37
贵州	Guizhou	10545	3361		15		
云南	Yunnan	82837	43525	85	17203		
西藏	Xizang	199		199			
陕西	Shaanxi	61434	58599	480	30	13	
甘肃	Gansu	23020	12948				
青海	Qinghai	1406	1140				
宁夏	Ningxia	21079	8699		6458	94	
新疆	Xinjiang	42743	26297	1624	1073	60	

3-2-16 分地区广播电视行政事业单位资产负债情况(2023年)
Statistics on Assets and Liabilities of Administrative Organs and Institutions Engaged in Radio and TV Broadcasting by Region(2023)

单位：万元 (10 000 yuan)

地 区	Region	资产总额 Total Assets	#固定资产净值 Net Value of Fixed Assets	负债合计 Total Liabilities
全 国	**National Total**	**26831015**	**10713629**	**5715714**
国家广播电视总局	National Radio and Television Administration	1128740	533384	76597
其他部门所属单位	Under Other Department	376475	12785	24760
北 京	Beijing	1059537	426303	114070
天 津	Tianjin	652360	316992	96376
河 北	Hebei	564407	184312	84368
山 西	Shanxi	742043	213231	145213
内蒙古	Inner Mongolia	587876	338853	70518
辽 宁	Liaoning	787618	193719	388062
吉 林	Jilin	548885	172853	175749
黑龙江	Heilongjiang	653191	361751	93492
上 海	Shanghai	613463	298782	82824
江 苏	Jiangsu	2820565	1101533	885510
浙 江	Zhejiang	1892012	579425	425853
安 徽	Anhui	1259147	556851	447980
福 建	Fujian	527300	202549	81849
江 西	Jiangxi	663125	219381	63233
山 东	Shandong	1479259	623560	272471
河 南	Henan	974081	507371	160910
湖 北	Hubei	604501	301429	105970
湖 南	Hunan	510455	183625	71524
广 东	Guangdong	1655102	410517	651644
广 西	Guangxi	880547	383944	215589
海 南	Hainan	745827	121500	45253
重 庆	Chongqing	155020	100389	26949
四 川	Sichuan	1696246	767508	312103
贵 州	Guizhou	319866	165091	34884
云 南	Yunnan	560316	317121	216342
西 藏	Xizang	153509	43572	2277
陕 西	Shaanxi	470825	235147	147216
甘 肃	Gansu	411273	185887	57753
青 海	Qinghai	281278	99892	17439
宁 夏	Ningxia	222773	112658	53272
新 疆	Xinjiang	833397	441712	67662

3-2-17 分地区广播电视企业单位经营情况(2023年)
Statistics on Main Financial Indicators of Enterprises Engaged in Radio and TV Broadcasting by Region(2023)

单位：万元 (10 000 yuan)

地 区	Region	总收入 Total Revenue	#营业收入 Revenue from Principal Business	本年应缴税金 Value Tax Payable	营业利润 Principal Profits	本年新增固定资产 Newly Increased Fixed Assets
全 国	**National Total**	**129026656**	**127371610**	**4112113**	**3794371**	**3104535**
国家广播电视总局	National Radio and Television Administration	563469	562632	21794	-73755	41298
中央广播电视总台	China Media Group	5571289	5450369	240960	269619	823156
其他部门所属单位	Under Other Department	219945	217446	9268	22431	1345
北 京	Beijing	49388569	49177438	1183215	1493875	289283
天 津	Tianjin	1174018	1161927	36559	42114	10666
河 北	Hebei	603641	568573	25967	3380	67868
山 西	Shanxi	322483	315285	9203	-18967	12229
内蒙古	Inner Mongolia	173989	167358	1309	-2500	47907
辽 宁	Liaoning	492237	457073	20299	-35513	33005
吉 林	Jilin	251319	246940	5705	20909	55705
黑龙江	Heilongjiang	296104	279381	7787	-8805	13254
上 海	Shanghai	23346421	22739320	1459908	-15954	292188
江 苏	Jiangsu	3637076	3536700	142113	203922	174825
浙 江	Zhejiang	6553448	6464679	155493	160707	218829
安 徽	Anhui	1030618	1021396	22986	10145	79719
福 建	Fujian	2279684	2216784	57987	78376	62459
江 西	Jiangxi	642840	639055	6108	11518	11139
山 东	Shandong	2255348	2206755	84845	178633	75532
河 南	Henan	230056	227810	6001	-67688	6755
湖 北	Hubei	3815736	3785201	57563	-96771	119878
湖 南	Hunan	2828850	2813502	131664	98441	101978
广 东	Guangdong	16861824	16747093	151271	1523385	209313
广 西	Guangxi	390017	386513	10322	-36112	14440
海 南	Hainan	427968	412997	15322	8400	11621
重 庆	Chongqing	894569	881142	22588	3898	45505
四 川	Sichuan	2181162	2121282	96768	259991	105049
贵 州	Guizhou	638661	631883	29861	-44687	23983
云 南	Yunnan	360921	358307	20613	-90983	27829
西 藏	Xizang	57017	56763	1891	-1982	520
陕 西	Shaanxi	668305	663052	32585	-40200	98803
甘 肃	Gansu	86931	85315	2372	-53483	10785
青 海	Qinghai	12894	12890	1606	-9429	696
宁 夏	Ningxia	37784	36664	450	-11429	451
新 疆	Xinjiang	731463	722084	39729	12885	16521

3-2-18　分地区广播电视企业单位创收收入情况(2023年)
Statistics on Actual Revenue of Enterprises Engaged in Radio and TV Broadcasting by Region(2023)

单位：万元　　(10 000 yuan)

地　区	Region	实际创收收入 Actual Revenue	#广告收入 Revenue from Advertising	#有线电视网络收入 Revenue from Network Services	#新媒体业务收入 Revenue from New Media	#广播电视节目销售收入 Revenue from Sales of Radio and TV Programs	#电视购物频道收入 Revenue from TV Shopping
全　国	**National Total**	**119360638**	**32799262**	**7034971**	**52403935**	**3174483**	**502185**
国家广播电视总局	National Radio and Television Administration	564993	747	191141	145189	1566	
中央广播电视总台	China Media Group	5883080	2305776	5190	1096064	199760	20681
其他部门所属单位	Under Other Department	181864	100158		4242	2722	
北　京	Beijing	45614850	10140030	202790	26983959	491048	61404
天　津	Tianjin	1169702	52108	72990	650029	95190	3573
河　北	Hebei	511150	81023	224135	89741	2120	3389
山　西	Shanxi	160026	27199	50253	25187	1219	12051
内蒙古	Inner Mongolia	152569	737	123480	1296	5122	
辽　宁	Liaoning	327635	79603	147988	17496	2276	4548
吉　林	Jilin	259440	8063	150172	24066	2514	
黑龙江	Heilongjiang	273641	40381	144525	11835	519	
上　海	Shanghai	21990961	14469589	315035	4024218	630502	43387
江　苏	Jiangsu	3565696	384187	743712	608158	251233	16380
浙　江	Zhejiang	5587561	857641	834398	1178811	640335	16363
安　徽	Anhui	956981	456539	180541	105590	16113	26865
福　建	Fujian	1817151	143779	446560	170190	74640	
江　西	Jiangxi	607029	114083	165057	189880	13805	9220
山　东	Shandong	1840000	375607	401155	550456	22001	15317
河　南	Henan	224897	35363	59862	15367	25	2
湖　北	Hubei	3613825	140903	301730	2989163	1519	
湖　南	Hunan	2748299	685595	197130	897661	54557	175321
广　东	Guangdong	15947446	1740716	806611	11717438	102524	14203
广　西	Guangxi	326156	3667	149221	31979	2973	
海　南	Hainan	328171	14131	33059	92153	92106	
重　庆	Chongqing	671269	90184	154059	130348	83298	3743
四　川	Sichuan	1651909	151929	375779	406423	41590	2500
贵　州	Guizhou	630961	86830	175851	76130	612	68176
云　南	Yunnan	335916	112591	97653	6146	7247	
西　藏	Xizang	8350	299	1609	489	7	
陕　西	Shaanxi	550640	39016	149121	106701	50515	4150
甘　肃	Gansu	76408	10447	41050	12479	854	
青　海	Qinghai	12890	475	11135	1161		
宁　夏	Ningxia	34751	2304	21604	1343	20	185
新　疆	Xinjiang	734423	47562	60374	42548	283950	726

3-2-19 分地区广播电视企业单位资产负债情况(2023年)
Statistics on Assets and Liabilities of Enterprises Engaged in Radio and TV Broadcasting by Region(2023)

单位：万元 (10 000 yuan)

地 区	Region	资产总额 Total Assets	#固定资产净值 Net Value of Fixed Assets	负债总额 Total Liabilities
全 国	**National Total**	**273769291**	**22265928**	**164527466**
国家广播电视总局	National Radio and Television Administration	8459235	247004	1963958
中央广播电视总台	China Media Group	20781348	1243870	3754095
其他部门所属单位	Under Other Department	649515	9854	201940
北 京	Beijing	61462674	1902004	50640471
天 津	Tianjin	2230579	150958	1543907
河 北	Hebei	1932218	439444	1381354
山 西	Shanxi	729440	127881	537768
内蒙古	Inner Mongolia	701566	125226	419593
辽 宁	Liaoning	1160834	440687	616760
吉 林	Jilin	3150117	797544	1549004
黑龙江	Heilongjiang	1250576	354208	891377
上 海	Shanghai	52354101	1456738	40167782
江 苏	Jiangsu	20197155	2721908	10530967
浙 江	Zhejiang	22114669	1829224	11342046
安 徽	Anhui	1733939	494618	1109009
福 建	Fujian	3630678	473874	2374000
江 西	Jiangxi	1228228	235562	819274
山 东	Shandong	5867337	1128640	2398920
河 南	Henan	1437921	327596	1394947
湖 北	Hubei	5117083	1004053	4133587
湖 南	Hunan	10091402	915263	4062229
广 东	Guangdong	24148923	1791748	6798250
广 西	Guangxi	1222729	473707	815678
海 南	Hainan	1079939	114927	830934
重 庆	Chongqing	1792072	359858	1663938
四 川	Sichuan	6013226	760638	3234504
贵 州	Guizhou	3905458	693144	2645983
云 南	Yunnan	1573931	444534	1081808
西 藏	Xizang	196372	29703	103328
陕 西	Shaanxi	2907723	579312	1979417
甘 肃	Gansu	1326540	330184	1288783
青 海	Qinghai	58403	44714	29726
宁 夏	Ningxia	344281	119676	269014
新 疆	Xinjiang	2919080	97628	1953115

3-2-20 电视节目进口情况
Statistics on Imported TV Programs

单位：万元 (10 000 yuan)

年份 Year	电视节目进口额 Value of Imported TV Programs	#影视剧 TV Dramas	#电视动画 Cartoon Programs
2009	49146	26887	128
2010	43047	21450	247
2011	54099	34564	702
2012	62534	39584	1489
2013	58658	24498	4432
2014	209024	169807	11028
2015	99398	29466	44472
2016	209872	81500	105645
2017	190278	81453	82254
2018	360621	80657	250634
2019	164302	33793	108290
2020	96223	37885	45826
2021	133054	63140	57420
2022	69243	33144	23218
2023	96531	33060	50036

3-2-21 电视节目进口情况(2023年)
Statistics on Imported TV Programs(2023)

指标	Item	合计 Total	欧洲 Europe	非洲 Africa	美洲 America
全年电视节目进口总额(万元)	**Value of Imported TV Programs(10 000 yuan)**	**96531**	**15472**	**54**	**32267**
#影视剧	Film and TV Dramas	33060	3928	3	19691
电视动画	Cartoon Programs	50036	7564		4373
纪录片	Documentary	10343	3460	51	6438
全年电视节目进口量(小时)	**Time of Imported TV Programs (hour)**	**39084**	**2275**	**8**	**3417**
#影视剧 (部)	Film and TV Dramas (series)	1552	190	2	882
影视剧 (集)	Film and TV Dramas (episodes)	7651	184	7	1713
电视动画 (小时)	Cartoon Programs (hour)	2687	660		837
纪录片 (小时)	Documentary (hour)	1305	992	1	218

3-2-21 续表 1 continued

指 标	Item	#美国 United States	亚洲 Asia	#日本 Japan	#韩国 Republic of Korea
全年电视节目进口总额(万元)	**Value of Imported TV Programs(10 000 yuan)**	**31656**	**48444**	**36389**	**1442**
#影视剧	Film and TV Dramas	19481	9302	2202	1422
电视动画	Cartoon Programs	4208	38078	34054	
纪录片	Documentary	6202	258	50	
全年电视节目进口量(小时)	**Time of Imported TV Programs (hour)**	**3321**	**33345**	**1419**	**44**
#影视剧 (部)	Film and TV Dramas (series)	874	472	158	7
影视剧 (集)	Film and TV Dramas (episodes)	1703	5738	476	21
电视动画 (小时)	Cartoon Programs (hour)	792	1180	749	
纪录片 (小时)	Documentary (hour)	178	76	1	

3-2-21 续表 2 continued

指 标	Item	#东南亚 Southeast Asia	#中国香港 Hong Kong, China	#中国台湾 Taiwan, China	大洋洲 Oceania
全年电视节目进口总额(万元)	**Value of Imported TV Programs(10 000 yuan)**	**2076**	**5754**	**2546**	**294**
#影视剧	Film and TV Dramas	2021	2162	1304	136
电视动画	Cartoon Programs	55	2746	1224	21
纪录片	Documentary		161		137
全年电视节目进口量(小时)	**Time of Imported TV Programs (hour)**	**204**	**31350**	**266**	**39**
#影视剧 (部)	Film and TV Dramas (series)	16	282	7	6
影视剧 (集)	Film and TV Dramas (episodes)	219	4885	111	9
电视动画 (小时)	Cartoon Programs (hour)	33	239	158	10
纪录片 (小时)	Documentary (hour)		33		18

3-2-22 分地区电视节目进口情况(2023年)
Statistics on Imported TV Programs by Region(2023)

地 区	Region	全年电视节目进口总额(万元) Value of Imported TV Programs (10 000 yuan)	#电视剧 TV Dramas	#动画电视 Cartoon Programs	全年电视节目进口量(小时) Time of Imported TV Programs (hour)	进口电视剧 Imported TV Plays 部 Series	集 Episodes
全 国	**National Total**	**96531**	**33060**	**50036**	**39084**	**1552**	**7651**
中央广播电视总台	China Media Group	1726			234		
其他部门所属单位	Under Other Department	7215	7215		342	228	
北 京	Beijing	38482	12210	25166	2029	31	601
天 津	Tianjin						
河 北	Hebei						
山 西	Shanxi						
内蒙古	Inner Mongolia						
辽 宁	Liaoning	292			153		
吉 林	Jilin						
黑龙江	Heilongjiang						
上 海	Shanghai	41040	13476	19299	35754	1284	6724
江 苏	Jiangsu						
浙 江	Zhejiang						
安 徽	Anhui						
福 建	Fujian						
江 西	Jiangxi						
山 东	Shandong						
河 南	Henan						
湖 北	Hubei						
湖 南	Hunan	7237	148	5323	312	1	13
广 东	Guangdong	248		248	10		
广 西	Guangxi	11	11		235	8	313
海 南	Hainan						
重 庆	Chongqing						
四 川	Sichuan						
贵 州	Guizhou						
云 南	Yunnan						
西 藏	Xizang						
陕 西	Shaanxi	280			16		
甘 肃	Gansu						
青 海	Qinghai						
宁 夏	Ningxia						
新 疆	Xinjiang						

3-2-23 电影综合情况
Statistics on Film Production

年份 Year	电影故事片厂 (个) Number of Feature Film Studios (unit)	生产故事影片 (部) Feature Films (film)	生产动画影片 (部) Cartoon Films (reel)	生产科教影片 (部) Popular Science Films (reel)	生产纪录影片 (部) Documentary Films (reel)	生产特种影片 (部) Special Films (reel)
1978	12	46	26	289	202	
1979	17	65	25	349	317	
1980	17	82	32	337	242	
1981	19	105	33	277	276	
1982	19	112	33	284	259	
1983	19	127	37	343	299	
1984	20	144	37	387	337	
1985	20	127	45	357	419	
1986	20	134	46	383	417	
1987	22	146	45	353	347	
1988	22	158	38	344	350	
1989	22	136	53	334	259	
1990	22	134	51	326	296	
1991	22	130	46	351	283	
1992	22	170	56	354	307	
1993	22	154	47	252	300	
1994	22	148	32	182	22	
1995	30	146	37	40	111	
1996	30	110	58	33	39	
1997	31	88	28	34	95	
1998	31	82	9	30	54	
1999	31	99	3	20	14	
2000	31	91	1	49	10	
2001	27	88	1	56	9	
2002	31	100	2	60	7	
2003	31	140	2	53	6	
2004	31	212	4	30	10	
2005	32	260	7	33	2	
2006	32	330	13	36	13	
2007	32	402	6	34	9	
2008	33	406	16	39	16	2
2009	31	456	27	52	19	4
2010	31	526	16	54	16	9
2011	31	558	24	76	26	5
2012	31	745	33	74	15	26
2013	31	638	29	121	18	18
2014	31	618	40	52	25	23
2015	31	686	51	96	38	17
2016	31	772	49	67	32	24
2017	31	798	32	68	44	28
2018		902	51	61	57	11
2019		850	51	74	47	15
2020		531	45	25	31	18
2021		565	47	54	55	19
2022		380	25	37	30	13
2023		792	34	64	63	18

注：1.本表电影故事片厂指国有电影故事片厂。
2.2005年及以前动画片数为美术片数。

a) Number of feature film studios in this table refers to state-owned film studios.
b) Cartoon films before 2005 referred to puppet films.

3-2-24 电影院线及票房情况
Statistics on Movie Circuit and Movie Box Office Revenue

年份 Year	电影院线 Movie Circuit			全国电影票房收入（亿元） Domestic Movie Box Office Revenue (100 million yuan)		
	数量（条） Number of Movie Circuit (line)	院线内影院（家） Cinemas in Movie Circuit (unit)	银幕（块） Screens in Movie Circuit (unit)		国产电影票房收入（亿元） Chinese Movies (100 million yuan)	进口电影票房收入（亿元） Imported Movies (100 million yuan)
2009	37	1687	4723	106.7		
2010	37	1820	6256	157.2		
2011	39	2803	9286	177.5		
2012	40		13118	170.7		
2013	42		18195	217.7	127.7	90.0
2014	45		23600	296.4	161.6	134.8
2015	46	6395	31600	440.7	271.4	169.3
2016	48	8011	41129	492.8	287.5	205.4
2017	48	9293	50776	559.1	301.0	258.1
2018	48	10955	60079	609.8	379.0	230.8
2019	50	12408	69787	642.7	411.8	230.9
2020	51	13374	75581	204.2	170.9	33.2
2021	51	14480	82248	472.6	399.3	73.3
2022	51	14037	83998	300.7	255.1	45.6
2023	49	14395	86310	549.2	460.1	89.1

3-3-1 主要文化机构情况
Statistics on Cultural Institutions

单位：个 (unit)

年份 Year	公共图书馆 Public Libraries	文化馆(站) Cultural Centers	省级、地市级文化馆 Cultural Centers at Provincial & Prefecture Level	县市级文化馆 Cultural Centers at County & City Level	乡镇(街道)文化站 Township (sub-district) Cultural Centers	博物馆 Museums	艺术表演团体 Art Performance Troupes	艺术表演场馆 Art Performance Venues
1978	1218	6893	92	2748	4053	349	3150	1095
1980	1732	8739	218	2912	5609	365	3533	1444
1985	2344	8576	335	2960	5281	711	3317	1377
1986	2406	8913	337	2993	5583	777	3195	2058
1987	2440	8974	348	2973	5653	827	3094	2148
1988	2485	9045	358	2975	5712	903	2985	2081
1989	2512	9037	366	2955	5716	967	2850	2050
1990	2527	9216	366	2955	5895	1013	2805	1955
1991	2535	10507	371	2894	7242	1075	2772	2068
1992	2558	9564	372	2900	6292	1106	2753	2037
1993	2572	10155	370	2886	6899	1130	2707	2024
1994	2589	11276	374	2887	8015	1161	2698	1998
1995	2615	13487	373	2886	10228	1194	2682	1958
1996	2620	45253	392	2892	41969	1219	2664	1934
1997	2628	45449	385	2901	42163	1282	2663	1947
1998	2662	45834	386	2901	42547	1339	2652	1929
1999	2669	45837	389	2905	42543	1363	2632	1911
2000	2675	45321	390	2907	42024	1392	2619	1900
2001	2696	43379	399	2842	40138	1461	2605	1854
2002	2697	42516	389	2854	39273	1511	2587	1829
2003	2709	41816	382	2846	38588	1515	2601	1900
2004	2720	41402	380	2841	38181	1548	2759	1928
2005	2762	41588	375	2851	38362	1581	2805	1866
2006	2778	40088	395	2819	36874	1617	2866	1839
2007	2799	40601	411	2806	37384	1722	4512	1732
2008	2820	41156	389	2829	37938	1893	5114	1662
2009	2850	41959	361	2862	38736	2252	6139	1499
2010	2884	43382	374	2890	40118	2435	6864	1461
2011	2952	43675	379	2906	40390	2650	7055	1429
2012	3076	43876	382	2919	40575	3069	7321	1279
2013	3112	44260	385	2930	40945	3473	8180	1344
2014	3117	44423	385	2928	41110	3658	8769	1338
2015	3139	44291	386	2929	40976	3852	10787	2143
2016	3153	44497	389	2933	41175	4109	12301	2285
2017	3166	44521	390	2938	41193	4721	15742	2455
2018	3176	44464	390	2936	41138	4918	17123	2478
2019	3196	44073	390	2936	40747	5132	17795	2716
2020	3212	43687	390	2931	40366	5452	17581	2770
2021	3215	43531	390	2926	40215	5772	18370	3093
2022	3303	45623	404	3099	42120	6091	19739	3199
2023	3246	43752	404	3112	40236	4508	17781	3060

注：1.1996年以前文化站数据未包括其他部门所属乡镇文化站。1996-1998年包括其他部门所属文化站，1999年以后，其他部门所属文化站划归文化部门管理。
2.2007年以前艺术表演团体为系统内数据，2007年起含系统外单位。
3.2015年以前艺术表演场馆为公有制艺术表演场馆，2015年起含民营艺术表演场馆。
4.2023年起，博物馆相关指标使用国有博物馆数据(以下相关表同)。

a) Culture stations did not include township culture stations of other departments before 1996. During 1996-1998, culture stations of other departments Since 1999, culture stations of other department were put under the management of culture departments.

b) Art performance troupes referred to those under the cultural departments before 2007, and expanded to cover those both under and outside the cultural departments starting from 2007.

c) Art performance venues refer to those of state-owned before 2015, and include those of non-state venues since 2015.

d) Since 2023, museums' related indicators use data from state-owned museums.The same applies to the relevant following tables.

3-3-2 文化文物机构人员情况(2023年)
Statistics on Number and Personnel of Cultural and Relics Institutions (2023)

机构类别	Category of Institution	机构(个) Number of Institutions (unit)	文化和旅游部门 Cultural and Tourism Department	其他部门 Other Departments
总　计	**Total**	**304194**	**65592**	**238602**
文化和旅游合计	**Total culture and Tourism**	**294549**	**56827**	**237722**
艺术表演团体	Art Performance Troupes	17781	1893	15888
艺术表演场馆	Art Performance Venues	3060	1019	2041
公共图书馆	Public Libraries	3246	3246	
文化馆	Cultural Centers	3516	3516	
文化站	Cultural Stations	40236	40236	
美术展览创作机构	Art Exhibition and Creative Institutions	800	753	47
#美术馆	Art Galleries	750	707	43
文化和旅游部门教育机构	Educational Institutions in the Cultural and Tourism Sector	93	93	
文化和旅游科研机构	Cultural and Tourism Research Institutions	168	168	
文化市场经营机构	Institutions of Cultural Market Management	157200		157200
文化和旅游行政部门	Cultural and Tourism Administration	3253	3253	
其他文化和旅游机构	Other Cultural and Tourism Institutions	65196	2650	62546
文物合计	**Cultural Relics Institutions**	**9645**	**8765**	**880**
国有博物馆	State-owned Museums	4508	3760	748
文物保护管理机构	Agencies of Cultural Relics Protection and Management	2547	2493	54
文物保护科研机构	Scientific and Research Agencies of Cultural Relics Protection	128	127	1
其他文物机构	Other Cultural Relics Agencies	2462	2385	77

注：文化市场经营机构不包括非公有制院团和场馆。
a) Institutions of cultural market management do not include non-public troupes and venues.

3-3-2 续表 continued

机构类别	Category of Institution	从业人员(人) Number of Employed Persons (person)	文化和旅游部门 Cultural and Tourism Department	其他部门 Other Departments
总 计	**Total**	**4482169**	**729143**	**3753026**
文化和旅游合计	**Total culture and Tourism**	**4301596**	**570688**	**3730908**
艺术表演团体	Art Performance Troupes	385162	104031	281131
艺术表演场馆	Art Performance Venues	55116	19179	35937
公共图书馆	Public Libraries	60961	60961	
文化馆	Cultural Centers	55848	55848	
文化站	Cultural Stations	143340	143340	
美术展览创作机构	Art Exhibition and Creative Institutions	7390	6932	458
#美术馆	Art Galleries	6694	6281	413
文化和旅游部门教育机构	Educational Institutions in the Cultural and Tourism Sector	12092	12092	
文化和旅游科研机构	Cultural and Tourism Research Institutions	4302	4302	
文化市场经营机构	Institutions of Cultural Market Management	860405		860405
文化和旅游行政部门	Cultural and Tourism Administration	122008	122008	
其他文化和旅游机构	Other Cultural and Tourism Institutions	2594972	41995	2552977
文物合计	**Cultural Relics Institutions**	**180573**	**158455**	**22118**
国有博物馆	State-owned Museums	122635	103808	18827
文物保护管理机构	Agencies of Cultural Relics Protection and Management	30752	28177	2575
文物保护科研机构	Scientific and Research Agencies of Cultural Relics Protection	6921	6903	18
其他文物机构	Other Cultural Relics Agencies	20265	19567	698

3-3-3 群众文化机构基本情况
Statistics on Cultural Institutions

年份 Year	机构数（个） Number of Institutions (unit)	从业人员（人） Number of Employed Persons (person)	组织文艺活动次数（次） Number of Art and Cultural Activities (time)	举办训练班次（次） Number of Training Courses (time)	举办展览个数（个） Number of Exhibitions (unit)	收入合计（万元） Total Revenue (10 000 yuan)	支出合计（万元） Total Expenditure (10 000 yuan)	实际使用房屋建筑面积（万平方米） Floor Space of Buildings Actually Used (10 000 sq.m)
2009	41959	137484	555052	304955	110251	807244	794190	2194
2010	43382	141002	576799	358719	117353	944397	931951	2527
2011	43675	147732	620586	339883	107785	1285601	1267505	2983
2012	43876	156228	688482	387201	114774	1453601	1467803	3172
2013	44260	164355	740611	390758	138225	1667594	1635395	3389
2014	44423	170299	845421	469300	131728	1901726	1828632	3686
2015	44291	173499	959901	536328	139792	2077606	2014894	3848
2016	44497	182030	1065287	590516	150128	2272289	2183721	3991
2017	44521	180911	1114261	675852	154106	2533892	2562411	4107
2018	44464	185636	1231269	768995	158742	2955019	3057577	4283
2019	44073	190068	1359460	889247	163968	2998761	3094571	4518
2020	43687	185076	1088949	668940	137945	2828093	2871598	4678
2021	43531	190007	1391490	920740	167497	3067449	3186376	4974
2022	45623	195826	1607329	879961	177506	3416190	3444820	5298
2023	43752	199188	2460251	1348632	250408	3606395	3630821	5632

3-3-4 群众文化机构基本情况(2023年)
Statistics on Cultural Institutions (2023)

指 标	Item	总计 Total	文化馆 Cultural Centers	省、区、直辖市级 Provincial Level	地市级 Prefecture Level
机构数 (个)	Institutions (unit)	43752	3516	32	372
从业人员 (人)	Number of Employed Persons (person)	199188	55848	1825	10723
组织文艺活动 (万次)	Art Performances and Story-telling Sessions (10 000 times)	246.0	54.0	0.3	4.0
参加文艺活动人次 (万人次)	Participants Attending Art and Cultural Activities (10 000 person-times)	139298	66010	514	6271
举办训练班 (万次)	Number of Training Courses (10 000 times)	134.9	58.0	1.3	14.1
参加培训人次 (万人次)	Participants to Training Courses (10 000 person-times)	10462	3084	55	650
举办展览个数 (万个)	Number of Exhibitions (10 000 units)	25.0	5.3	0.1	0.5
参观展览人次 (万人次)	Visitors to Exhibitions (10 000 person-times)	32673	13868	268	2132
组织公益性讲座次数 (万次)	Number of Public Welfare Lectures Organized (10 000 times)	6.0	6.0	0.1	0.8
参加公益性讲座人次 (万人次)	Participants to Public Welfare Lectures Organized (10 000 person-times)	1104	1104	12	102
拥有计算机台数 (万台)	Computer Owned (10 000 units)	34.8	6.2	0.3	1.2
本年收入合计 (亿元)	Revenue in the Year(100 million yuan)	360.6	173.7	14.2	38.7
本年支出合计 (亿元)	Expenditure in the Year (100 million yuan)	363.1	168.4	14.1	39.7
馆办文艺团体 (个)	Art Performance Troupes Run by Centers (unit)	9843	9843	127	1363
馆办文艺团体演出场次 (万场次)	Number of Art Performances Run by Centers (10 000 times)	14.9	14.9	0.2	1.4
馆办老年大学 (个)	Colleges for the Elderly Run by Centers (unit)	651	651	8	61
群众业余文艺团体(万个)	Part-time Art Troupe (10 000 units)	47.7	11.5	0.1	0.9

3-3-4 续表 continued

指 标	Item	县市级 County (City) Level	#县文化馆 County Cultural Centers	文化站 Cultural Stations	#乡 镇 文化站 Township Cultural Stations
机构数 (个)	Institutions (unit)	3112	1590	40236	32243
从业人员 (人)	Number of Employed Persons (person)	43300	21667	143340	110812
组织文艺活动 (万次)	Art Performances and Story-telling Sessions (10 000 times)	49.8	19.1	192.0	125.7
参加文艺活动人次 (万人次)	Participants Attending Art and Cultural Activities (10 000 person-times)	59225	24492	73288	48357
举办训练班 (万次)	Number of Training Courses (10 000 times)	42.6	12.0	76.9	44.0
参加培训人次 (万人次)	Participants to Training Courses (10 000 person-times)	2379	789	7378	4414
举办展览个数 (万个)	Number of Exhibitions (10 000 units)	4.8	1.9	19.8	14.4
参观展览人次 (万人次)	Visitors to Exhibitions (10 000 person-times)	11468	3792	18805	12091
组织公益性讲座次数 (万次)	Number of Public Welfare Lectures Organized (10 000 times)	5.2	1.6		
参加公益性讲座人次 (万人次)	Participants to Public Welfare Lectures Organized (10 000 person-times)	990	327		
拥有计算机台数 (万台)	Computer Owned (10 000 units)	4.8	2.1	28.6	22.2
本年收入合计 (亿元)	Revenue in the Year(100 million yuan)	120.9	54.1	186.9	134.3
本年支出合计 (亿元)	Expenditure in the Year (100 million yuan)	114.7	47.5	194.6	140.9
馆办文艺团体 (个)	Art Performance Troupes Run by Centers (unit)	8353	3543		
馆办文艺团体演出场次 (万场次)	Number of Art Performances Run by Centers (10 000 times)	13.3	7.2		
馆办老年大学 (个)	Colleges for the Elderly Run by Centers (unit)	582	325		
群众业余文艺团体(万个)	Part-time Art Troupe (10 000 units)	10.6	4.3	36.1	27.4

3-3-5 分地区群众文化机构基本情况(2023年)
Statistics on Cultural Institutions by Region(2023)

地 区	Region	机构数(个) Number of Institutions (unit)	从业人员(人) Number of Employed Persons (person)	#专业技术人员 Professional &Technical Staff	组织文艺活动次数(次) Number of Art and Cultural Activities (time)	组织文艺活动观众人次(万人次) Attending Art and Cultural Activities (10 000 person-times)	举办训练班 Training Courses 班次(次) Number of Training Courses (time)	培训人次(万人次) Attending Training (10 000 person-times)
全 国	**National Total**	**43752**	**199188**	**76601**	**2460251**	**139298.0**	**1348632**	**10462.5**
北 京	Beijing	357	3857	653	35697	439.5	59059	192.2
天 津	Tianjin	274	1581	545	23427	712.5	15594	84.5
河 北	Hebei	2465	8289	2565	116793	7323.1	59139	668.2
山 西	Shanxi	1428	4752	1679	32975	1458.1	21104	87.8
内蒙古	Inner Mongolia	1201	4678	2327	29664	1971.3	22407	164.1
辽 宁	Liaoning	1478	3992	1706	15241	664.8	24957	88.6
吉 林	Jilin	996	4342	2461	14826	749.3	9061	45.8
黑龙江	Heilongjiang	1417	5396	2378	22594	705.4	15172	60.0
上 海	Shanghai	237	4674	1117	61093	2042.9	87309	377.6
江 苏	Jiangsu	1371	7315	3058	235768	12620.0	180046	2614.1
浙 江	Zhejiang	1469	12092	3947	716390	44121.1	239023	1940.2
安 徽	Anhui	1634	6151	2858	66558	4495.5	42136	264.4
福 建	Fujian	1206	3973	1309	20256	1324.4	19083	76.9
江 西	Jiangxi	1848	6314	2032	50841	5825.5	20661	218.6
山 东	Shandong	1981	9629	4424	237905	7392.9	73197	635.5
河 南	Henan	2702	16014	3577	130475	6038.7	46583	350.8
湖 北	Hubei	1428	5582	2793	70620	6657.3	51311	492.8
湖 南	Hunan	2283	10522	3390	93329	8176.7	62296	624.6
广 东	Guangdong	1762	15678	4494	109159	7604.5	115741	548.2
广 西	Guangxi	1302	5814	3218	30800	1548.4	17623	80.0
海 南	Hainan	242	754	213	4653	694.8	9212	38.7
重 庆	Chongqing	1072	5000	1599	26026	1132.5	16652	103.3
四 川	Sichuan	4269	11779	4063	62855	2292.7	31692	119.1
贵 州	Guizhou	1704	6857	2598	23361	2886.0	16020	90.0
云 南	Yunnan	1607	7717	5814	33688	2749.9	21294	129.7
西 藏	Xizang	783	5241	3546	25212	366.5	3862	10.0
陕 西	Shaanxi	1475	6916	2499	37795	2314.8	22403	125.7
甘 肃	Gansu	1460	5733	1687	20349	1121.0	10325	58.7
青 海	Qinghai	453	1657	543	10211	597.1	2252	9.7
宁 夏	Ningxia	274	1211	649	12678	794.9	5603	37.7
新 疆	Xinjiang	1574	5678	2859	89012	2476.3	27815	125.0

3-3-5 续表 1 continued

地 区	Region	举办展览 Exhibitions 个数（个） Number of Exhibitions (time)	举办展览 Exhibitions 参观人次（万人次） Visitors (10 000 person-times)	组织公益性讲座 Public Welfare Lectures 次数（个） Number of Public Welfare Lectures (time)	组织公益性讲座 Public Welfare Lectures 参加人次（万人次） Participants (10 000 person-times)	线上群众文化活动 Online Activities 活动次数（次） Number of Activities (time)	线上群众文化活动 Online Activities 人次（万人次） Online Visitors (10 000 person-times)
全 国	**National Total**	**250408**	**32673.1**	**60263**	**1103.7**	**397942**	**255127.4**
北 京	Beijing	1646	115.3	785	9.7	1870	5342.4
天 津	Tianjin	1523	112.4	347	2.4	3177	4502.2
河 北	Hebei	17936	1808.3	5174	93.5	12701	5387.5
山 西	Shanxi	3157	171.5	915	10.6	3832	9517.9
内蒙古	Inner Mongolia	2679	233.5	912	11.6	2638	988.8
辽 宁	Liaoning	1856	77.9	2080	10.9	1541	794.8
吉 林	Jilin	1383	72.0	426	3.3	4844	338.9
黑龙江	Heilongjiang	2419	80.1	2150	11.1	10769	376.8
上 海	Shanghai	3949	698.0	1014	6.9	2969	5777.3
江 苏	Jiangsu	40906	7873.4	2288	58.5	125364	10042.8
浙 江	Zhejiang	47999	8155.0	20311	421.8	11884	29460.8
安 徽	Anhui	8227	641.6	1424	50.3	3467	6879.7
福 建	Fujian	3487	329.0	747	9.2	2527	8657.9
江 西	Jiangxi	6259	1264.7	761	14.0	7135	5466.2
山 东	Shandong	17527	1228.5	2877	75.1	18609	7568.2
河 南	Henan	14551	1050.0	2746	39.2	10005	5946.4
湖 北	Hubei	9998	1290.0	2237	66.5	5392	35724.2
湖 南	Hunan	9976	2691.2	2533	42.5	33284	12517.7
广 东	Guangdong	9933	2133.8	2506	30.3	8927	34793.6
广 西	Guangxi	2034	135.9	524	12.5	2133	1455.1
海 南	Hainan	557	128.0	270	2.9	308	3406.3
重 庆	Chongqing	5471	273.3	625	10.4	18054	18443.9
四 川	Sichuan	9423	474.5	1255	11.3	8803	6475.0
贵 州	Guizhou	2811	244.6	621	10.0	2097	9066.3
云 南	Yunnan	5310	373.2	587	10.1	61037	4005.1
西 藏	Xizang	380	9.2	72	0.6	12041	193.1
陕 西	Shaanxi	5342	301.7	844	12.6	7197	6184.1
甘 肃	Gansu	3480	228.8	748	23.3	5450	1194.3
青 海	Qinghai	857	48.5	156	1.0	810	11457.1
宁 夏	Ningxia	637	83.3	334	5.1	1417	703.8
新 疆	Xinjiang	8695	346.2	1994	36.6	7660	2459.5

3-3-5 续表 2 continued

地 区	Region	收入合计（万元）Total Revenue (10 000 yuan)	支出合计（万元）Total Expenditure (10 000 yuan)	资产总计（万元）Total Assets (10 000 yuan)	#固定资产净值 Net Value of Fixed Assets	实际使用房屋建筑面积（万平方米）Floor Space of Buildings Actually Used (10 000 sq.m)	#业务用房面积 Buildings for Mass Cultural Activities
全 国	**National Total**	**3606395**	**3630821**	**12899276**	**8545619**	**5631.6**	**3918.0**
北 京	Beijing	100672	101968	114378	84523	109.2	80.9
天 津	Tianjin	25984	30110	95217	81826	65.5	51.9
河 北	Hebei	66927	67659	158261	134459	241.2	183.2
山 西	Shanxi	41773	41402	162766	120692	100.1	72.7
内蒙古	Inner Mongolia	76220	76819	129781	100118	120.3	76.7
辽 宁	Liaoning	31971	33153	97317	80873	114.9	67.7
吉 林	Jilin	46907	49184	87632	70970	68.9	42.4
黑龙江	Heilongjiang	58623	58598	93455	74535	102.8	65.5
上 海	Shanghai	220031	222449	2947603	907351	153.4	119.5
江 苏	Jiangsu	256425	257563	671576	519383	581.8	458.6
浙 江	Zhejiang	476376	485713	1060771	821359	602.9	436.0
安 徽	Anhui	73015	73014	247632	215992	162.3	119.9
福 建	Fujian	67843	66548	239357	165551	145.2	109.6
江 西	Jiangxi	70406	65034	235225	186590	136.9	94.0
山 东	Shandong	123223	133061	389589	328447	387.9	287.8
河 南	Henan	84818	94387	173849	154363	194.3	145.3
湖 北	Hubei	96568	96761	244427	182923	182.8	124.2
湖 南	Hunan	187815	122130	413194	295269	374.9	191.6
广 东	Guangdong	440213	408141	1072914	742694	488.7	379.3
广 西	Guangxi	66275	65668	115301	81745	89.7	61.2
海 南	Hainan	35179	34891	102331	28989	17.0	12.0
重 庆	Chongqing	86857	86485	183753	152824	107.0	80.7
四 川	Sichuan	121813	123341	426120	357503	246.0	190.4
贵 州	Guizhou	60460	59595	145943	111919	95.1	69.2
云 南	Yunnan	166781	131909	296932	223203	120.0	90.9
西 藏	Xizang	236931	349348	1381936	1332331	41.0	27.5
陕 西	Shaanxi	79096	77419	185699	133718	105.8	74.4
甘 肃	Gansu	49954	49545	204006	149309	86.1	61.6
青 海	Qinghai	30110	30506	44028	33598	30.9	19.1
宁 夏	Ningxia	26864	26215	831384	422957	35.6	19.4
新 疆	Xinjiang	100265	112207	346903	249605	323.5	105.1

3-3-6 公共图书馆基本情况
Statistics on Public Libraries

年 份 Year	机构数 (个) Number of Institutions (unit)	从业人员 (人) Number of Employed Persons (person)	总藏量 (万册件) Total Collections (10 000 copies)	总流通人次 (万人次) Total Number of Circulation (10 000 person-times)	#外借人次 Borrowing from Libraries
2009	2850	52688	58521	32167	13277
2010	2884	53564	61726	32823	13934
2011	2952	54475	63896	37423	15316
2012	3076	54997	68827	43437	17402
2013	3112	56320	74896	49232	20552
2014	3117	56071	79092	53036	22737
2015	3139	56422	83844	58892	23085
2016	3154	57208	90163	66037	24892
2017	3166	57567	96953	74450	25503
2018	3176	57602	103716	82032	25814
2019	3196	57796	111181	90135	26609
2020	3212	57980	117930	54146	17467
2021	3215	59301	126178	74614	23809
2022	3303	60740	135959	78970	24894
2023	3246	60961	143609	116061	33044

3-3-6 续表 continued

年 份 Year	书刊文献外借册次(万册次) Number of Books and Periodicals Lent to Readers (10 000 copy-times)	实际持证活跃读者数(万个) Actual Number of Licensed Active Readers (10 000 units)	收入合计(万元) Total Revenue (10 000 yuan)	支出合计(万元) Total Expenses (10 000 yuan)	实际使用房屋建筑面积(万平方米) Floor Space of Public Buildings Actually Used (10 000 sq.m)
2009	25857	1749	613175	606630	850
2010	26392	2020	646085	643629	900
2011	28452	2214	813232	776839	995
2012	33191	2485	1002068	977556	1058
2013	40868	2877	1151163	1130035	1158
2014	46734	3944	1212979	1163583	1232
2015	50896	5721	1358370	1340481	1301
2016	54725	5593	1494998	1451469	1424
2017	55091	6736	1801357	1692580	1515
2018	58010	7263	1829159	1876015	1596
2019	61373	8627	1912115	1928714	1700
2020	42087	10251	1914647	1883153	1786
2021	58730	10314	1843958	1892952	1914
2022	60719	12229	1931241	1990741	2098
2023	78299	10707	2044881	2062655	2260

注：2022年及以前，实际持证活跃读者数为实际持证读者数；实际使用房屋建筑面积为实际使用公用房屋建筑面积。

a) In 2022 and before, actual number of active licensed readers is actual number of licensed readers; floor space of buildings actually used is floor space of public buildings actually used.

3-3-7 公共图书馆基本情况（2023年）
Statistics on Public Libraries (2023)

指 标	Item	总 计 Total	#少儿图书馆 Children's Libraries	按隶属关系分 By Jurisdiction of Management 省、区、直辖市级 Under Provinces, Autonomous Regions and Municipalities	地市级 Prefecture Level	县市级 County (City) Level	#县图书馆 County Libraries
机构数 （个）	Number of Institutions (unit)	3246	146	37	391	2817	1558
从业人员 （人）	Number of Employed Persons (person)	60961	2788	7691	16359	35550	14946
总藏量 （万册件）	Total Collections (10000 copies)	143609	5946	23835	35964	79387	28527
少儿文献数 （万册）	Number of Children's Literature (10 000 copies)	20740	2585	1410	6838	12481	3974
当年购买的报刊种类(万种)	Kinds of Newspapers and Periodicals Purchased in the Year (10 000 kinds)	100.6	3.9	13.6	30.1	55.6	21.6
实际持证活跃读者数(万个)	Actual Number of Licensed Active Readers (10 000 units)	10707	342	1071	3955	5367	1538
总流通人次 （万人次）	Total Number of Circulation (10 000 person-times)	116061	5199	7897	30812	76943	26274
#书刊文献外借人次	Borrowing from Libraries of Books and Periodicals	33044	1563	1430	8217	23369	9189
书刊文献外借册次(万册次)	Number of Books and Periodicals Lent to Readers (10 000 copies-times)	78299	5441	5379	22718	50153	16480
组织各类讲座次数 （次）	Number of Lectures (time)	120122	8574	4019	27779	88179	36256
举办展览 （个）	Exhibitions Held (unit)	67888	2941	1752	12165	53957	25676
举办培训班 （个）	Training Classes Held (unit)	105494	6545	4827	28375	70971	26316
计算机 （台）	Computers (set)	216262	8421	20686	50892	141406	64607
#供读者使用的终端数	Terminals Available for Readers to Use	131576	4772	8579	28272	94215	45378
阅览室坐席数 （万个）	Seats of Reading Rooms (10 000 units)	168.0	6.1	10.5	45.5	111.6	49.1

3-3-8 分地区公共图书馆基本情况(2023年)
Statistics on Public Libraries by Region(2023)

地区	Region	机构数(个) Number of Institutions (unit)	从业人员(人) Number of Employed Persons (person)	#专业技术人员 Professional &Technical Staff	总藏量(万册件) Total Collections (10 000 copies)	#图书 Books	#少儿文献数(万册) Books Number of Children's Literature (10 000 copies)
全国	**National Total**	**3246**	**60961**	**41897**	**143609.0**	**117418.3**	**20739.7**
北京	Beijing	19	1301	1073	3674.7	3429.0	526.0
天津	Tianjin	20	978	790	2444.8	2234.0	332.2
河北	Hebei	181	2359	1462	4901.7	4212.4	633.0
山西	Shanxi	127	1735	1043	2658.2	2223.1	337.3
内蒙古	Inner Mongolia	117	1860	1568	2528.0	2114.5	276.5
辽宁	Liaoning	128	2101	1548	4756.5	3860.4	556.4
吉林	Jilin	67	1508	1182	2627.4	2135.4	289.4
黑龙江	Heilongjiang	105	1486	1200	2621.8	2170.2	242.0
上海	Shanghai	20	2135	1921	8307.1	3639.2	533.0
江苏	Jiangsu	122	4132	2528	11979.7	10536.8	1821.3
浙江	Zhejiang	102	3997	2181	12264.2	11154.0	2803.4
安徽	Anhui	133	1732	1052	4497.8	4029.9	722.7
福建	Fujian	97	1702	1180	5960.3	4789.9	1036.0
江西	Jiangxi	114	1462	862	4349.1	3518.9	515.1
山东	Shandong	153	3256	2356	8555.1	7386.6	1080.6
河南	Henan	177	3189	1846	4822.0	4115.2	779.9
湖北	Hubei	119	2257	1606	5721.6	4817.6	702.4
湖南	Hunan	150	2204	1544	5769.1	4751.2	891.0
广东	Guangdong	150	5413	3575	15128.6	13435.6	3503.9
广西	Guangxi	116	1799	1390	3262.1	2551.2	405.9
海南	Hainan	24	376	255	759.9	674.7	117.3
重庆	Chongqing	43	1079	649	2915.7	2440.0	481.1
四川	Sichuan	209	2543	1568	5343.1	4465.6	661.4
贵州	Guizhou	99	1239	928	2075.0	1762.1	227.8
云南	Yunnan	151	1753	1575	2686.5	2060.4	223.3
西藏	Xizang	82	253	168	318.4	272.5	20.8
陕西	Shaanxi	119	2160	1319	2599.5	2249.4	318.3
甘肃	Gansu	104	1494	907	2128.0	1692.4	263.5
青海	Qinghai	50	474	274	679.7	580.4	53.6
宁夏	Ningxia	27	599	374	902.9	693.7	134.9
新疆	Xinjiang	120	1024	792	1947.2	1628.1	239.7

注：全国合计数中包括中央级公共图书馆。
a) Data of national total libiaries include one central-level public library.

3-3-8 续表 1 continued

地 区	Region	本年新购藏量(万册) New Collections During the Year (10 000 copies)	实际持证活跃读者数(个) Actual Number of Active Licensed Readers (units)	总流通人次(万人次) Total Number of Circulation (10 000 person-times)	#书刊文献外借人次 Borrowing from Libraries	书刊文献外借册次(万册次) Number of Books and Periodicals Lent to Readers (10 000 copy-times)	人均拥有公共图书馆藏量(册) Collections of PublicLibraries Per Person (copy)
全 国	**National Total**	**7728.2**	**107074093**	**116061.3**	**33043.5**	**78299.1**	**1.02**
北 京	Beijing	156.0	2982311	1473.4	209.3	1015.3	1.68
天 津	Tianjin	88.3	1668397	1694.8	401.6	1250.2	1.79
河 北	Hebei	292.1	2758031	4822.4	1801.4	3859.1	0.66
山 西	Shanxi	107.9	1983001	2064.5	645.9	1259.8	0.77
内蒙古	Inner Mongolia	190.5	1183773	1565.1	355.5	831.3	1.06
辽 宁	Liaoning	88.2	2223543	2777.3	853.8	2742.7	1.14
吉 林	Jilin	80.8	1271352	812.1	202.8	610.3	1.12
黑龙江	Heilongjiang	118.1	1304068	624.4	188.7	439.4	0.86
上 海	Shanghai	120.9	2079514	1956.0	384.7	1888.5	3.34
江 苏	Jiangsu	416.4	12232956	15246.7	6420.2	10775.3	1.41
浙 江	Zhejiang	756.9	10321420	16236.0	2013.2	8785.8	1.85
安 徽	Anhui	300.7	3914800	6245.4	1653.2	3112.3	0.73
福 建	Fujian	360.9	2923546	3523.4	1257.8	4021.6	1.42
江 西	Jiangxi	696.0	2354482	4367.6	996.1	2054.9	0.96
山 东	Shandong	423.4	7060225	7247.9	2751.5	4450.3	0.85
河 南	Henan	203.0	2819805	4744.6	1720.7	2907.9	0.49
湖 北	Hubei	699.4	4613090	4125.1	1677.3	3089.4	0.98
湖 南	Hunan	341.8	4724338	5010.3	2041.4	3789.6	0.88
广 东	Guangdong	905.5	19962336	14817.1	2676.4	11422.4	1.19
广 西	Guangxi	84.6	1882007	2364.2	488.9	1088.8	0.65
海 南	Hainan	49.1	233271	594.3	99.3	286.6	0.73
重 庆	Chongqing	163.8	3566103	2534.9	675.0	1580.7	0.91
四 川	Sichuan	286.7	4507068	3347.8	1310.0	2381.4	0.64
贵 州	Guizhou	107.6	1408925	1347.8	400.1	810.4	0.54
云 南	Yunnan	110.6	993028	1394.7	465.6	1193.7	0.57
西 藏	Xizang	31.9	34740	38.4	2.3	5.1	0.87
陕 西	Shaanxi	178.9	934374	2073.2	500.9	1079.4	0.66
甘 肃	Gansu	98.8	615027	1128.3	400.8	694.5	0.86
青 海	Qinghai	45.8	97027	174.1	25.6	60.7	1.14
宁 夏	Ningxia	42.6	451271	543.8	146.5	257.8	1.24
新 疆	Xinjiang	84.4	829063	756.1	249.4	505.7	0.75

3-3-8 续表 2 continued

地 区	Region	收入合计(万元) Total Revenue (10 000 yuan)	支出合计(万元) Total Expenses (10 000 yuan)	资产总计(万元) Total Assets (10 000 yuan)	#固定资产净值 Net Value of Fixed Assets	计算机(台) Computers (set)	#供读者使用终端数 Terminals for Readers (set)
全 国	**National Total**	**2044880.7**	**2062655.2**	**7873059.3**	**6347151.6**	**216262**	**131576**
北 京	Beijing	103048.7	87957.0	269189.8	162698.8	4506	1789
天 津	Tianjin	45323.2	44962.5	134514.6	112638.3	4456	2733
河 北	Hebei	51163.5	50379.3	189243.5	158060.4	8813	5941
山 西	Shanxi	43517.2	42139.7	259347.7	198664.2	6646	3882
内蒙古	Inner Mongolia	45404.6	45341.4	141268.7	123903.5	6022	3535
辽 宁	Liaoning	43626.6	44080.2	282704.5	229134.2	8947	5498
吉 林	Jilin	33450.6	33880.3	95777.9	76751.8	4167	2521
黑龙江	Heilongjiang	33331.1	33218.8	107567.5	92031.9	4734	2835
上 海	Shanghai	161797.7	176875.9	886930.4	729959.8	6397	2652
江 苏	Jiangsu	148002.5	145153.8	474290.6	380237	12138	6640
浙 江	Zhejiang	177460.7	172377.3	522909.3	444946.6	11488	6683
安 徽	Anhui	51435.4	51523.2	282260.1	250369.5	7549	5035
福 建	Fujian	66074.4	66820.0	294226.5	234203.8	7090	4446
江 西	Jiangxi	47946.0	47050.1	173075.6	138949.5	6855	4658
山 东	Shandong	87208.3	87289.9	250700.1	185020.5	11442	7222
河 南	Henan	50978.1	50453.0	212332.2	170887.0	10182	6705
湖 北	Hubei	94754.1	94886.2	278222.4	204997.4	7672	4604
湖 南	Hunan	54898.4	54329	117016.5	91820.3	8164	5439
广 东	Guangdong	251740.7	248290.9	787073.1	663306.6	20460	11975
广 西	Guangxi	38158.2	37947.1	136329.5	111327.3	6394	4216
海 南	Hainan	15331.6	15306.6	63202	25383.5	1557	935
重 庆	Chongqing	36066.6	35467.0	116884.1	99017.9	3702	2157
四 川	Sichuan	64655.9	99338.3	199884.2	167810.2	10198	7050
贵 州	Guizhou	31595.6	31994.9	258269.8	235517.2	5117	3473
云 南	Yunnan	40686.7	41395.4	145083	98565	6997	4458
西 藏	Xizang	7300.8	7391.0	23484.3	18852.5	1545	1081
陕 西	Shaanxi	50043.6	52161.4	230339.6	143343.9	5949	3893
甘 肃	Gansu	32674.4	32888.0	148641.3	108264.0	4816	2906
青 海	Qinghai	13295.0	13695.5	51698.0	28920.3	1976	1188
宁 夏	Ningxia	15648.1	15644.4	54091.3	47283.8	2066	1379
新 疆	Xinjiang	28672.8	28064.9	133382.6	117831.3	4939	3537

3-3-8 续表 3 continued

地 区	Region	实际使用公用房屋建筑面积（万平方米） Floor Space of Buildings Actually Used (10 000 sq.m)	#书库面积 Stack Rooms	#阅览室面积 Reading Rooms	每万人拥有公共图书馆建筑面积（平方米） Floor Space of Public Libraries per 10 000 Population (sq.m)	阅览室座席数（个） Seats of Reading Rooms (unit)
全 国	**National Total**	**2259.59**	**406.10**	**741.18**	**160.3**	**1680128**
北 京	Beijing	41.99	6.57	12.08	192.1	21035
天 津	Tianjin	46.72	8.34	12.62	342.5	22489
河 北	Hebei	121.41	19.44	44.09	164.2	88366
山 西	Shanxi	61.17	8.44	20.65	176.5	48631
内蒙古	Inner Mongolia	52.83	6.43	17.55	220.5	39213
辽 宁	Liaoning	66.42	11.7	19.01	158.8	47884
吉 林	Jilin	34.88	5.46	11.69	149.1	26280
黑龙江	Heilongjiang	39.12	6.32	12.28	127.8	29317
上 海	Shanghai	59.85	8.55	13.71	240.7	28331
江 苏	Jiangsu	160.36	20.03	47.96	188.1	84677
浙 江	Zhejiang	178.24	26.48	61.12	269.0	119235
安 徽	Anhui	77.09	11.78	28.45	125.9	69624
福 建	Fujian	80.46	19.62	29.74	192.3	55709
江 西	Jiangxi	68.76	16.15	22.73	152.3	55837
山 东	Shandong	157.09	28.41	46.46	155.2	104108
河 南	Henan	98.19	21.51	29.32	100.0	85107
湖 北	Hubei	98.12	20.86	32.90	168.1	68305
湖 南	Hunan	93.12	23.41	28.48	141.8	64325
广 东	Guangdong	202.94	38.24	75.55	159.7	172381
广 西	Guangxi	56.39	12.98	15.77	112.2	45105
海 南	Hainan	13.68	2.73	4.85	131.2	10699
重 庆	Chongqing	41.38	7.61	13.38	129.7	41165
四 川	Sichuan	99.69	17.24	39.76	119.1	91894
贵 州	Guizhou	41.78	7.81	12.30	108.1	36851
云 南	Yunnan	45.33	11.74	14.06	97.0	40410
西 藏	Xizang	7.74	1.13	2.05	212.1	4213
陕 西	Shaanxi	59.37	10.70	21.79	150.2	51020
甘 肃	Gansu	42.02	6.99	14.98	170.5	55092
青 海	Qinghai	14.70	1.72	6.71	247.5	9733
宁 夏	Ningxia	16.59	2.91	6.19	227.6	18224
新 疆	Xinjiang	54.80	7.87	20.70	210.9	39529

3-3-9 艺术表演团体基本情况
Statistics on Art Performance Troupes

年 份 Year	机构数(个) Number of Institutions (unit)	从业人员(人) Number of Employed Persons (person)	演出场次(万场次) Number of Performances (10 000 shows)	国内演出观众人次(万人次) Number of Domestic Audience (10 000 person-times)
2009	6139	184678	120	81716
2010	6864	185413	137	88456
2011	7055	226599	155	74585
2012	7321	242047	135	82805
2013	8180	260865	165	90064
2014	8769	262887	174	91020
2015	10787	301878	211	95799
2016	12301	332920	231	118138
2017	15742	402969	294	124739
2018	17123	416374	312	117569
2019	17795	412541	297	123020
2020	17581	436899	223	88952
2021	18370	453254	233	92804
2022	19739	415207	166	74021
2023	17781	385162	254	89654

3-3-9 续表 continued

年 份 Year	收入合计(万元) Total Revenue (10 000 yuan)	#演出收入 Performance Income	支出合计(万元) Total Expenditure (10 000 yuan)	实际使用房屋建筑面积(万平方米) Floor Space of Buildings Actually Used (10 000 sq.m)
2009	1121559	288214	1048083	457
2010	1239255	342696	1203561	466
2011	1540263	526745	1486696	526
2012	2310460	641480	2081911	617
2013	2800266	735532	2331821	638
2014	2264046	757028	2024045	716
2015	2576499	939310	2286420	800
2016	3112276	1308591	2621743	825
2017	3419618	1476786	2942410	916
2018	3667258	1522685	3152559	908
2019	3969949	1267752	3433017	929
2020	2871251	866292	3010357	1011
2021	3546798	1129901	3783618	1279
2022	3917486	809523	3730445	1251
2023	5316917	2078465	5515149	1344

3-3-10 艺术表演团体基本情况(2023年)
Statistics on Art Performance Troupes (2023)

项 目	Item	机构数(个) Number of Institutions (unit)	从业人员(人) Number of Employed Persons (person)	演出场次(万场次) Number of Performances (10 000 shows)	#国内演出 Domestic Performance	#农村 Rural Areas
总 计	**Total**	**17781**	**385162**	**254.2**	**250.3**	**57.9**
按隶属关系分	By Jurisdiction of Management					
中央	Under Central Government	11	4039	0.3	0.3	0.0
省、区、市	Under Provinces, Autonomous Regions and Municipalities	179	24201	4.6	4.5	1.5
地、市	Under Prefectures (Cities)	469	36675	9.8	9.5	4.1
县、市及以下	Under Counties (Cities) and Others	17122	320247	239.5	236.1	52.3
按管理部门分	By Management Authority					
文化和旅游部门	Culture and Tourism Departments	1893	104031	36.8	36.1	22.2
其他部门	Other Departments	15888	281131	217.4	214.3	35.7
按剧种分	By Type of Art					
话剧、儿童剧、滑稽剧类	Drama, Children's Play and Comedy Troupes	67	5012	1.2	1.2	0.2
歌舞、音乐类	Song and Dance, Musicals	548	32499	8.6	8.5	3.3
京剧、昆曲类	Peking Opera and Kunqu Opera	53	4797	1.1	1.1	0.5
地方戏曲类	Local Operas	1492	54744	34.7	34.5	14.4
杂技、魔术、马戏类	Acrobatics, Magic and Circus	53	3954	2.2	2.0	0.5
曲艺类	Folk Arts	54	1971	2.3	2.3	1.4
综合性艺术表演团体	Comprehensive Art Performance	15514	282185	204.4	201.1	37.9

3-3-10 续表 1 continued

项 目	Item	国内演出观众人次（万人次）Number of Domestic Audience (10 000 person-times)	#农村 Rural Audience	收入合计（万元）Total Revenue (10 000 yuan)	#财政拨款 Government Budget
总 计	**Total**	**89654**	**28703**	**5316917**	**2106725**
按隶属关系分	By Jurisdiction of Management				
中央	Under Central Government	218	10	204430	111594
省、区、市	Under Provinces, Autonomous Regions and Municipalities	3465	1390	685085	477075
地、市	Under Prefectures (Cities)	7547	3043	818302	642429
县、市及以下	Under Counties (Cities) and Others	78424	24261	3609099	875627
按管理部门分	By Management Authority				
文化和旅游部门	Culture and Tourism Departments	28115	15951	2206930	1604326
其他部门	Other Departments	61539	12753	3109987	502399
按剧种分	By Type of Art				
话剧、儿童剧、滑稽剧类	Drama, Children's Play and Comedy Troupes	695	118	147588	85826
歌舞、音乐类	Song and Dance, Musicals	6755	2005	795874	562390
京剧、昆曲类	Peking Opera and Kunqu Opera	592	305	144191	115831
地方戏曲类	Local Operas	17294	11263	854484	571266
杂技、魔术、马戏类	Acrobatics, Magic and Circus	1368	222	71265	44973
曲艺类	Folk Arts	910	586	46928	36768
综合性艺术表演团体	Comprehensive Art Performance	62041	14204	3256588	689671

3-3-10 续表 2 continued

项 目	Item	#演出收入 Revenue from Performance	支出合计（万元） Total Expenses (10 000 yuan)	政府采购的公益演出活动 Public Shows under Government Procurement 演出场次（万场次） Number of Performances (10 000 shows)	观众人次（万人次） Number of Audience (10 000 person-times)
总 计	**Total**	**2078465**	**5515149**	**69.0**	**28330.5**
按隶属关系分	By Jurisdiction of Management				
中央	Under Central Government	42989	180685	0.1	43.9
省、区、市	Under Provinces, Autonomous Regions and Municipalities	111782	694835	1.7	1125.3
地、市	Under Prefectures (Cities)	112258	822836	3.3	2080.9
县、市及以下	Under Counties (Cities) and Others	1811436	3816794	64.0	25080.4
按管理部门分	By Management Authority				
文化和旅游部门	Culture and Tourism Departments	349577	2339914	15.8	10047.6
其他部门	Other Departments	1728888	3175235	53.2	18283.0
按剧种分	By Type of Art				
话剧、儿童剧、滑稽剧类	Drama, Children's Play and Comedy Troupes	31871	145489	0.4	223.4
歌舞、音乐类	Song and Dance, Musicals	143766	929410	3.6	1561.4
京剧、昆曲类	Peking Opera and Kunqu Opera	16811	147097	0.5	215.1
地方戏曲类	Local Operas	180365	1061967	10.5	6872.8
杂技、魔术、马戏类	Acrobatics, Magic and Circus	11712	71530	0.5	206.0
曲艺类	Folk Arts	7934	45142	0.4	209.9
综合性艺术表演团体	Comprehensive Art Performance	1686005	3114514	53.2	19042.1

3-3-11 分地区艺术表演团体基本情况(2023年)
Statistics on Art Performance Troupes by Region(2023)

地 区	Region	机构数(个) Number of Institutions (unit)	从业人员(人) Number of Employed Persons (person)	#专业技术人员 Professional &Technical Staff	演出场次(万场次) Number of Performances (10 000 shows)	#国内演出 Domestic Performances	#农村 Rural Areas	国内演出观众人次(万人次) Number of Domestic Audience (10 000 person-times)	#农村 Rural Areas
全 国	**National Total**	**17781**	**385162**	**275880**	**254.2**	**250.3**	**57.9**	**89654.2**	**28703.4**
中央本级	Central-level	11	4039	3248	0.3	0.3	0.0	217.9	10.3
北 京	Beijing	522	12987	10053	2.1	2.1	0.7	747.2	89.7
天 津	Tianjin	107	2896	2497	1.1	1.1	0.1	275.2	57.7
河 北	Hebei	819	15219	10775	9.4	9.4	2.4	3964.4	1312.0
山 西	Shanxi	756	19888	13101	9.4	9.0	4.0	5241.3	2887.8
内蒙古	Inner Mongolia	273	8555	7024	2.5	2.5	1.1	1404.5	403.1
辽 宁	Liaoning	111	4004	3173	0.6	0.6	0.1	300.2	44.8
吉 林	Jilin	177	3522	2952	0.8	0.8	0.2	341.2	79.0
黑龙江	Heilongjiang	93	4444	3507	0.9	0.9	0.3	311.9	64.9
上 海	Shanghai	261	7057	5398	2.1	2.1	0.4	905.5	66.9
江 苏	Jiangsu	651	15230	11629	12.3	12.3	3.3	3819.4	1340.4
浙 江	Zhejiang	1217	38697	28694	26.2	26.1	4.5	10656.0	3001.8
安 徽	Anhui	2898	32651	22556	26.8	26.7	5.5	6055.9	1312.9
福 建	Fujian	486	12729	9715	7.4	7.3	1.9	1795.6	583.6
江 西	Jiangxi	329	7406	5339	3.8	3.7	1.9	1955.1	917.5
山 东	Shandong	1870	28764	21559	20.7	20.6	6.6	6418.8	2425.4
河 南	Henan	2077	45105	28670	39.8	39.6	9.5	13976.5	5309.1
湖 北	Hubei	614	11255	8055	25.8	25.8	1.5	5626.6	1383.4
湖 南	Hunan	586	14390	10294	7.2	6.3	2.1	3568.1	1119.7
广 东	Guangdong	433	13053	9433	5.7	5.7	1.1	2480.8	667.7
广 西	Guangxi	73	2574	1654	0.9	0.8	0.3	455.9	140.0
海 南	Hainan	128	3511	2248	2.4	1.6	0.3	822.2	177.7
重 庆	Chongqing	1039	15259	11497	11.7	11.7	2.5	2066.9	374.7
四 川	Sichuan	662	10877	7718	5.5	5.5	1.0	1847.8	312.1
贵 州	Guizhou	107	4006	2592	1.6	1.2	0.3	928.6	163.6
云 南	Yunnan	239	7410	5380	13.4	13.4	0.8	3261.3	817.2
西 藏	Xizang	86	2635	1016	0.7	0.6	0.5	428.6	274.0
陕 西	Shaanxi	512	15282	10233	6.0	5.9	1.9	4278.5	1272.9
甘 肃	Gansu	376	11782	8372	3.9	3.8	1.6	4047.4	1413.6
青 海	Qinghai	124	3463	2541	0.7	0.7	0.2	231.4	59.6
宁 夏	Ningxia	12	911	573	0.3	0.3	0.1	195.1	120.3
新 疆	Xinjiang	132	5561	4384	2.3	2.3	1.3	1028.8	500.1

3-3-11 续表 1 continued

地 区	Region	收入合计（万元）Total Revenue (10 000 yuan)	#财政拨款 Government Subsidy	#演出收入 Performance Income	支出合计（万元）Total Expenses (10 000 yuan)	#人员支出 Personnel Expenses	资产总计（万元）Total Assets (10 000 yuan)	#固定资产净值 Net Value of Fixed Assets
全 国	**National Total**	**5316917**	**2106725**	**2078465**	**5515149**	**2416143**	**18580165**	**1744830**
中央本级	Central-level	204430	111594	42989	180685	91366	400489	153066
北 京	Beijing	198803	101181	64862	195079	83713	431490	10706
天 津	Tianjin	48254	23732	15797	53680	26147	60979	20341
河 北	Hebei	146301	51759	41917	109881	55868	182859	58435
山 西	Shanxi	147435	49093	77212	155785	88883	297463	24757
内蒙古	Inner Mongolia	315099	115707	144453	296416	81149	732723	156533
辽 宁	Liaoning	58411	40340	9720	93397	30482	91124	32705
吉 林	Jilin	73552	31860	36380	56828	29288	67975	11963
黑龙江	Heilongjiang	124175	51077	59308	82438	44007	663162	422359
上 海	Shanghai	284917	48417	181001	226224	81781	524920	52900
江 苏	Jiangsu	268503	125576	61198	244817	131404	519977	35593
浙 江	Zhejiang	511697	174688	251864	424396	200253	799303	43818
安 徽	Anhui	180545	50029	77281	184680	66502	428793	26041
福 建	Fujian	217307	121967	86025	253968	102440	369563	85214
江 西	Jiangxi	116756	22174	44605	106355	32612	432858	19073
山 东	Shandong	266122	123116	52631	278245	121643	1051845	20415
河 南	Henan	298279	63829	149693	215115	105687	643154	32628
湖 北	Hubei	175029	89752	41467	217422	91678	492623	53477
湖 南	Hunan	154087	83294	69775	243887	68462	543486	53258
广 东	Guangdong	380166	136032	181728	369911	153177	5915171	93399
广 西	Guangxi	40507	18383	9167	35990	15797	105507	7411
海 南	Hainan	59710	9115	35000	40797	17249	168696	5777
重 庆	Chongqing	112000	40673	62999	328266	51077	755910	26687
四 川	Sichuan	153502	71059	65229	198630	125088	311485	33931
贵 州	Guizhou	43910	13900	19210	43371	20043	1010090	12356
云 南	Yunnan	158541	64584	62787	126162	66085	265915	17574
西 藏	Xizang	43236	41345	327	195434	177479	41842	34431
陕 西	Shaanxi	244999	66166	69384	164771	96270	276837	65836
甘 肃	Gansu	143369	36097	53438	242067	65666	339396	64792
青 海	Qinghai	21284	17707	2670	23134	12449	33966	14229
宁 夏	Ningxia	16069	11182	3835	16252	6740	25423	5377
新 疆	Xinjiang	109923	101297	4515	111068	75661	595143	49748

3-3-11 续表 2 continued

地 区	Region	实际使用房屋建筑面积(万平方米) Floor Space of Buildings Actually Used (10 000 sq.m)	#排练练功用房 Buildings for Rehearsing	流动舞台车演出情况 Performances of Flow Stage Car			政府采购的公益演出活动情况 Public Shows under Government Procurement	
				流动舞台车数量(辆) Number of Flow Stage Cars (unit)	演出场次(万场次) Number of Performances (10 000 shows)	观众人次(万人次) Number of Audiences (10 000 person-times)	演出场次(万场次) Number of Performances (10 000 shows)	观众人次(万人次) Number of Audience (10 000 person-times)
全 国	**National Total**	**1343.6**	**113.3**	**1570**	**9.3**	**6676.8**	**69.0**	**28330.5**
中央本级	Central-level	28.6	1.7				0.1	43.9
北 京	Beijing	31.6	0.6				0.9	135.0
天 津	Tianjin	14.0	0.5	1	0.0	23.4	0.2	78.0
河 北	Hebei	51.8	4.0	70	0.5	291.5	2.4	991.2
山 西	Shanxi	40.3	3.7	116	0.4	356.9	3.2	2099.3
内蒙古	Inner Mongolia	37.6	6.6	126	0.2	67.1	1.3	767.3
辽 宁	Liaoning	24.0	4.0	8		0.9	0.3	61.6
吉 林	Jilin	15.9	2.2	59	0.1	51.1	0.2	128.0
黑龙江	Heilongjiang	24.1	3.0	23	0.1	31.3	0.4	175.4
上 海	Shanghai	23.0	0.0				0.7	135.8
江 苏	Jiangsu	76.2	5.4	48	0.6	251.8	2.5	1026.5
浙 江	Zhejiang	93.5	4.1	5		1.0	5.3	3022.2
安 徽	Anhui	91.2	2.7	44	0.4	188.6	6.8	1638.2
福 建	Fujian	50.4	4.0	33	0.0	13.8	2.2	622.2
江 西	Jiangxi	23.9	2.2	65	0.5	294.5	1.8	839.5
山 东	Shandong	81.4	7.4	89	1.2	763.1	11.8	2695.0
河 南	Henan	120.3	5.7	199	2.8	2382.9	9.9	4370.0
湖 北	Hubei	56.9	5.8	95	0.6	541.7	2.0	2143.1
湖 南	Hunan	66.4	6.3	107	0.8	594.9	2.5	1695.4
广 东	Guangdong	56.7	5.7	14	0.0	20.4	2.3	650.5
广 西	Guangxi	10.7	1.5	9	0.0	4.0	0.2	123.9
海 南	Hainan	9.4	0.4	10	0.0	7.2	0.3	141.7
重 庆	Chongqing	36.1	2.3	4	0.0	26.8	3.0	469.1
四 川	Sichuan	63.6	4.2	20	0.0	3.9	2.8	472.1
贵 州	Guizhou	29.9	1.3	23	0.0	20.8	0.3	207.8
云 南	Yunnan	43.4	5.8	70	0.2	152.3	1.0	884.7
西 藏	Xizang	13.0	2.9	77	0.1	42.4	0.2	65.2
陕 西	Shaanxi	48.7	3.9	75	0.4	258.2	2.1	1060.2
甘 肃	Gansu	35.2	4.6	60	0.1	81.5	1.3	1019.5
青 海	Qinghai	5.1	1.2	9			0.2	49.0
宁 夏	Ningxia	6.8	0.6	11	0.1	91.6	0.2	81.5
新 疆	Xinjiang	33.7	9.3	100	0.2	113.5	1.1	438.3

3-3-12 艺术表演场馆基本情况
Statistics on Art Performance Venues

年份 Year	机构数（个） Number of Institutions (unit)	从业人员（人） Number of Employed Persons (person)	座席数（个） Seating Capacity (unit)	艺术演出场次（万场次） Number of Art Performances (10 000 shows)	艺术演出观众人次（万人次） Number of Audience in Art Performances (10 000 person-times)	收入合计（万元） Total Revenue (10 000 yuan)
2009	1499	28059	1126705	7.4	3206.7	182863
2010	1461	25280	1077250	7.2	3165.3	177731
2011	1429	26480	1080266	5.9	2685.8	266099
2012	1279	25076	945580	7.2	2191.7	218223
2013	1344	26036	1027946	6.6	2662.4	426361
2014	1338	25709	1187359	7.0	2598.3	403699
2015	2143	46734	1786688	13.7	2853.6	867630
2016	2285	51296	1689268	19.1	3098.1	964563
2017	2455	53765	1796055	21.2	3234.2	1243006
2018	2478	51478	1920410	17.9	5861.7	1324795
2019	2716	64507	1818662	24.5	6785.2	1772329
2020	2770	61957	1878867	31.7	4077.0	1308654
2021	3093	73827	2533737	64.3	8350.7	2044599
2022	3199	66814	2468261	58.5	5855.8	1791421
2023	3060	55116	2136425	41.5	12273.3	2120528

3-3-13 艺术表演场馆基本情况(2023年)
Statistics on Art Performance Venues (2023)

项 目	Item	机构数 (个) Number of Institutions (unit)	从业人员 (人) Number of Employed Persons (person)	座席数 (个) Seating Capacity (unit)
总 计	**Total**	**3060**	**55116**	**2136425**
按管理部门分	By Department of Management			
文化和旅游部门	Culture and Tourism Departments	1019	19179	870555
其他部门	Other Departments	2041	35937	1265870
按机构类型分	By Type of Venues			
表演艺术中心	Performing Arts Center	54	992	132193
音乐厅	Music Hall	13	433	12200
戏剧剧场	Drama Theater	391	8367	294981
歌剧剧场	Opera Theatre	2	7	2259
舞蹈剧场	Dance Theater	39	761	123388
音乐剧剧场	Musical Theatre	2	44	1700
戏曲剧场	Traditional Opera Theatre	9	56	4208
综合剧场	Comprehensive Theatre	1965	33088	1119954
曲艺剧场	Quyi Theatre	2		223
旅游演出剧场	Tourist Performance Theatre	167	5138	188722
新型演出剧场	New Performance Theatre	31	617	20759
脱口秀剧场	Talk Show Theater	7	190	7253
杂技场	Acrobatic Show	16	614	12150
马戏场	Circus	5	214	4918
其他	Others	357	4595	211517
按隶属关系分	By Jurisdiction of Management			
中央	Under Central Government	6	156	4649
省、区、市	Under Provinces, Autonomous Regions and Municipalities	87	1841	77409
地、市	Prefecture Level	276	7025	202810
县、市及以下	Under Counties (Cities) and Others	2691	46094	1851557

3-3-13 续表 1 continued

项 目	Item	艺术演出场次（万场次）Number of Art Performances (10 000 shows)	#政府补贴的公益性演出场次 Government-subsidized Public Welfare Performances	艺术演出观众人次（万人次）Number of Audience of Art Performances (10 000 person-times)
总 计	**Total**	**41.5**	**6.6**	**12273**
按管理部门分	By Department of Management			
文化和旅游部门	Culture and Tourism Departments	11.0	4.5	4792
其他部门	Other Departments	30.5	2.1	7481
按机构类型分	By Type of Venues			
表演艺术中心	Performing Arts Center	1.1	0.1	297
音乐厅	Music Hall	0.2	0.1	105
戏剧剧场	Drama Theater	3.9	1.3	1890
歌剧剧场	Opera Theatre	0.0	0.0	2
舞蹈剧场	Dance Theater	1.1	0.2	119
音乐剧剧场	Musical Theatre	0.0	0.0	6
戏曲剧场	Traditional Opera Theatre	0.0	0.0	20
综合剧场	Comprehensive Theatre	27.7	2.2	7641
曲艺剧场	Quyi Theatre	0.0	0.0	2
旅游演出剧场	Tourist Performance Theatre	3.4	0.1	957
新型演出剧场	New Performance Theatre	0.2	0.1	46
脱口秀剧场	Talk Show Theater	0.0	0.0	22
杂技场	Acrobatic Show	0.2	0.0	99
马戏场	Circus	0.1		20
其他	Others	3.4	2.4	1047
按隶属关系分	By Jurisdiction of Management			
中央	Under Central Government	0.1	0.0	51
省、区、市	Under Provinces, Autonomous Regions and Municipalities	1.2	0.3	626
地、市	Prefecture Level	3.6	0.8	1253
县、市及以下	Under Counties (Cities) and Others	36.3	5.2	10343

3-3-13 续表 2 continued

项 目	Item	收入合计（万元）Total Income (10 000 yuan)	#财政拨款 Government Budget	#演出收入 Performance Income	支出合计（万元）Total Expenses (10 000 yuan)
总 计	**Total**	**2120528**	**363422**	**1030661**	**2056730**
按管理部门分	By Department of Management				
文化和旅游部门	Culture and Tourism Departments	547484	225338	146617	566123
其他部门	Other Departments	1573044	138084	884044	1490606
按机构类型分	By Type of Venues				
表演艺术中心	Performing Arts Center	32928	12526	13080	40098
音乐厅	Music Hall	20585	8260	8418	18894
戏剧剧场	Drama Theater	246737	124461	69075	250875
歌剧剧场	Opera Theatre	99	99		99
舞蹈剧场	Dance Theater	9854	1413	7028	9401
音乐剧剧场	Musical Theatre	230	5		230
戏曲剧场	Traditional Opera Theatre	592	252	196	616
综合剧场	Comprehensive Theatre	1454831	130933	770621	1376502
曲艺剧场	Quyi Theatre				
旅游演出剧场	Tourist Performance Theatre	231015	55866	120514	208583
新型演出剧场	New Performance Theatre	15343	3704	6696	17410
脱口秀剧场	Talk Show Theater	5676	2	2769	5181
杂技场	Acrobatic Show	23250	2279	11825	44930
马戏场	Circus	636	69	1238	3311
其他	Others	78753	23554	19199	80601
按隶属关系分	By Jurisdiction of Management				
中央	Under Central Government	7131		4193	6723
省、区、市	Under Provinces, Autonomous Regions and Municipalities	63985	21963	22558	71983
地、市	Prefecture Level	213913	72144	55217	213580
县、市及以下	Under Counties (Cities) and Others	1835499	269314	948693	1764443

3-3-14 分地区艺术表演场馆基本情况(2023年)
Statistics on Art Performance Venues of Culture System by Region(2023)

地 区	Region	机构数(个) Number of Institutions (unit)	从业人员(人) Number of Employed Persons (person)	#专业技术人员 Professional &Technical Staff	座席数(个) Seating Capacity (unit)	艺术演出场次合计(万场次) Number of Art Performances (10 000 shows)
全 国	**National Total**	**3060**	**55116**	**18153**	**2136425**	**41.5**
中央本级	Central-level	6	156	28	4649	0.1
北 京	Beijing	76	1481	328	42394	2.2
天 津	Tianjin	126	1685	381	65141	3.9
河 北	Hebei	120	3120	1871	80976	0.9
山 西	Shanxi	130	1249	313	83420	1.3
内蒙古	Inner Mongolia	36	260	132	23729	0.2
辽 宁	Liaoning	68	614	170	27403	0.4
吉 林	Jilin	124	475	193	18834	0.2
黑龙江	Heilongjiang	57	567	184	25919	0.3
上 海	Shanghai	59	1229	377	81186	1.0
江 苏	Jiangsu	278	6001	1751	218598	2.8
浙 江	Zhejiang	256	6897	2106	200807	3.4
安 徽	Anhui	130	1748	558	51204	2.1
福 建	Fujian	76	2373	797	70789	0.6
江 西	Jiangxi	78	1271	652	37391	0.3
山 东	Shandong	240	3593	866	166768	5.1
河 南	Henan	245	4019	1030	133728	4.1
湖 北	Hubei	141	1986	724	89419	1.1
湖 南	Hunan	120	2771	1149	166480	2.9
广 东	Guangdong	127	3624	1135	99617	2.2
广 西	Guangxi	23	306	38	5949	0.1
海 南	Hainan	30	702	207	13484	0.1
重 庆	Chongqing	68	1083	372	106717	1.3
四 川	Sichuan	162	1421	472	198221	0.7
贵 州	Guizhou	21	850	335	7910	0.2
云 南	Yunnan	27	995	188	16916	1.2
西 藏	Xizang	31	162	32	3042	0.1
陕 西	Shaanxi	76	1436	449	43661	1.2
甘 肃	Gansu	52	1744	636	21854	0.7
青 海	Qinghai	51	515	171	9046	0.8
宁 夏	Ningxia	2	15	6	1408	0.0
新 疆	Xinjiang	24	768	502	19765	0.1

3-3-14 续表 1 continued

地 区	Region	艺术演出观众人次(万人次) Number of Audience in Art Performances (10 000 person-times)	收入合计(万元) Total Revenue (10 000 yuan)	#财政拨款 Government Budget	#演出收入 Performance Income	支出合计(万元) Total Expenses (10 000 yuan)
全 国	**National Total**	**12273.3**	**2120528**	**363422**	**1030661**	**2056730**
中央本级	Central-level	51.4	7131		4193	6723
北 京	Beijing	360.3	96390	3053	73293	120650
天 津	Tianjin	213.3	65918	302	19897	69678
河 北	Hebei	368.0	87655	17740	60198	163901
山 西	Shanxi	196.3	25214	5621	17202	16593
内蒙古	Inner Mongolia	129.1	6684	1051	4501	5363
辽 宁	Liaoning	128.9	15089	5845	5673	15699
吉 林	Jilin	41.6	6985	2900	1495	7583
黑龙江	Heilongjiang	78.1	10911	1436	4745	12226
上 海	Shanghai	556.7	67798	7081	38483	59621
江 苏	Jiangsu	1050.0	276495	44223	65332	332579
浙 江	Zhejiang	2447.4	423796	72740	232643	318428
安 徽	Anhui	195.8	25903	7134	9575	27347
福 建	Fujian	192.7	82004	14465	24501	74315
江 西	Jiangxi	115.3	29043	12233	12361	49397
山 东	Shandong	519.9	128121	42810	56944	139338
河 南	Henan	1370.0	167372	10389	94332	95203
湖 北	Hubei	933.6	32611	9224	24601	35970
湖 南	Hunan	843.3	107314	37788	47370	108659
广 东	Guangdong	633.6	183394	43058	59859	169420
广 西	Guangxi	11.7	2236	643	516	1633
海 南	Hainan	379.5	24148	563	19693	11289
重 庆	Chongqing	315.7	23539	3413	14853	23279
四 川	Sichuan	176.7	32039	2323	19630	34198
贵 州	Guizhou	50.0	14306	673	5422	9788
云 南	Yunnan	211.0	26239	1848	21026	17961
西 藏	Xizang	11.6	6316	43	5585	6072
陕 西	Shaanxi	319.0	52723	4220	30314	38836
甘 肃	Gansu	260.6	73793	5581	51708	66317
青 海	Qinghai	45.5	2638	1266	1867	3165
宁 夏	Ningxia	16.5	264	263		453
新 疆	Xinjiang	50.3	16459	3492	2850	15046

3-3-14 续表 2 continued

地 区	Region	#人员支出 Personnel Expenses	资产总计(万元) Total Assets (10 000 yuan)	#固定资产净值 Net Value of Fixed Assets	实际使用房屋建筑面积(万平方米) Floor Space of Buildings Actually Used (10 000 sq.m)	#演(映)业务用房 Buildings for Performances
全 国	**National Total**	**590968**	**12624194**	**1024050**	**1876.2**	**880.4**
中央本级	Central-level	1576	4115	332	7.4	5.3
北 京	Beijing	35883	370426	9202	31.8	16.9
天 津	Tianjin	20398	328113	862	41.3	15.0
河 北	Hebei	64490	443250	40929	113.4	67.1
山 西	Shanxi	3814	204286	102117	35.5	12.4
内蒙古	Inner Mongolia	1800	93377	69293	34.3	5.4
辽 宁	Liaoning	3252	29509	7770	29.3	18.3
吉 林	Jilin	2462	21725	5641	12.8	4.9
黑龙江	Heilongjiang	3467	27992	4797	22.5	8.7
上 海	Shanghai	15020	781744	1505	49.3	21.5
江 苏	Jiangsu	64474	2995362	115563	265.6	114.8
浙 江	Zhejiang	92396	1880623	137773	252.6	98.7
安 徽	Anhui	10705	157318	18947	44.3	20.6
福 建	Fujian	26137	1299613	10693	74.7	30.3
江 西	Jiangxi	11217	252218	56709	37.6	19.8
山 东	Shandong	38733	457241	23498	172.0	87.1
河 南	Henan	30575	1093137	131007	106.3	46.5
湖 北	Hubei	12256	186016	48395	65.1	41.8
湖 南	Hunan	30756	440413	68878	87.4	52.5
广 东	Guangdong	55552	461281	66463	108.1	56.0
广 西	Guangxi	500	13692	767	5.0	2.4
海 南	Hainan	3373	121106	4188	15.6	7.2
重 庆	Chongqing	9051	93403	1024	57.8	26.0
四 川	Sichuan	8977	201935	21384	66.1	45.4
贵 州	Guizhou	4548	53975	1028	9.6	4.1
云 南	Yunnan	7492	73819	19216	16.4	7.3
西 藏	Xizang	2533	11279	106	2.8	0.4
陕 西	Shaanxi	7480	102846	27539	53.3	20.3
甘 肃	Gansu	16536	335235	14379	22.3	8.9
青 海	Qinghai	1168	11909	8600	6.7	3.3
宁 夏	Ningxia	24	345	285	0.0	
新 疆	Xinjiang	4329	76894	5163	29.5	11.8

3-3-15 文物业基本情况（2023年）
Statistics on Cultural Relics (2023)

项　目	Item	机　构（个）Number of Institutions (unit)	从业人员（人）Number of Employed Persons (person)	本年收入合计（万元）Total Revenue in the Year (10 000 yuan)	本年支出合计（万元）Total Expenditure in the Year (10 000 yuan)
总　计	**Total**	**9645**	**180573**	**7978568**	**8948692**
按单位性质分	By Nature of Units				
文物保护科研机构	Scientific and Research Agencies of Cultural Relic Protection	128	6921	572041	660236
文物保护管理机构	Agencies of Cultural Relics Protection and Management	2547	30752	1426468	1454329
国有博物馆	State-owned Museums	4508	122635	4057883	4200210
其他文物机构	Other Cultural Relic Agencies	2462	20265	1922176	2633918
按隶属关系分	By Jurisdiction of Management				
中　央	Central Level	13	3743	306027	399565
省、区、市	Provincial Level	251	22739	1474188	1469772
地、市	Prefecture Level	1539	54050	2129467	2209004
县、市、区	County or City Level	7842	100041	4068886	4870352
按管理部门分	By Department of Management				
文物部门	Cultural Relics Department	8765	158455	7182803	8095728
其他部门	Other Departments	880	22118	795765	852964

3-3-15 续表 1 continued

项　目	Item	资产总计（万元）Total Assets (10 000 yuan)	实际使用房屋建筑面积（万平方米）Floor Space of Buildings Actually in Use (10 000 sq.m)	藏品（件/套）Collections (piece/set)	#一级品 Grade I Collection
总　计	**Total**	**49731025**	**4825**	**50172257**	**95313**
按单位性质分	By Nature of Units				
文物保护科研机构	Scientific and Research Agencies of Cultural Relic Protection	856880	53	1803428	1890
文物保护管理机构	Agencies of Cultural Relics Protection and Management	7059525	1374	1703817	10098
国有博物馆	State-owned Museums	37650607	3239	41252855	81703
其他文物机构	Other Cultural Relic Agencies	4164013	160	5412157	1622
按隶属关系分	By Jurisdiction of Management				
中　央	Central Level	753791	59	3546925	14996
省、区、市	Provincial Level	4713358	399	15018235	32707
地、市	Prefecture Level	7919143	1152	11410856	18974
县、市、区	County or City Level	36344733	3216	20196241	28636
按管理部门分	By Department of Management				
文物部门	Cultural Relics Department	40001061	4276	42477915	90893
其他部门	Other Departments	9729964	549	7694342	4420

3-3-15 续表 2 continued

项 目	Item	本年从有关部门接收文物数(件/套) Accepted Relics from Other Departments in the Year (piece/set)	本年藏品征集数(件/套) Collection of Cultural Relics (piece/set)	举办陈列展览(个) Exhibition & Displays (unit)	参观人次(万人次) Visitors (10 000 person-times)
总 计	**Total**	**222587**	**347898**	**29933**	**140266**
按单位性质分	By Nature of Units				
文物保护科研机构	Scientific and Research Agencies of Cultural Relic Protection	122	151	104	694
文物保护管理机构	Agencies of Cultural Relics Protection and Management	5848	5225	1168	19527
国有博物馆	State-owned Museums	214587	339215	28661	120045
其他文物机构	Other Cultural Relic Agencies	2030	3307		0
按隶属关系分	By Jurisdiction of Management				
中 央	Central Level		2671	148	2785
省、区、市	Provincial Level	13670	31018	1623	14269
地、市	Prefecture Level	127695	60280	8526	49615
县、市、区	County or City Level	81222	253929	19636	73598
按管理部门分	By Department of Management				
文物部门	Cultural Relics Department	196390	277004	26465	118686
其他部门	Other Departments	26197	70894	3468	21581

3-3-16 博物馆基本情况
Statistics on Museums

年 份 Year	机构数 (个) Number of Institutions (unit)	从业人员 (人) Number of Employed Persons (person)	藏品数 (件/套) Number of Collections (piece/set)	基本陈列展览 (个) Regular Exhibitions (unit)
2009	2252	59919	15711150	14057
2010	2435	57431	17552482	26704
2011	2650	62181	19023423	16921
2012	3069	71748	23180726	20115
2013	3473	79075	27191601	16822
2014	3658	83970	29299673	19565
2015	3852	89133	30441422	21154
2016	4109	93431	33293561	23109
2017	4721	105079	36623080	24611
2018	4918	107506	37540740	26346
2019	5132	107993	39548334	28701
2020	5452	118913	43190898	27719
2021	5772	125704	46648282	31931
2022	6091	131461	46916129	31298
2023	4508	122635	41252855	28661

注：2023年起，博物馆相关指标使用国有博物馆数据(以下相关同)。
a) Since 2023, museums' related indicators use data from state-owned museums.The same applies to the relevant following tables.

3-3-16 续表 continued

年 份 Year	参观人次 (万人次) Visitors (10 000 person-times)	实际使用房屋建筑面积 (万平方米) Floor Space of Buildings Actually Used (10 000 sq.m)	收入合计 (万元) Total Revenue (10 000 yuan)	支出合计 (万元) Total Expenditure (10 000 yuan)
2009	32716	967	765924	700720
2010	40679	1088	961176	878727
2011	47051	1179	1205789	1171131
2012	56401	1471	1492024	1424802
2013	63777	1700	1755739	1706897
2014	71774	1933	1955512	1874197
2015	78112	2034	2169987	2167639
2016	85061	2185	2348521	2286951
2017	97172	2668	3255558	3306813
2018	104404	2791	3043180	3084586
2019	112225	2959	3376342	3391845
2020	52652	3189	3269706	3227243
2021	74850	3445	3996501	4612286
2022	57048	3669	3493999	3810329
2023	120045	3239	4057883	4200210

3-3-17 分地区博物馆基本情况(2023年)
Basic Statistics on Museums by Region(2023)

地 区	Region	机构数(个) Number of Institutions (unit)	从业人员(人) Number of Employed Persons (person)	#专业技术人员 Professional &Technical Staff	藏品数(件/套) Number of Collections (piece/set)	基本陈列、展览(个) Regular Exhibitions (unit)
全 国	**National Total**	**4508**	**122635**	**42516**	**41252855**	**28661**
中央本级	Central-level	5	3009	1951	3531565	147
北 京	Beijing	69	4444	1576	3006267	472
天 津	Tianjin	53	1393	591	738139	291
河 北	Hebei	147	4848	1448	513796	1014
山 西	Shanxi	155	4386	1320	1465443	523
内蒙古	Inner Mongolia	128	3336	1443	1275564	608
辽 宁	Liaoning	66	2527	1104	694290	475
吉 林	Jilin	94	1902	848	853790	618
黑龙江	Heilongjiang	132	2548	982	963509	1099
上 海	Shanghai	85	4748	2051	4020027	661
江 苏	Jiangsu	330	7794	2835	1749415	2021
浙 江	Zhejiang	206	5837	2008	1376802	2111
安 徽	Anhui	181	3075	1024	806877	1250
福 建	Fujian	102	2586	942	701714	1087
江 西	Jiangxi	170	4331	1493	786438	1426
山 东	Shandong	348	8247	3019	3737692	2478
河 南	Henan	259	6996	1971	1162614	1210
湖 北	Hubei	172	4556	1760	2627010	1111
湖 南	Hunan	159	4017	1341	1262125	963
广 东	Guangdong	223	5812	2299	2513453	2105
广 西	Guangxi	119	2792	1191	484217	551
海 南	Hainan	33	686	270	179222	171
重 庆	Chongqing	106	2987	1017	613742	787
四 川	Sichuan	272	6742	1840	1359230	1356
贵 州	Guizhou	122	2499	614	277499	441
云 南	Yunnan	143	2143	1014	1589343	842
西 藏	Xizang	15	312	99	94168	57
陕 西	Shaanxi	246	9854	2063	1566995	912
甘 肃	Gansu	194	5479	1515	574990	1171
青 海	Qinghai	24	346	158	75326	87
宁 夏	Ningxia	52	809	238	355648	203
新 疆	Xinjiang	98	1594	491	295945	413

3-3-17 续表 1 continued

地 区	Region	参观人次(万人次) Visitors (10 000 person-times)	#未成年人参观人次 Visitors of Juveniles	门票销售总额(万元) Revenue from Entrance Tickets (10 000 yuan)	收入合计(万元) Total Revenue (10 000 yuan)	支出合计(万元) Total Expenses (10 000 yuan)	资产总计(万元) Total Assets (10 000 yuan)
全 国	**National Total**	**120045**	**30018**	**651395**	**4057883**	**4200210**	**37650607**
中央本级	Central-level	2785	920	77324	233630	214812	554641
北 京	Beijing	2679	460	14820	281862	270347	803102
天 津	Tianjin	1353	339	3924	51909	51916	243835
河 北	Hebei	3872	1037	2108	73451	77115	266163
山 西	Shanxi	2242	457	8572	79087	81655	567887
内蒙古	Inner Mongolia	1679	481	444	80475	82267	756124
辽 宁	Liaoning	2650	579	21392	58258	57095	290907
吉 林	Jilin	1091	217	5884	46201	46882	138758
黑龙江	Heilongjiang	1873	439	91	53197	53347	275392
上 海	Shanghai	2738	606	27045	315098	338387	1530006
江 苏	Jiangsu	12993	2734	45832	282651	300933	6230550
浙 江	Zhejiang	5979	1613	5692	238812	279874	805372
安 徽	Anhui	2865	874	336	70098	71254	10221392
福 建	Fujian	2756	794	143	68452	67478	236167
江 西	Jiangxi	5120	1605	3778	110564	108971	5553075
山 东	Shandong	8823	2661	22269	184042	219322	1522622
河 南	Henan	7199	2055	14698	125270	128702	621137
湖 北	Hubei	5084	1373	4160	118900	123412	1069373
湖 南	Hunan	8970	2723	5870	131449	134675	903347
广 东	Guangdong	7189	1565	13556	349752	352163	756914
广 西	Guangxi	2623	660	55300	79254	79286	255912
海 南	Hainan	496	122	2000	23469	22645	172612
重 庆	Chongqing	3676	642	11240	102380	103808	399759
四 川	Sichuan	7718	1814	56557	217326	233388	704248
贵 州	Guizhou	2246	390	1032	129159	153734	507485
云 南	Yunnan	2096	490	597	44615	44043	294700
西 藏	Xizang	0	0		15723	19055	11902
陕 西	Shaanxi	5640	859	204102	269630	270074	1048794
甘 肃	Gansu	3610	1011	42628	158663	147207	498207
青 海	Qinghai	137	31		13540	14011	59899
宁 夏	Ningxia	737	175		11666	12085	86374
新 疆	Xinjiang	1127	292		39302	40269	263953

3-3-17 续表 2 continued

地 区	Region	#固定资产净值 Net Value of Fixed Assets	实际使用房屋建筑面积(万平方米) Floor Space of Buildings Actually Used (10 000 sq.m)	#展览用房 Buildings for Exhibitions	#文物库房 Cultural Relics Storeroom
全 国	**National Total**	**26646218**	**3238.73**	**1460.39**	**227.11**
中央本级	Central-level	219782	52.24	10.76	6.53
北 京	Beijing	456063	123.92	46.00	9.38
天 津	Tianjin	156509	34.34	14.89	3.82
河 北	Hebei	209638	107.66	54.13	7.62
山 西	Shanxi	251241	78.17	37.07	6.67
内蒙古	Inner Mongolia	645681	112.57	61.99	7.05
辽 宁	Liaoning	232949	71.92	32.46	6.28
吉 林	Jilin	95777	48.53	25.84	3.47
黑龙江	Heilongjiang	188708	59.87	38.69	5.79
上 海	Shanghai	639816	89.41	40.39	7.11
江 苏	Jiangsu	2527189	298.70	124.05	14.91
浙 江	Zhejiang	560756	182.67	80.60	12.92
安 徽	Anhui	10136124	95.19	45.14	7.27
福 建	Fujian	148715	82.21	34.28	5.27
江 西	Jiangxi	4547868	123.47	59.06	10.19
山 东	Shandong	850102	238.12	120.28	19.42
河 南	Henan	308285	176.63	69.42	13.47
湖 北	Hubei	931135	168.78	94.31	10.00
湖 南	Hunan	393261	174.25	48.84	7.53
广 东	Guangdong	476900	158.87	64.92	12.21
广 西	Guangxi	164290	69.72	32.93	4.11
海 南	Hainan	135270	19.51	8.94	2.13
重 庆	Chongqing	182982	71.18	35.38	4.84
四 川	Sichuan	459759	156.55	71.21	9.25
贵 州	Guizhou	453043	54.35	24.75	3.62
云 南	Yunnan	174991	58.65	29.07	4.56
西 藏	Xizang	6244	10.66	2.70	1.28
陕 西	Shaanxi	545483	131.15	59.38	8.86
甘 肃	Gansu	234834	96.16	43.10	6.26
青 海	Qinghai	49714	13.10	5.93	0.92
宁 夏	Ningxia	66513	28.58	16.50	1.45
新 疆	Xinjiang	196597	51.60	27.38	2.92

3-3-17 续表 3 continued

地 区	Region	举办线上展览（个） Exhibitions (unit)	网站年访问量（万人次） Annual Website Visits (10 000 person-times)	创建微信公众号、微博账号（个） WeChat and Microblog Accounts (unit)	微信公众号、微博账号关注人数（万人） WeChat and Microblog Followers (10 000 persons)
全 国	**National Total**	**16259**	**169290**	**118671**	**36374**
中央本级	Central-level	103	11590	23	4046
北 京	Beijing	111	73478	546	5102
天 津	Tianjin	181	3373	1945	582
河 北	Hebei	336	4213	115	1277
山 西	Shanxi	835	854	268	558
内蒙古	Inner Mongolia	901	615	135	226
辽 宁	Liaoning	198	1393	2091	404
吉 林	Jilin	427	742	864	123
黑龙江	Heilongjiang	760	553	40384	234
上 海	Shanghai	236	5552	821	2124
江 苏	Jiangsu	1229	20445	281	3974
浙 江	Zhejiang	379	3990	8298	1440
安 徽	Anhui	616	1720	396	327
福 建	Fujian	385	528	114	142
江 西	Jiangxi	688	2171	1648	807
山 东	Shandong	1615	3111	992	1119
河 南	Henan	254	1120	279	964
湖 北	Hubei	189	2256	132	1024
湖 南	Hunan	136	3559	195	1380
广 东	Guangdong	417	11023	216	2731
广 西	Guangxi	106	649	163	287
海 南	Hainan	28	196	487	58
重 庆	Chongqing	414	1253	868	802
四 川	Sichuan	835	8707	206	2050
贵 州	Guizhou	42	274	19982	197
云 南	Yunnan	246	2366	117	212
西 藏	Xizang	4	5	83	25
陕 西	Shaanxi	899	1287	675	3469
甘 肃	Gansu	3545	1579	35925	462
青 海	Qinghai	33	26	15	26
宁 夏	Ningxia	54	227	27	70
新 疆	Xinjiang	57	435	380	130

3-3-18　文物保护管理机构基本情况
Statistics on Agencies of Cultural Relics Preservation

年　份 Year	机构数 (个) Number of Institutions (unit)	从业人员 (人) Number of Employed Persons (person)	藏品数 (件/套) Number of Collections (piece/set)	基本陈列、展览 (个) Displays and Exhibitions (unit)	参观人次 (万人次) Visitors (10 000 person-times)	收入合计 (万元) Total Revenue (10 000 yuan)	支出合计 (万元) Total Expenses (10 000 yuan)
2009	2263	28629	1958904	2449	9205	308949	290560
2010	2436	30171	2149366	3419	11198	365904	330748
2011	2735	33035	2251805	2243	9442	463609	419425
2012	2705	34854	1767573	2128	10433	535779	459988
2013	2809	35334	1906829	1181	10711	819557	705411
2014	3280	37843	2092332	1566	12182	757303	689769
2015	3307	32030	2073474	1466	14001	875460	790247
2016	3318	33407	2521238	1463	15798	995357	835664
2017	3518	33400	2473352	1394	17304	989813	956362
2018	3550	32400	2430379	1452	17616	1031941	946661
2019	3518	30689	1659712	1973	19136	989519	926514
2020	3373	31959	1687721	1182	8741	940898	965692
2021	2257	30212	1483468	1220	9415	964873	1005672
2022	2663	32131	1588643	983	6565	928170	1076284
2023	2547	30752	1703817	1168	19527	1426468	1454329

3-3-19　文物保护科研机构基本情况
Statistics on Scientific and Research Agencies of Cultural Relics

年　份 Year	机构数 (个) Number of Institutions (unit)	从业人员 (人) Number of Employed Persons (person)	藏品数 (件/套) Number of Collections (piece/set)	实际使用房屋建筑面积 (万平方米) Floor Space of Buildings Actually Used (10 000 sq.m)	收入合计 (万元) Total Revenue (10 000 yuan)	支出合计 (万元) Total Expenses (10 000 yuan)
2009	104	3799	929189	30	88210	86062
2010	108	3846	870223	28	120767	110215
2011	107	4078	822390	62	139450	135304
2012	114	4917	1208701	101	182418	158831
2013	115	5243	1594975	96	208924	170898
2014	118	7314	1459852	102	243812	207016
2015	122	5217	1177485	145	255849	236374
2016	122	4763	1187938	84	292464	245058
2017	121	3995	1230188	79	288858	234975
2018	122	4133	1315659	81	333070	312846
2019	126	4313	1522789	86	389495	368953
2020	128	5123	1649403	45	403405	396299
2021	132	5970	1048893	45	488560	463919
2022	129	6501	1693953	51	474397	662664
2023	128	6921	1803428	53	572041	660236

3-3-20 分地区文物保护管理机构基本情况(2023年)
Statistics on Agencies of Cultural Relics Preservation by Region(2023)

地 区	Region	机构数(个) Number of Institutions (unit)	从业人员(人) Number of Employed Persons (person)	#专业技术人员 Professional &Technical Staff	藏品数(件/套) Number of Collections (piece/set)	基本陈列、展览(个) Regular Exhibitions (unit)
全 国	**National Total**	**2547**	**30752**	**9051**	**1703817**	**1168**
北 京	Beijing	19	973	129	31869	75
天 津	Tianjin	6	101	74	44	
河 北	Hebei	157	3608	759	79548	19
山 西	Shanxi	78	1900	591	263440	84
内蒙古	Inner Mongolia	78	563	355	46168	13
辽 宁	Liaoning	58	895	216	31114	28
吉 林	Jilin	52	276	189	14956	20
黑龙江	Heilongjiang	53	219	145	16446	20
上 海	Shanghai	5	103	68	2028	27
江 苏	Jiangsu	44	427	210	9937	35
浙 江	Zhejiang	85	2709	1014	105333	196
安 徽	Anhui	80	446	241	38015	37
福 建	Fujian	60	363	181	3849	25
江 西	Jiangxi	49	265	66	1866	11
山 东	Shandong	79	2680	818	100117	57
河 南	Henan	111	1843	445	109627	11
湖 北	Hubei	42	769	227	17556	24
湖 南	Hunan	28	598	124	10636	28
广 东	Guangdong	25	327	90	12185	63
广 西	Guangxi	70	411	250	36289	36
海 南	Hainan	12	447	36	7371	30
重 庆	Chongqing	38	123	69	1300	4
四 川	Sichuan	171	2019	606	129273	51
贵 州	Guizhou	64	406	175	31805	24
云 南	Yunnan	139	991	681	101170	104
西 藏	Xizang	635	2513	132	349790	
陕 西	Shaanxi	187	3456	750	112179	121
甘 肃	Gansu	54	868	228	1606	4
青 海	Qinghai	28	70	25	13014	
宁 夏	Ningxia	21	275	106	22818	15
新 疆	Xinjiang	19	108	51	2468	6

3-3-20 续表 1 continued

地 区	Region	参观人次（万人次） Visitors (10 000 person-times)	门票销售总额（万元） Sales of Admission Tickets (10 000 yuan)	收入合计（万元） Total Revenue (10 000 yuan)	#财政拨款 Government Subsidy	支出合计（万元） Total Expenses (10 000 yuan)
全 国	**National Total**	**19527.2**	**561336**	**1426468**	**1018824**	**1454329**
北 京	Beijing	1376.0	188838	121350	121340	121079
天 津	Tianjin			4229	4168	5011
河 北	Hebei	1159.1	27950	59110	52500	60890
山 西	Shanxi	1071.3	15952	88010	84117	86153
内蒙古	Inner Mongolia	19.6		12530	12093	12746
辽 宁	Liaoning	2160.0	2203	18718	17767	18813
吉 林	Jilin	14.0		5527	5317	4802.7
黑龙江	Heilongjiang	29.4		3295	3211	3269
上 海	Shanghai	35.8		7171	7097	7288
江 苏	Jiangsu	212.9	323	32428	28440	32636
浙 江	Zhejiang	3006.1	40274	172879	85018	153608
安 徽	Anhui	113.6		26690	25007	24798
福 建	Fujian	460.5	1205	16824	12960	17976
江 西	Jiangxi	80.2	337	3859	2908	4190
山 东	Shandong	2153.2	84039	88145	75985	107061
河 南	Henan	1550.8	2683	32463	26913	35199
湖 北	Hubei	1104.8	27849	18226	15783	18513
湖 南	Hunan	497.4	416	13482	11599	13452
广 东	Guangdong	470.1	5929	10312	8470	11116.3
广 西	Guangxi	172.9	22	7969	7710	34504
海 南	Hainan	274.3	693	3776	3306	3705
重 庆	Chongqing	2.5		8824	8764	9537
四 川	Sichuan	810.0	74275	77188	76212	75986
贵 州	Guizhou	101.9	100	6972	6607	6652
云 南	Yunnan	313.8	867	24785	21960	23293
西 藏	Xizang	578.6	18537	47062	35745	50797
陕 西	Shaanxi	1376.1	64011	136570	124675	135130
甘 肃	Gansu	337.0	2709	361949	117976	360424
青 海	Qinghai			1780	1763	1775
宁 夏	Ningxia	30.0	1980	7354	6551	8114
新 疆	Xinjiang	15.5	145	6992	6864	5814

3-3-20 续表 2 continued

地 区	Region	资产总计(万元) Total Assets (10 000 yuan)	#固定资产净值 Net Value of Fixed Assets	实际使用房屋建筑面积(万平方米) Floor Space of Buildings Actually Used (10 000 sq.m)	#展览用房 Buildings for Exhibitions	#文物库房 Storeroom
全 国	**National Total**	**7059525**	**5296741**	**1374.04**	**99.78**	**17.50**
北 京	Beijing	50802	19945	7.67	2.15	0.25
天 津	Tianjin	6843	2984	0.26		
河 北	Hebei	97188	41707	17.95	6.46	1.10
山 西	Shanxi	220812	117735	13.83	4.11	0.88
内蒙古	Inner Mongolia	28496	16647	4.74	2.04	0.18
辽 宁	Liaoning	276112	20168	10.55	2.16	0.35
吉 林	Jilin	2332	1405	1.47	0.77	0.23
黑龙江	Heilongjiang	3264	2509	2.17	1.18	0.13
上 海	Shanghai	3420	2907	0.98	0.79	0.03
江 苏	Jiangsu	50964	4854	7.29	3.51	0.22
浙 江	Zhejiang	802938	226428	47.17	19.02	0.62
安 徽	Anhui	24782	4797	4.60	1.27	0.48
福 建	Fujian	11040	1859	3.41	0.92	0.03
江 西	Jiangxi	2456	247	3.08	1.52	0.02
山 东	Shandong	102165	14743	15.83	6.52	0.49
河 南	Henan	157522	24818	16.54	5.42	1.46
湖 北	Hubei	49776	20827	33.72	6.20	0.11
湖 南	Hunan	77538	34345	7.15	2.93	0.32
广 东	Guangdong	13899	5219	9.76	3.54	0.10
广 西	Guangxi	12850	5607	4.04	2.02	0.37
海 南	Hainan	8165	6928	3.22	1.23	0.01
重 庆	Chongqing	10133	3973	3.08	1.18	0.70
四 川	Sichuan	150296	59982	23.49	3.20	1.67
贵 州	Guizhou	5027	2854	4.64	1.62	0.28
云 南	Yunnan	48274	19555	20.51	4.20	0.50
西 藏	Xizang	4453918	4438715	1045.95	3.31	5.53
陕 西	Shaanxi	283164	108122	48.31	6.87	0.87
甘 肃	Gansu	32118	25498	4.75	1.50	0.25
青 海	Qinghai	8411	7878	1.77	1.07	0.09
宁 夏	Ningxia	60416	52963	4.18	1.39	0.19
新 疆	Xinjiang	4405	527	1.93	1.68	0.04

3-3-21 分地区文物科研机构基本情况(2023年)
Statistics on Scientific and Research Agencies of Cultural Relics by Region(2023)

地区	Region	机构数(个) Number of Institutions (unit)	从业人员(人) Number of Employed Persons (person)	#专业技术人员 Professional &Technical Staff	藏品数(件/套) Number of Collections (piece/set)	基本陈列、展览(个) Regular Exhibitions (unit)
全 国	**National Total**	**128**	**6921**	**3884**	**1803428**	**104**
北 京	Beijing	1	187	110	31581	
天 津	Tianjin					
河 北	Hebei	8	392	190	67700	1
山 西	Shanxi	13	853	372	96148	22
内蒙古	Inner Mongolia	2	102	56	17218	
辽 宁	Liaoning	4	124	82	31068	2
吉 林	Jilin	3	60	50	3423	1
黑龙江	Heilongjiang	3	53	52	3682	
上 海	Shanghai					
江 苏	Jiangsu	6	197	130	36768	
浙 江	Zhejiang	4	387	197	161	1
安 徽	Anhui	2	57	40	19768	
福 建	Fujian	2	26	19		1
江 西	Jiangxi	2	142	90	56210	
山 东	Shandong	10	371	237	48749	6
河 南	Henan	15	1076	452	836143	22
湖 北	Hubei	3	198	145	27425	6
湖 南	Hunan	8	294	195	73769	17
广 东	Guangdong	4	199	153	73496	3
广 西	Guangxi	3	93	86	11329	1
海 南	Hainan					
重 庆	Chongqing	1	184	62	25855	3
四 川	Sichuan	8	328	189	38720	1
贵 州	Guizhou	2	44	20	3895	
云 南	Yunnan	2	51	37	2456	
西 藏	Xizang	1	35	24		
陕 西	Shaanxi	11	701	369	101764	2
甘 肃	Gansu	4	319	154	165236	3
青 海	Qinghai	1	73	52	8646	
宁 夏	Ningxia	2	76	65	5668	2
新 疆	Xinjiang	2	149	131	12121	9

3-3-21 续表 1 continued

地 区	Region	参观人次（万人次） Visitors (10 000 person-times)	门票销售总额（万元） Sales of Admission Tickets (10 000 yuan)	收入合计（万元） Total Revenue (10 000 yuan)	支出合计（万元） Total Expenses (10 000 yuan)
全 国	**National Total**	**694.4**	**26745**	**572041**	**660236**
北 京	Beijing			24295	37926
天 津	Tianjin				
河 北	Hebei	0.4		16733	16555
山 西	Shanxi	454.9	21065	37970	36148
内蒙古	Inner Mongolia			3060	3529
辽 宁	Liaoning	0.2		11313	10063
吉 林	Jilin			5693	5844
黑龙江	Heilongjiang			1601	2063
上 海	Shanghai				
江 苏	Jiangsu			29168	27808
浙 江	Zhejiang	0.1		68788	39011
安 徽	Anhui			12089	8909
福 建	Fujian	13.4		425	542
江 西	Jiangxi			7140	7828
山 东	Shandong	11.3		45699	45909
河 南	Henan	12.7		68657	71463
湖 北	Hubei	0.3		15162	13257
湖 南	Hunan	56.5		14529	15068
广 东	Guangdong	2.0		13776	14450
广 西	Guangxi	0.2	0	9193	8953
海 南	Hainan				
重 庆	Chongqing	3.8		12187	9886
四 川	Sichuan	6.2	159	32760	32760
贵 州	Guizhou			3475	3605
云 南	Yunnan			5919	17600
西 藏	Xizang			5500	4808
陕 西	Shaanxi			64241	58736
甘 肃	Gansu	100.7	4283	22541	18173
青 海	Qinghai			8687	4194
宁 夏	Ningxia	0.6	7	5106	4593
新 疆	Xinjiang	31.2	1231	8183	7925

3-3-21 续表 2 continued

地 区	Region	资产总计(万元) Total Assets (10 000 yuan)	#固定资产净值 Net Value of Fixed Assets	实际使用房屋建筑面积(万平方米) Floor Space of Buildings Actually Used (10 000 sq.m)	文化保护规划和方案设计(个) Planning and Project of Cultural Relics Preservation (unit)
全 国	**National Total**	**856880**	**155824**	**53.15**	**270**
北 京	Beijing	63203	1069	0.36	1
天 津	Tianjin				
河 北	Hebei	16140	4804	2.85	7
山 西	Shanxi	123141	27168	8.34	13
内蒙古	Inner Mongolia	3802	602	1.01	2
辽 宁	Liaoning	3850	800	1.11	4
吉 林	Jilin	2537	1772	0.65	
黑龙江	Heilongjiang	1956	420	0.55	
上 海	Shanghai				
江 苏	Jiangsu	1734	1407	0.79	
浙 江	Zhejiang	71579	5374	1.42	
安 徽	Anhui	27422	2338	2.57	
福 建	Fujian	408	33	0.34	
江 西	Jiangxi	18335	11170	3.10	
山 东	Shandong	52697	4398	1.49	47
河 南	Henan	93163	20056	5.02	6
湖 北	Hubei	28858	9206	2.73	15
湖 南	Hunan	15892	9486	2.57	2
广 东	Guangdong	12138	1943	3.66	
广 西	Guangxi	14414	3404	1.11	12
海 南	Hainan				
重 庆	Chongqing	25673	10733	1.38	6
四 川	Sichuan	29056	8638	2.93	9
贵 州	Guizhou	5423	191	0.37	5
云 南	Yunnan	25092	397	0.19	
西 藏	Xizang	2497	146	0.18	8
陕 西	Shaanxi	113668	10320	4.51	2
甘 肃	Gansu	32619	8328	1.35	
青 海	Qinghai	8479	866	0.53	
宁 夏	Ningxia	8526	2735	0.15	2
新 疆	Xinjiang	5662	1455	0.58	17

3-3-22 档案馆机构和人员情况
Statistics on Archive Institutions and Personnel

单位：个 (unit)

年份 Year	国家综合档案馆 National Comprehensive Archives		国家专门档案馆 National Special Archives		部门档案馆 Department Archives		企业档案馆数 Number of Archives of Enterprise	事业单位档案馆数 Number of Archives of Institutional Units	科技事业单位档案馆数 Number of Archives of Science and Technology Units
	馆数 Number of Institutions	专职人员（人） Full-time Personnel (person)	馆数 Number of Institutions	专职人员（人） Full-time Personnel (person)	馆数 Number of Institutions	专职人员（人） Full-time Personnel (person)			
1991	2957	21657	211	2038	128	2171	229	19	28
1992	2962	22226	206	2082	122	2258	231	19	28
1993	2980	23624	200	2245	122	1448	221	20	31
1994	2983	23568	205	2294	136	2160	209	20	36
1995	3024	24777	216	2484	144	2168	213	27	38
1996	3011	24542	226	2658	134	2072	232	23	44
1997	3021	24904	223	2578	162	2521	228	26	46
1998	3034	24197	232	3200	149	2411	245	27	46
1999	3046	23530	225	3436	142	2123	304	40	59
2000	3070	23701	234	3319	141	1865	307	53	80
2001	3100	23652	243	3448	142	2086	286	47	84
2002	3110	22825	253	3435	148	2109	299	75	93
2003	3121	23086	260	3514	141	1770	300	75	85
2004	3127	23401	258	3591	149	1932	300	79	99
2005	3142	23413	238	3452	145	2020	301	105	63
2006	3154	22689	239	3537	137	1699	216	110	95
2007	3161	21399	245	3737	146	1985	215	126	94
2008	3170	21414	240	3663	154	1886	241	141	87
2009	3191	20949	241	3626	149	1814	233	167	96
2010	3194	19750	252	3833	167	1747	223	160	111
2011	3196	19985	255	3843	170	2121	183	179	124
2012	3237	18009	238	3577	183	2161	204	260	
2013	3325	18106	240	3579	218	2182	189	274	
2014	3319	17863	247	3538	209	2129	169	252	
2015	3322	18386	234	3457	237	2263	176	224	
2016	3336	17511	236	3521	213	2021	180	272	
2017	3333	16799	234	3275	202	1939	167	274	
2018	3315	22584	211	3119	143	1739	158	309	
2019	3337	34349	256	3300	140	1566	181	320	
2020	3341	35028	260	3413	133	1584	177	322	
2021	3320	35833	256	3372	130	1573	118	312	
2022	3301	36582	261	3429	106	1338	135	351	
2023	3302	37152	259	3371	101	1375	128	384	

注：2012年以前的事业单位档案馆数指文化事业档案馆数，2012年新修订的《全国档案事业统计年报制度》不再细分事业单位的属性，统称“省部属事业单位档案馆”，包括文化事业档案馆和科技事业单位档案馆。

a) Institutional archives before 2012 referred to archives of cultural institutions. The revised Annual Report of National Archive Statistics in 2012 does not further subcategorize institutional archives by their attributes, but generally call them institutional archive affiliated to ministries or provincial governments, which include cultural archives and archives of science and technology units.

3-3-23 国家综合档案馆基本情况
Basic Statistics on National Comprehensive Archives

年 份 Year	馆藏档案 (万卷、万件) Number of Archives (10 000 volumes, 10 000 pieces)	照片档案 (万张) Photos (10 000 sheets)	开放档案 (万卷、万件) Archives Open to Public (10 000 volumes, 10 000 pieces)	利用档案 (万卷次、万件次) Utilized Archives (10 000 volume-times, 10 000 piece-times)	档案馆建筑面积 (万平方米) Floor Space of Archive Institutions (10 000 sq.m)
1991	9637.4	371.0	2094.3	937.0	348.1
1992	10003.5	402.4	2018.7	773.8	255.7
1993	10726.8	435.5	2140.7	891.9	275.9
1994	10782.9	449.6	2454.6	674.4	268.3
1995	11318.3	485.5	2790.3	529.3	282.5
1996	11341.4	494.6	2939.2	485.4	297.5
1997	12222.9	553.0	3304.6	501.0	347.6
1998	12276.5	579.7	3556.5	446.5	310.7
1999	12866.8	584.5	3808.2	508.5	328.4
2000	13314.0	631.7	4072.0	494.4	336.2
2001	13756.6	642.8	4129.7	575.4	342.0
2002	14790.7	720.5	4301.1	548.8	351.0
2003	15945.9	797.4	4618.4	602.6	361.4
2004	17601.5	827.9	4868.3	813.9	376.8
2005	18688.7	908.8	5132.3	868.0	393.1
2006	21656.5	1277.2	5746.3	1166.4	406.1
2007	23675.3	1393.3	5875.5	1244.9	421.9
2008	25051.0	1505.3	6072.2	1257.4	465.4
2009	28089.2	1646.3	6687.4	1308.0	473.3
2010	32198.6	1809.2	7428.6	1417.3	504.4
2011	35445.5	1965.8	7828.4	1564.5	551.1
2012	40547.7	1827.4	8254.6	1521.1	627.1
2013	42454.5	1927.6	8900.5	1477.8	709.3
2014	53470.3	2041.8	9179.7	1688.8	736.0
2015	58641.7	2102.4	9266.3	1978.3	785.5
2016	65062.5	2228.2	9707.9	2033.7	859.8
2017	65371.1	2336.5	10151.7	2078.0	949.3
2018	75051.1	2056.0	11222.1	1819.1	1050.9
2019	82850.7	2203.8	13171.6	2140.0	1164.6
2020	91789.8	2401.0	14584.5	2064.4	1268.4
2021	104671.1	2676.6	17549.7	2407.4	1410.8
2022	117148.7	2737.7	20976.6	2283.0	1536.1
2023	126846.5	2862.0	22128.7	2844.0	1624.3

3-3-24 文化类社会组织情况(2023年)
Statistics on Social Organizations Related with Culture(2023)

单位：个 (unit)

地　区	Region	机构数 Number of Institutions	社团 Social Organization	基金会 Fund Organization	民办非企业 Non-enterprise Units Run by NGO
全　国	**National Total**	**75665**	**43627**	**389**	**31649**
中央本级	Central-level	309	281	15	13
北　京	Beijing	919	411	63	445
天　津	Tianjin	236	135	4	97
河　北	Hebei	2584	1730		854
山　西	Shanxi	2437	1440	7	990
内蒙古	Inner Mongolia	1855	1340	9	506
辽　宁	Liaoning	1206	726		480
吉　林	Jilin	1115	723	1	391
黑龙江	Heilongjiang	1414	606		808
上　海	Shanghai	1558	365	38	1155
江　苏	Jiangsu	7694	3533	57	4104
浙　江	Zhejiang	4843	2366	25	2452
安　徽	Anhui	2919	2094	6	819
福　建	Fujian	3847	2504	28	1315
江　西	Jiangxi	3581	1754	2	1825
山　东	Shandong	6641	2639	13	3989
河　南	Henan	3501	1835	27	1639
湖　北	Hubei	3111	1724	8	1379
湖　南	Hunan	3563	2577	13	973
广　东	Guangdong	6055	3737	24	2294
广　西	Guangxi	1452	1113	2	337
海　南	Hainan	1168	874	15	279
重　庆	Chongqing	1091	887	4	200
四　川	Sichuan	4422	2923	5	1494
贵　州	Guizhou	1290	1058	1	231
云　南	Yunnan	279	95		184
西　藏	Xizang	33	21	2	10
陕　西	Shaanxi	3307	2289	13	1005
甘　肃	Gansu	1714	919	4	791
青　海	Qinghai	565	335	1	229
宁　夏	Ningxia	338	181	2	155
新　疆	Xinjiang	618	412		206

注：本表数据来自民政部的社会组织统计。

a) Data in the table above sources from Ministry of Civil Affairs.

3-3-25 烈士纪念设施保护管理情况(2023年)
Statistics on Martyr Memorial Facility Management(2023)

地 区	Region	烈士纪念设施保护单位 Martyr Memorial Facility Protection Institutions					烈士陵园(含烈士集中安葬地)数(处) Number of Martyrs Cemeteries (Including Concentrated Buried Places) (place)
		机构数(个) Number of Institutions (unit)	从业人员(人) Number of Engaged Persons (person)	固定资产总计(亿元) Fixed Assets (100 million yuan)	收入合计(亿元) Total Revenue (100 million yuan)	支出合计(亿元) Total Expenditure (100 million yuan)	
全 国	**National Total**	**1169**	**9377**	**63.5**	**22.6**	**21.2**	**5829**
北 京	Beijing	5	56	1.4	0.3	0.2	63
天 津	Tianjin	8	155	1.6	0.5	0.5	11
河 北	Hebei	95	704	3.5	1.2	1.1	398
山 西	Shanxi	22	206	0.9	0.8	0.5	256
内蒙古	Inner Mongolia	10	89	0.5	0.3	0.2	134
辽 宁	Liaoning						249
吉 林	Jilin	41	328	3.2	0.7	0.6	103
黑龙江	Heilongjiang	22	191	1.1	0.4	0.3	124
上 海	Shanghai	9	276	9.3	2.0	2.0	15
江 苏	Jiangsu	74	639	5.9	2.3	2.3	794
浙 江	Zhejiang	24	174	4.8	0.7	0.7	143
安 徽	Anhui	60	418	1.8	1.0	0.9	252
福 建	Fujian	37	216	0.8	0.6	0.6	205
江 西	Jiangxi	22	197	1.5	0.6	0.5	291
山 东	Shandong	111	1061	6.3	1.9	1.9	337
河 南	Henan	94	1218	4.9	1.6	1.4	282
湖 北	Hubei	65	549	3.7	1.0	0.9	367
湖 南	Hunan	51	334	1.4	0.4	0.4	237
广 东	Guangdong	39	297	1.7	1.4	1.4	283
广 西	Guangxi	27	170	1.7	0.6	0.6	86
海 南	Hainan	6	89	0.7	0.1	0.1	44
重 庆	Chongqing	13	83	0.5	0.4	0.3	127
四 川	Sichuan	86	473	1.7	1.1	1.1	211
贵 州	Guizhou	69	230		0.1	0.1	202
云 南	Yunnan	51	218	0.1	0.1	0.1	202
西 藏	Xizang	7	29				50
陕 西	Shaanxi	67	530	2.0	1.3	1.2	168
甘 肃	Gansu	23	237	1.3	0.4	0.4	104
青 海	Qinghai	8	24	0.1	0.1	0.1	40
宁 夏	Ningxia	7	43	0.4			13
新 疆	Xinjiang	15	97	0.9	0.3	0.2	38

注：1.烈士纪念设施保护单位仅包括隶属于退役军人事务系统的烈士纪念设施保护法人单位。
2.部分地区烈士纪念设施保护单位为非独立核算的法人单位，因此无单独的财务数据。
3.烈士陵园(含烈士集中安葬地)指退役军人部门管理的所有烈士陵园(含烈士集中安葬地)。

a) Martyr Memorial Facility Protection Institutions only include those belonging to the Veterans Affairs system.

b) In some areas, martyr memorial facilities protection units are non-independent accounting legal entities, so there is no separate financial data.

c) Martyrs' Cemeteries (including the Centralized Burial Places) refers to thoses managed by Veterans Departments.

3-4-1 娱乐场所基本情况
Statistics on Entertainment Units

年 份 Year	机构数 (个) Number of Institutions (unit)	从业人员 (人) Number of Employed Persons (person)	资产总计 (万元) Total Assets (10 000 yuan)	营业收入 (万元) Business Revenue (10 000 yuan)	营业利润 (万元) Business Profits (10 000 yuan)
2009	82200	636800	6271305	4130085	1367846
2010	85854	703520	7635552	4772099	1718734
2011	92577	758377	9661392	5661798	1939320
2012	90271	765250	11136779	6048764	2010265
2013	89652	835658	19109269	8842052	2224658
2014	84179	729516	16144969	11023662	2606315
2015	79816	673640	11050577	5570354	1361661
2016	77071	632527	10510102	5387254	1257926
2017	78616	600106	10313538	5468702	1306909
2018	70584	528238	9212288	5209738	1123267
2019	67358	542514	17277257	5359387	717719
2020	65439	532538	10394735	4192570	253275
2021	50504	511075	11615310	4855771	302846
2022	66506	441730	12473868	4144794	-2254
2023	44768	418286	13994481	5896338	395462

3-4-2 分地区娱乐场所基本情况(2023年)
Statistics on Entertainment Units by Region(2023)

地 区	Region	机构数(个) Number of Institutions (unit)	从业人员(人) Number of Employed Persons (person)	资产总计(万元) Total Assets (10 000 yuan)	营业收入(万元) Business Revenue (10 000 yuan)	营业利润(万元) Business Profits (10 000 yuan)
全 国	**National Total**	**44768**	**418286**	**13994481**	**5896338**	**395462**
北 京	Beijing	461	4530	178006	84561	-9471
天 津	Tianjin	484	4160	102341	66754	-2338
河 北	Hebei	1440	8319	199152	76958	12605
山 西	Shanxi	894	8451	149372	105435	28586
内蒙古	Inner Mongolia	899	3226	59908	32750	8718
辽 宁	Liaoning	1606	5761	619147	49871	9899
吉 林	Jilin	811	3010	63596	29435	5662
黑龙江	Heilongjiang	1615	5441	98478	46396	8067
上 海	Shanghai	902	11182	349057	291527	-17735
江 苏	Jiangsu	3321	23417	481101	297265	6586
浙 江	Zhejiang	2733	38077	1338834	932503	42717
安 徽	Anhui	1864	12385	334830	157426	14288
福 建	Fujian	1831	29246	2598119	469155	12420
江 西	Jiangxi	859	9184	205175	118719	12698
山 东	Shandong	2100	11539	264399	158721	10223
河 南	Henan	1612	13472	285201	122474	15100
湖 北	Hubei	1816	11926	279369	140728	4871
湖 南	Hunan	1620	18967	886591	187828	8864
广 东	Guangdong	3738	62056	1137793	943979	8790
广 西	Guangxi	743	11216	564271	112741	2607
海 南	Hainan	421	5250	125221	76363	6575
重 庆	Chongqing	1372	12667	288445	157705	11259
四 川	Sichuan	3305	28566	606755	445906	55266
贵 州	Guizhou	1463	17629	577320	231857	61947
云 南	Yunnan	3000	26903	595214	251384	32979
西 藏	Xizang	399	5091	894229	45000	9127
陕 西	Shaanxi	670	5713	145377	70882	10759
甘 肃	Gansu	1368	8084	309520	87018	10137
青 海	Qinghai	212	2195	33839	17439	3243
宁 夏	Ningxia	197	1184	21436	11080	2514
新 疆	Xinjiang	1012	9439	202388	76481	8502

3-4-3　网吧基本情况
Statistics on Internet Bars

年　份 Year	机构数 (个) Number of Institutions (unit)	从业人员 (人) Number of Employed Persons (person)	资产总计 (万元) Total Assets (10 000 yuan)	营业收入 (万元) Business Revenue (10 000 yuan)	营业利润 (万元) Business Profits (10 000 yuan)
2009	138048	580749	5585437	3785362	1510735
2010	140376	584912	5864306	3626809	1490620
2011	141275	567170	6282208	3754922	1565375
2012	135683	529362	6222263	3539807	1413936
2013	131013	478242	8051486	3879399	1425890
2014	129368	452368	7431831	4479929	1962960
2015	134847	480260	6939291	4009643	1302975
2016	141587	488209	7484979	4323160	1312916
2017	143434	440853	6947788	3825868	1071760
2018	124266	346686	5592315	2946316	767578
2019	116807	311859	4858896	2443944	416879
2020	106165	247148	3853536	1815333	-171908
2021	101758	201499	3535745	1696309	-229617
2022	95494	163257	3302334	1273551	-174069
2023	90369	147091	3650488	1817744	481979

3-4-4　分地区网吧基本情况(2023年)
Statistics on Internet Bars by Region(2023)

地　区	Region	机构数(个) Number of Institutions (unit)	从业人员(人) Number of Employed Persons (person)	资产总计(万元) Total Assets (10 000 yuan)	营业收入(万元) Business Revenue (10 000 yuan)	营业成本(万元) Business Costs (10 000 yuan)
全　国	**National Total**	**90369**	**147091**	**3650488**	**1817744**	**1595907**
北　京	Beijing	473	1020	17789	11888	13748
天　津	Tianjin	863	1264	24668	13372	13631
河　北	Hebei	4101	4246	65632	34054	28940
山　西	Shanxi	2587	3287	55725	26861	22764
内蒙古	Inner Mongolia	713	1111	19014	8920	7325
辽　宁	Liaoning	1024	1810	29289	14034	13279
吉　林	Jilin	1440	1660	28496	15325	13169
黑龙江	Heilongjiang	1412	2756	46587	21911	18522
上　海	Shanghai	617	1838	41348	33117	35907
江　苏	Jiangsu	9280	8853	161578	105608	93477
浙　江	Zhejiang	2878	7287	430603	200237	184875
安　徽	Anhui	6541	8619	211942	105532	87310
福　建	Fujian	1912	3133	390849	201911	137720
江　西	Jiangxi	2202	5219	105119	57960	49957
山　东	Shandong	9691	8097	273074	79442	66959
河　南	Henan	9628	11395	161171	76979	66918
湖　北	Hubei	6317	7044	119638	70222	61206
湖　南	Hunan	4792	11390	213902	143263	133685
广　东	Guangdong	4872	11973	186257	150144	147767
广　西	Guangxi	950	3664	45988	30882	28409
海　南	Hainan	778	1195	16215	10350	9327
重　庆	Chongqing	1614	7100	116408	77770	70299
四　川	Sichuan	8195	13446	397412	155581	136079
贵　州	Guizhou	1242	5388	77974	45535	40500
云　南	Yunnan	1935	4960	76571	34452	30866
西　藏	Xizang	239	560	115283	8821	8153
陕　西	Shaanxi	1696	3417	55398	30098	28342
甘　肃	Gansu	1148	1986	106901	20162	17093
青　海	Qinghai	176	699	15455	9302	7879
宁　夏	Ningxia	122	275	3628	2052	1659
新　疆	Xinjiang	931	2399	40579	21961	20144

3-4-4 续表 continued

地 区	Region	#养老、医疗、失业等保险费 Endowment, Medical and Unemployment Insurance	#工资总额 Total Wages Payable	#税金总额 Total Taxes	营业利润（万元） Business Profits (10 000 yuan)
全 国	**National Total**	**41133**	**600893**	**16404**	**481979**
北 京	Beijing	727	4246	199	-1873
天 津	Tianjin	326	4612	95	-266
河 北	Hebei	823	10778	246	5111
山 西	Shanxi	427	8309	849	259035
内蒙古	Inner Mongolia	158	2685	61	1693
辽 宁	Liaoning	243	4127	147	980
吉 林	Jilin	205	4661	150	2151
黑龙江	Heilongjiang	322	5957	166	3412
上 海	Shanghai	1065	11126	472	-2790
江 苏	Jiangsu	2493	33428	987	12135
浙 江	Zhejiang	5801	55097	3179	15612
安 徽	Anhui	1742	32376	682	18288
福 建	Fujian	708	64370	136	64397
江 西	Jiangxi	891	19012	514	8127
山 东	Shandong	1996	22594	658	12741
河 南	Henan	1069	26630	592	10046
湖 北	Hubei	1344	22949	694	9210
湖 南	Hunan	4980	51359	2283	13478
广 东	Guangdong	6323	55385	1114	2393
广 西	Guangxi	769	10737	120	2475
海 南	Hainan	419	3492	124	1073
重 庆	Chongqing	1506	27194	639	7470
四 川	Sichuan	3941	56113	929	19588
贵 州	Guizhou	910	16141	526	4772
云 南	Yunnan	336	16646	249	3618
西 藏	Xizang	239	2590	149	694
陕 西	Shaanxi	450	10977	167	1639
甘 肃	Gansu	198	6352	67	3148
青 海	Qinghai	104	2779	55	1422
宁 夏	Ningxia	46	701	7	395
新 疆	Xinjiang	576	7470	151	1808

3-5-1 全国广告业务收入情况
Statistics on Revenue of Advertising Industry

单位：万元 (10000 yuan)

项　目	Item	2022	2023
合　计	**Total**	**11799.3**	**13120.7**
设　计	Design	302.9	246.6
制　作	Production	226.4	231.1
代　理	Agency	3065.0	3267.7
发　布	Publishing	7570.0	8723.4
#互联网	Internet	5235.9	7190.6
#移动互联网	Mobile Internet	3583.7	5502.4
#电视	TV	919.1	513.7
#电影	Movie	162.4	14.6
#广播	Broadcast	245.1	66.4
#报纸	Newspaper	131.2	110.6
#期刊	Magazine	29.5	21.7
#户外媒体	Outdoor Media	522.0	340.8
其　他	Other	635.0	651.9
#互联网广告其他服务	Internet Advertising Other Services	538.3	563.8

注：统计范围为从事广告业务的事业单位和规模以上企业。
a)The statistical scope is public institutions and enterprises above designated size engaged in advertising business.

3-5-2 建筑设计资质企业财务状况
Financial Statistics on Enterprises with Qualification of Architectural Design

单位：万元 (10 000 yuan)

年份 Year	企业数(个) Number of Enterprises (unit)	年末从业人员(人) Number of Engaged Persons (person)	营业收入 Business Revenue	工程设计收入 Revenue from Architectural Design	营业成本 Business Costs	营业税金及附加 Business Tax and Extra Charges	利润总额 Total Profits
2005	4884	234329	3237923	2279707	2266299	166401	275254
2006	4927	248217	4552516	2788937	3603802	192057	362412
2007	4770	248927	5205057	3117790	3820277	237104	585939
2008	4898	265937	6767675	3601185	5622401	291890	564984
2009	4639	262262	7465897	4214278	5575048	393833	638462
2010	4503	271640	9437047	5696845	7019460	477471	853991
2011	4741	301146	10671552	7704387	7926979	542042	983842
2012	4756	334079	16766975	8026237	13527863	907360	1105260
2013	4721	440723	32027066	9234444	28274503	1041536	1732014
2014	4629	619936	33922163	9086579	29314282	929261	1876940
2015	4638	992192	48679714	8473641	43735356	1253958	2249691
2016	4720	995369	68638514	9643756	64704857	887429	3005464
2017	4857	1561511	123598218	12784863	99892392	810000	4445661
2018	4746	1762877	161555084	15419330	143890285	1008833	5557868
2019	5483	2176187	257994719	17362241	248652944	1514789	8390771
2020	5482	1887227	304129729	18152666	271133313	1253430	9496756
2021	5919	2203876	348884048	18849346	314111823	1195795	9421752
2022	6037	2178991	375585558	16845381	355348680	1387309	10593313
2023	6870	2084982	382000855	16771949	343008122	1302843	9892486

3-5-2 续表 continued

单位：万元 (10 000 yuan)

年份 Year	#应交所得税 Income Tax	净利润 Net Profit	资产合计 Total Assets	#流动资产 Current Assets	#固定资产 Fixed Assets	负债合计 Total Liabilities	所有者权益合计 Owner's Equity
2005	58188	173398	3120317	1861566	912490	1597350	1255350
2006	81953	285219	4395009	2932160	915817	2629112	1688414
2007	135849	443711	5650968	3894876	1756092	3439318	2333035
2008	125108	432196	6681307	4652548	1226162	3318025	2297147
2009	129068	514118	7447221	5246011	1228264	4398034	3150781
2010	166461	717026	9202050	6605237	1349599	5391611	3732603
2011	204346	852486	9987260	7212448	1661136	5863598	4123662
2012	223003	878387	17915480	13163508	2292400	13637479	6352764
2013	309702	1456197	33746082	25871119	3619539	24112948	9477527
2014	319710	1560491	36754717	28907065	3225231	25357933	12009528
2015	480270	1769421	57982174	44438328	4710903	39148307	18833868
2016	543001	2462463	81131356	55429006	3767846	54711662	26419694
2017	801451	3644210	122377105	97353413	10488285	90233578	32143526
2018	976850	4581019	162991573	130405674	9166174	120412493	42579079
2019	1448347	6942424	270114528	221458210	15209545	201998357	68116172
2020	1407643	8089113	320586705	250293984	12566121	240341180	80245525
2021	1536162	7885591	352194002	276422873	13752148	264455210	87738793
2022	1676073	8917240	431240037	336092527	17356335	322249173	108990864
2023	1525292	8367194	439221530	341080629	16642208	328647182	110574348

3-5-3 建筑装饰工程设计资质企业财务状况
Financial Basic Statistics on Enterprises with Qualification of Architectural Decoration Design

单位：万元 (10 000 yuan)

年份 Year	企业数（个）Number of Enterprises (unit)	年末从业人员（人）Number of Engaged Persons (person)	营业收入 Business Revenue	工程设计收入 Revenue from Architectural Design	营业成本 Business Costs	营业税金及附加 Business Tax and Extra Charges	利润总额 Total Profits
2005	1922	116229	4845623	217989	4344140	156669	174627
2006	1830	118365	5351344	275378	4845880	175239	214781
2007	1761	133011	6772134	304296	6886845	265928	259775
2008	1743	144531	8770511	337127	8451226	316453	287908
2009	1540	137928	8109865	374588	7216557	294696	359116
2010	1431	152487	10106854	498147	9431278	369509	461116
2011	1582	183071	16787224	687997	14989836	628354	827684
2012	1657	210874	19704075	822418	19290291	843912	969811
2013	1627	225853	25514507	892322	22999605	952834	1350681
2014	1617	240280	27512847	736817	24961140	1028564	992554
2015	2102	287805	28056256	1335440	26274762	987513	1243780
2016	3579	407382	43496975	1145472	36653437	999893	1752944
2017	5172	639042	50287014	1425987	41799649	565240	1921169
2018	4598	627462	63603848	1458395	55810492	696492	2898156
2019	4343	533276	65988381	1924811	52481884	385668	2419330
2020	4357	485710	57119104	1841141	49374496	376533	1725528
2021	5047	521915	65176146	2081895	56382938	403193	614013
2022	5293	495897	53822693	2024338	48788517	245727	1014260
2023	5575	519499	52018888	1929040	47027848	239536	1069226

3-5-3 续表 continued

单位：万元 (10 000 yuan)

年份 Year	#应交所得税 Income Tax	净利润 Net Profit	资产合计 Total Assets	#流动资产 Current Assets	#固定资产 Fixed Assets	负债合计 Total Liabilities	所有者权益合计 Owner's Equity
2005	42835	121780	4748227	3864734	596025	2868364	1837941
2006	55610	153302	5190652	4162897	593598	3022365	1847896
2007	72562	196918	5862296	4776311	1085985	3760263	2138982
2008	66152	232092	6320592	5259003	613924	3934500	2261839
2009	87273	266457	6675043	5271951	635702	3953432	2334507
2010	115984	313182	7569608	6336449	710851	4719375	2676857
2011	206080	631805	12187969	10122453	1103385	7482452	4705518
2012	225349	746820	16427116	14154047	1039688	11686290	5363942
2013	281129	960104	20071977	17306144	1053119	13014844	7106297
2014	293793	691812	26851028	22592936	1465867	18610067	8077389
2015	289336	954444	25435716	21187273	1272835	15033434	10402282
2016	399758	1353179	40002853	32365642	2152196	23156392	16846461
2017	409436	1511722	47733560	38745330	2666155	29066016	18667544
2018	480484	2417672	58881980	48346515	2606216	36319677	22562303
2019	445943	1973387	58893239	50444376	2738137	38038967	20854271
2020	315522	1410006	58747496	50643821	2628821	38283749	20463747
2021	223374	390639	63713956	54430080	2809646	43576233	20137723
2022	253632	760628	63157701	54665958	2554908	42580675	20577026
2023	214009	855217	63391134	54368142	2604031	42357213	21033921

3-5-4 文化产业相关的通信业基本情况
Statistics on Communication Service Related with Culture Industries

指标名称	Item	2013	2014	2015
用户规模	**Number of Subscribers**			
移动电话用户(万户)	Mobile Telephone Subscribers (10 000 subscribers)	122911.3	128609.3	127139.7
#移动个性化回铃用户	Mobile Music Ring Back Tone Substcibers	60249.9		
手机报用户	Mobile Newspapers Subscribers	8746.5		
(固定)互联网宽带接入用户(万户)	(Fixed)Broadband Subscribers of Internet (10 000 subscribers)	18890.9	20048.3	25946.6
移动互联网用户(万户)	Mobile Internet Subscribers o(10 000 subscribers)	80756.3	87522.1	96447.2
宽带电视用户(万户)	Broadband TV Subscribers (10 000 subscribers)	2842.5	3363.7	4589.5
手机电视用户(万户)	Mobile TV Subscribers of (10 000 subscribers)	4411.2		
互联网网民人数(亿人)	Internet Users (100 million persons)	6.18	6.49	6.88
业务使用量	**Business Volume**			
移动短信业务量(亿条)	Short Message Services (100 million messages)	8567.0	7674.2	6991.8
固定互联网宽带接入时长(亿分钟)	Access Length of Fixed Internet by Broadband (100 million minutes)	325447.5	414354.8	499632.6
移动互联网接入流量(万GB)	Access Volume of Mobile Internet (10 000 GB)	126715.7	206193.6	418753.3
网页长度(总字节数)(GB)	Length of Webpages (GB)	7133363	8879006	14129575
网站数(万个)	Number of Websites (10 000 units)	320.2	334.9	422.9
网络基础设施投资和能力	**Infrastructure Investmen and Capacity**			
电信固定资产投资(亿元)	Fixed Assets Investment of Telecommunication (100 million yuan)	3742.6	4006.2	4524.8
#互联网及数据通信	Internet and Data Communication	511.1	400.2	716.3
移动电话基站(万个)	Base Stations of Mobile Phones (10 000 units)	241.0	350.8	465.6
光缆线路长度(万公里)	Length of Optical Cable Lines (10 000 km)	1745.4	2061.3	2486.3
互联网宽带接入端口(万个)	Broad Band Subscribers Port of Internet (10 000 ports)	35945.3	40546.1	57709.4
IPv4地址数(万个)	IPv4 Addresses (10 000 units)	33030.8	33198.8	24698.3
IPv6地址数(块/32)	IPv6 Addresses (piece/32)	16670	18797	11362
互联网国际出口带宽(Mbps)	International Internet Bandwidth (Mbps)	3406824	4118663	5283570
服务水平	**Service**			
移动电话普及率(部/百人)	Popularization Rate of Mobile Telephone (sets/100 persons)	90.3	94.0	92.5
互联网普及率(%)	Popularization Rate of Internet (%)	45.8	47.9	50.3
移动电话漫游国家和地区(个)	Countries(Regions)with Mobile Phone Roaming (unit)	258	258	255
开通互联网业务的行政村比重(%)	Percentage of Administrative Village with Access to Internet (%)			
开通互联网宽带业务的行政村比重(%)	Percentage of Administrative Village with Access to Internet by Broadband (%)	91.0	93.5	94.8
互联网和相关服务业	**Internet and Related Service**			
企业数(个)	Number of Enterprises (unit)	22099	24001	26388
从业人员(人)	Number of Enmployed Persons (person)	839916	807999	850118
业务收入(亿元)	Revenue (100 million yuan)	3317.0	4229.4	5443.6

注：自2018年起，增值电信服务调整为互联网和相关服务业。
a) Since 2018, value-added telecom is changed to internet and related service.

3-5-4 续表 1 continued

指标名称	Item	2016	2017	2018
用户规模	**Number of Subscribers**			
移动电话用户(万户)	Mobile Telephone Subscribers (10 000 subscribers)	132193.4	141748.7	156609.8
#移动个性化回铃用户	Mobile Music Ring Back Tone Subsctibers			
手机报用户	Mobile Newspapers Subscribers			
(固定)互联网宽带接入用户(万户)	(Fixed)Broadband Subscribers of Internet (10 000 subscribers)	29720.7	34854.0	40738.2
移动互联网用户(万户)	Mobile Internet Subscribers o(10 000 subscribers)	109395.0	127153.7	127481.5
宽带电视用户(万户)	Broadband TV Subscribers (10 000 subscribers)	8672.8	12218.0	25526
手机电视用户(万户)	Mobile TV Subscribers of (10 000 subscribers)			
互联网网民人数(亿人)	Internet Users (100 million persons)	7.3	7.7	8.29
业务使用量	**Business Volume**			
移动短信业务量(亿条)	Short Message Services (100 million messages)	6670.9	6641.4	11398.6
固定互联网宽带接入时长(亿分钟)	Access Length of Fixed Internet by Broadband (100 million minutes)			
移动互联网接入流量(万GB)	Access Volume of Mobile Internet (10 000 GB)	937863.5	2459380.3	7090039.3
网页长度(总字节数)(GB)	Length of Webpages (GB)	12912602.5	16314789.2	18178538.6
网站数(万个)	Number of Websites (10 000 units)	482.4	533.3	523.4
网络基础设施投资和能力	**Infrastructure Investmen and Capacity**			
电信固定资产投资(亿元)	Fixed Assets Investment of Telecommunication (100 million yuan)	3739.1	3725.2	3507.3
#互联网及数据通信	Internet and Data Communication	809.3	670.5	653.5
移动电话基站(万个)	Base Stations of Mobile Phones (10 000 units)	559.4	618.7	667.2
光缆线路长度(万公里)	Length of Optical Cable Lines (10 000 km)	3042.1	3780.1	4316.8
互联网宽带接入端口(万个)	Broad Band Subscribers Port of Internet (10 000 ports)	71276.9	77599.1	86752.3
IPv4地址数(万个)	IPv4 Addresses (10 000 units)	28229.8	33870.5	33892.5
IPv6地址数(块/32)	IPv6 Addresses (piece/32)	11362	23430	41079
互联网国际出口带宽(Mbps)	International Internet Bandwidth (Mbps)	6640291	7320180	8946570
服务水平	**Service**			
移动电话普及率(部/百人)	Popularization Rate of Mobile Telephone (sets/100 persons)	95.6	102.0	112.2
互联网普及率(%)	Popularization Rate of Internet (%)	53.2	55.8	59.6
移动电话漫游国家和地区(个)	Countries(Regions)with Mobile Phone Roaming (unit)	258.0	262.0	260.0
开通互联网业务的行政村比重(%)	Percentage of Administrative Village with Access to Internet (%)			
开通互联网宽带业务的行政村比重(%)	Percentage of Administrative Village with Access to Internet by Broadband (%)	96.7		
互联网和相关服务业	**Internet and Related Service**			
企业数(个)	Number of Enterprises (unit)	30547	31470	33337
从业人员(人)	Number of Enmployed Persons (person)	885167	906698	3981720
业务收入(亿元)	Revenue (100 million yuan)	6650.6	7901.9	9797.0

3-5-4 续表 2 continued

指标名称	Item	2019	2020	2021
用户规模	**Number of Subscribers**			
移动电话用户(万户)	Mobile Telephone Subscribers (10 000 subscribers)	160134.5	159407.0	164282.5
#移动个性化回铃用户	Mobile Music Ring Back Tone Subsctibers			
手机报用户	Mobile Newspapers Subscribers			
(固定)互联网宽带接入用户(万户)	(Fixed)Broadband Subscribers of Internet (10 000 subscribers)	44927.9	48355.0	53578.7
移动互联网用户(万户)	Mobile Internet Subscribers o(10 000 subscribers)	131852.6	134851.9	141564.9
宽带电视用户(万户)	Broadband TV Subscribers (10 000 subscribers)	29395.7	31515.2	
手机电视用户(万户)	Mobile TV Subscribers of (10 000 subscribers)			
互联网网民人数(亿人)	Internet Users (100 million persons)	9.04	9.89	10.32
业务使用量	**Business Volume**			
移动短信业务量(亿条)	Short Message Services (100 million messages)	15066.4	17795.7	17619.5
固定互联网宽带接入时长(亿分钟)	Access Length of Fixed Internet by Broadband (100 million minutes)			
移动互联网接入流量(万GB)	Access Volume of Mobile Internet (10 000 GB)	12199201	16556817	22163224
网页长度(总字节数)(GB)	Length of Webpages (GB)	19981731	22524064	33496371
网站数(万个)	Number of Websites (10 000 units)	496.6	442.9	418.4
网络基础设施投资和能力	**Infrastructure Investmen and Capacity**			
电信固定资产投资(亿元)	Fixed Assets Investment of Telecommunication (100 million yuan)	3654.1	4085.2	4073.6
#互联网及数据通信	Internet and Data Communication	402.0	339.9	480.5
移动电话基站(万个)	Base Stations of Mobile Phones (10 000 units)	841.0	931.0	996.3
光缆线路长度(万公里)	Length of Optical Cable Lines (10 000 km)	4741.2	5169.2	5480.8
互联网宽带接入端口(万个)	Broad Band Subscribers Port of Internet (10 000 ports)	91578.0	94604.7	101784.7
IPv4地址数(万个)	IPv4 Addresses (10 000 units)	33909.3	34066.8	34388.1
IPv6地址数(块/32)	IPv6 Addresses (piece/32)	47885	54593	59995
互联网国际出口带宽(Mbps)	International Internet Bandwidth (Mbps)	8827751	11511397	13839969
服务水平	**Service**			
移动电话普及率(部/百人)	Popularization Rate of Mobile Telephone (sets/100 persons)	114.4	112.9	116.3
互联网普及率(%)	Popularization Rate of Internet (%)	64.5	70.4	73.0
移动电话漫游国家和地区(个)	Countries(Regions)with Mobile Phone Roaming (unit)	261	264	264
开通互联网业务的行政村比重(%)	Percentage of Administrative Village with Access to Internet (%)			
开通互联网宽带业务的行政村比重(%)	Percentage of Administrative Village with Access to Internet by Broadband (%)			
互联网和相关服务业	**Internet and Related Service**			
企业数(个)	Number of Enterprises (unit)	48637	62183	78661
从业人员(人)	Number of Enmployed Persons (person)	2861720	2411154	3001303
业务收入(亿元)	Revenue (100 million yuan)	12655.0	15970.0	20497.5

3-5-4 续表 3 continued

指标名称	Item	2022	2023
用户规模	**Number of Subscribers**		
移动电话用户(万户)	Mobile Telephone Subscribers (10 000 subscribers)	168344.3	174358.1
#移动个性化回铃用户	Mobile Music Ring Back Tone Subsctibers		
手机报用户	Mobile Newspapers Subscribers		
(固定)互联网宽带接入用户(万户)	(Fixed)Broadband Subscribers of Internet (10 000 subscribers)	58964.8	63630.6
移动互联网用户(万户)	Mobile Internet Subscribers o(10 000 subscribers)	145385.1	152439.8
宽带电视用户(万户)	Broadband TV Subscribers (10 000 subscribers)		
手机电视用户(万户)	Mobile TV Subscribers of (10 000 subscribers)		
互联网网民人数(亿人)	Internet Users (100 million persons)	10.67	10.92
业务使用量	**Business Volume**		
移动短信业务量(亿条)	Short Message Services (100 million messages)	18748.1	18693.2
固定互联网宽带接入时长(亿分钟)	Access Length of Fixed Internet by Broadband (100 million minutes)		
移动互联网接入流量(万GB)	Access Volume of Mobile Internet (10 000 GB)	26175867	30253954
网页长度(总字节数)(GB)	Length of Webpages (GB)	27721732	30828750
网站数(万个)	Number of Websites (10 000 units)	386.5	387.7
网络基础设施投资和能力	**Infrastructure Investmen and Capacity**		
电信固定资产投资(亿元)	Fixed Assets Investment of Telecommunication (100 million yuan)	4191.3	4188.6
#互联网及数据通信	Internet and Data Communication	606.0	
移动电话基站(万个)	Base Stations of Mobile Phones (10 000 units)	1083.4	1162.0
光缆线路长度(万公里)	Length of Optical Cable Lines (10 000 km)	5958.0	6431.8
互联网宽带接入端口(万个)	Broad Band Subscribers Port of Internet (10 000 ports)	107104.2	113589.7
IPv4地址数(万个)	IPv4 Addresses (10 000 units)	34322.8	34312.9
IPv6地址数(块/32)	IPv6 Addresses (piece/32)	64318	64403
互联网国际出口带宽(Mbps)	International Internet Bandwidth (Mbps)	18469972	
服务水平	**Service**		
移动电话普及率(部/百人)	Popularization Rate of Mobile Telephone (sets/100 persons)	119.2	123.7
互联网普及率(%)	Popularization Rate of Internet (%)	75.6	77.5
移动电话漫游国家和地区(个)	Countries(Regions)with Mobile Phone Roaming (unit)	264	264
开通互联网业务的行政村比重(%)	Percentage of Administrative Village with Access to Internet (%)		
开通互联网宽带业务的行政村比重(%)	Percentage of Administrative Village with Access to Internet by Broadband (%)		
互联网和相关服务业	**Internet and Related Service**		
企业数(个)	Number of Enterprises (unit)	89081	99122
从业人员(人)	Number of Enmployed Persons (person)	3270774	2932920
业务收入(亿元)	Revenue (100 million yuan)	24167.4	27771.5

4

港澳台地区统计资料

Statistical Indicators of
Hong Kong, Macao and Taiwan Province of China

4-1-1 香港文化及创意产业增加值
Value Added of the Cultural and Creative Industries of Hong Kong, China

单位：百万港元 (HKD million)

项 目	Item	2017	2018	2019
文化及创意产业增加值	**Value-added of Cultural and Creative Industries**	**123180**	**130463**	**129347**
艺术品、古董及工艺品	Art, Antiques and Crafts	18479	19389	18677
文化教育及图书馆、档案保存和博物馆服务	Cultural Education and Library, Archive and Museum Services	1479	1580	1499
表演艺术	Performing Arts	1382	1415	1230
电影及录像和音乐	Film, Video and Music	3930	3347	3025
电视及电台	Television and Radio	6396	6560	5678
出版	Publishing	13116	14188	14305
软件、电脑游戏及互动媒体	Software, Computer Games and Interactive Media	51468	55135	56418
设计	Design	4306	4523	4845
建筑	Architecture	10799	11675	11470
广告	Advertising	9138	9777	9940
娱乐服务	Amusement Services	2686	2874	2259
文化及创意产业增加值占本地生产总值百分比(%)	**Value-added of Cultural and Creative Industries as Percentage of GDP (%)**	**4.8**	**4.8**	**4.7**

资料来源：中国香港特别行政区政府统计处(以下相关表同)。
Data source: Census and Statistics Department of Hong Kong SAR. The same applies to the relevant tables following.

4-1-1 续表 continued

单位：百万港元 (HKD million)

项 目	Item	2020	2021	2022
文化及创意产业增加值	**Value-added of Cultural and Creative Industries**	**115566**	**124806**	**122063**
艺术品、古董及工艺品	Art, Antiques and Crafts	14662	16574	10302
文化教育及图书馆、档案保存和博物馆服务	Cultural Education and Library, Archive and Museum Services	1060	1285	1276
表演艺术	Performing Arts	1022	1060	1018
电影及录像和音乐	Film, Video and Music	2142	2840	2906
电视及电台	Television and Radio	6001	5161	4822
出版	Publishing	13235	13347	13107
软件、电脑游戏及互动媒体	Software, Computer Games and Interactive Media	54415	59361	61820
设计	Design	3964	4360	4101
建筑	Architecture	13220	14529	15218
广告	Advertising	5764	5931	6697
娱乐服务	Amusement Services	82	358	796
文化及创意产业增加值占本地生产总值百分比(%)	**Value-added of Cultural and Creative Industries as Percentage of GDP (%)**	**4.5**	**4.5**	**4.5**

4-1-2 香港文化及创意产业就业人数
Number of Persons Engaged in the Cultural and Creative Industries of Hong Kong, China

单位：人 (person)

项　目	Item	2017	2018	2019
文化及创意产业就业人数	**Number of Persons Engaged in Cultural and Creative Industries**	**231420**	**234730**	**237150**
艺术品、古董及工艺品	Art, Antiques and Crafts	32930	32700	31940
文化教育及图书馆、档案保存和博物馆服务	Cultural Education and Library, Archive and Museum Services	12270	12270	12660
表演艺术	Performing Arts	5380	5440	5460
电影及录像和音乐	Film, Video and Music	15170	15400	15410
电视及电台	Television and Radio	6430	6230	6120
出版	Publishing	38770	37750	36460
软件、电脑游戏及互动媒体	Software, Computer Games and Interactive Media	60740	62580	64310
设计	Design	16700	17590	18590
建筑	Architecture	16130	16130	16480
广告	Advertising	18550	19370	19500
娱乐服务	Amusement Services	8330	9260	10240
占总就业人数的百分比(%)	**as Percentage of Total Employment (%)**	**6.1**	**6.0**	**6.1**

注：数据进位至最接近的十位数。
a) Number rounded to the nearest ten.

4-1-2 续表 continued

单位：人 (person)

项　目	Item	2020	2021	2022
文化及创意产业就业人数	**Number of Persons Engaged in Cultural and Creative Industries**	**228600**	**225880**	**221280**
艺术品、古董及工艺品	Art, Antiques and Crafts	28880	27590	26740
文化教育及图书馆、档案保存和博物馆服务	Cultural Education and Library, Archive and Museum Services	11980	11490	12400
表演艺术	Performing Arts	5280	5220	5190
电影及录像和音乐	Film, Video and Music	14970	14570	14360
电视及电台	Television and Radio	5690	5470	5420
出版	Publishing	34340	31870	29390
软件、电脑游戏及互动媒体	Software, Computer Games and Interactive Media	64980	66270	65510
设计	Design	18580	18810	18470
建筑	Architecture	16670	16800	16460
广告	Advertising	18690	18230	17680
娱乐服务	Amusement Services	8530	9560	9650
占总就业人数的百分比(%)	**as Percentage of Total Employment (%)**	**6.2**	**6.2**	**6.1**

4-1-3 香港文化及创意产品进出口情况
Total Exports and Imports of Cultural and Creative Goods of Hong Kong, China

单位：百万港元 (HKD million)

项 目	Item	2011	2012	2013	2014	2015	2016
文化及创意产品的出口	**Exports of Cultural and Creative Goods**	**495826**	**537874**	**507105**	**505067**	**487946**	**452741**
古董及工艺品产品	Antiques and Crafts Goods	11194	10696	11505	11956	11980	11649
视觉艺术及设计产品	Visual arts and Design Goods	56400	63450	66430	70876	63428	56964
视听及互动媒体产品	Audio-visual and Interactive Media Goods	362876	393864	364993	363525	352662	324894
表演艺术及节庆产品	Performing Arts and Celebration Goods	52010	57469	52204	47004	48517	48189
出版产品(书籍及报刊)	Publishing Goods (Books and Press)	13346	12395	11973	11706	11359	11046
占整体出口的百分比(%)	**as Percentage of Total Exports of Goods (%)**	**14.9**	**15.7**	**14.2**	**13.8**	**13.5**	**12.6**
文化及创意产品的进口	**Imports of Cultural and Creative Goods**	**545928**	**609622**	**596230**	**577487**	**534330**	**499242**
古董及工艺品产品	Antiques and Crafts Goods	15287	13394	14005	13718	12134	14028
视觉艺术及设计产品	Visual arts and Design Goods	91783	106054	110480	127796	112383	111420
视听及互动媒体产品	Audio-visual and Interactive Media Goods	370599	415080	399201	368887	347570	313503
表演艺术及节庆产品	Performing Arts and Celebration Goods	59015	66266	64222	58880	53798	52173
出版产品(书籍及报刊)	Publishing Goods (Books and Press)	9244	8828	8322	8206	8445	8119
占整体进口的百分比(%)	**as Percentage of Total Imports of Goods (%)**	**14.5**	**15.6**	**14.7**	**13.7**	**13.2**	**12.5**

4-1-3 续表 continued

单位：百万港元 (HKD million)

项 目	Item	2017	2018	2019	2020	2021	2022
文化及创意产品的出口	**Exports of Cultural and Creative Goods**	**520761**	**618006**	**571337**	**573943**	**747762**	**660330**
古董及工艺品产品	Antiques and Crafts Goods	12066	11899	10929	9457	11831	8333
视觉艺术及设计产品	Visual arts and Design Goods	58427	72470	86571	64612	104892	116421
视听及互动媒体产品	Audio-visual and Interactive Media Goods	379791	441617	393146	426673	548380	472017
表演艺术及节庆产品	Performing Arts and Celebration Goods	60560	82221	71364	65099	73584	59262
出版产品(书籍及报刊)	Publishing Goods (Books and Press)	9918	9799	9327	8103	9075	4296
占整体出口的百分比(%)	**as Percentage of Total Exports of Goods (%)**	**13.4**	**14.9**	**14.3**	**14.6**	**15.1**	**14.6**
文化及创意产品的进口	**Imports of Cultural and Creative Goods**	**561635**	**668814**	**591540**	**549007**	**725113**	**681855**
古董及工艺品产品	Antiques and Crafts Goods	12659	12115	13221	9084	11883	7959
视觉艺术及设计产品	Visual arts and Design Goods	122954	130305	145307	112626	181206	204531
视听及互动媒体产品	Audio-visual and Interactive Media Goods	358932	434645	361375	353116	451139	406844
表演艺术及节庆产品	Performing Arts and Celebration Goods	59586	83753	64366	67572	73657	58535
出版产品(书籍及报刊)	Publishing Goods (Books and Press)	7505	7996	7271	6610	7228	3986
占整体进口的百分比(%)	**as Percentage of Total Imports of Goods (%)**	**12.9**	**14.2**	**13.4**	**12.9**	**13.7**	**13.8**

4-1-4 香港文化及创意服务输出和输入情况
Exports and Imports of Cultural and Creative Services of Hong Kong, China

单位：百万港元 (HKD million)

项　目	Item	2011	2012	2013	2014
文化及创意服务的输出	**Exports of Cultural and Creative Services**	**24276**	**25771**	**25065**	**25515**
广告、市场研究及公众意见调查服务	Advertising, Market Research and Public Opinion Polling Services	5701	6090	6451	5961
建筑、工程、科学及其他技术服务	Architectural, Engineering and Other Technical Services	3731	3946	3815	4107
电脑服务	Computer Services	6621	7027	7293	7380
资讯服务	Information Services	742	766	760	726
视听及有关服务	Audio-visual and Related Services	858	869	732	675
其他个人、文化及康乐服务	Other Personal, Cultural and Recreational Services	2820	2807	1087	1328
研究及发展服务	Research and Development Services	535	606	903	1209
特许经营权及商标以外的知识产权使用费	Charges for the Use of Intellectual Property Rights Other Than Franchises and Trademarks	3268	3660	4024	4129
占服务输出总额的百分比(%)	**as Percentage of Total Exports of Services (%)**	**3.4**	**3.4**	**3.1**	**3.1**
文化及创意服务的输入	**Imports of Cultural and Creative Services**	**24316**	**25340**	**25189**	**25416**
广告、市场研究及公众意见调查服务	Advertising, Market Research and Public Opinion Polling Services	3984	4498	4386	4069
建筑、工程、科学及其他技术服务	Architectural, Engineering and Other Technical Services	2483	2544	2593	2837
电脑服务	Computer Services	3481	3706	4260	5087
资讯服务	Information Services	730	774	1127	1022
视听及有关服务	Audio-visual and Related Services	495	544	464	389
其他个人、文化及康乐服务	Other Personal, Cultural and Recreational Services	233	320	289	387
研究及发展服务	Research and Development Services	917	1047	1069	1250
特许经营权及商标以外的知识产权使用费	Charges for the Use of Intellectual Property Rights Other Than Franchises and Trademarks	11993	11907	11001	10375
占服务输入总额的百分比(%)	**as Percentage of Total Imports of Services (%)**	**4.2**	**4.3**	**4.3**	**4.4**

4-1-4 续表 1 continued

单位：百万港元 (HKD million)

项 目	Item	2015	2016	2017	2018
文化及创意服务的输出	**Exports of Cultural and Creative Services**	**24768**	**24485**	**25729**	**26916**
广告、市场研究及公众意见调查服务	Advertising, Market Research and Public Opinion Polling Services	5347	5161	5253	5341
建筑、工程、科学及其他技术服务	Architectural, Engineering and Other Technical Services	4302	3972	4262	4571
电脑服务	Computer Services	7156	7132	7328	7471
资讯服务	Information Services	701	719	723	838
视听及有关服务	Audio-visual and Related Services	576	658	620	570
其他个人、文化及康乐服务	Other Personal, Cultural and Recreational Services	1423	1670	1938	2141
研究及发展服务	Research and Development Services	1024	805	931	1194
特许经营权及商标以外的知识产权使用费	Charges for the Use of Intellectual Property Rights Other Than Franchises and Trademarks	4239	4368	4674	4790
占服务输出总额的百分比(%)	**as Percentage of Total Exports of Services (%)**	**3.1**	**3.2**	**3.2**	**3.0**
文化及创意服务的输入	**Imports of Cultural and Creative Services**	**25402**	**25352**	**26125**	**27189**
广告、市场研究及公众意见调查服务	Advertising, Market Research and Public Opinion Polling Services	4189	4109	4244	4283
建筑、工程、科学及其他技术服务	Architectural, Engineering and Other Technical Services	2923	2699	2521	2531
电脑服务	Computer Services	4998	5065	5081	5143
资讯服务	Information Services	1135	1085	1108	1215
视听及有关服务	Audio-visual and Related Services	416	403	365	406
其他个人、文化及康乐服务	Other Personal, Cultural and Recreational Services	430	581	639	720
研究及发展服务	Research and Development Services	1089	1164	1610	2253
特许经营权及商标以外的知识产权使用费	Charges for the Use of Intellectual Property Rights Other Than Franchises and Trademarks	10222	10246	10559	10638
占服务输入总额的百分比(%)	**as Percentage of Total Imports of Services (%)**	**4.4**	**4.4**	**4.3**	**4.2**

4-1-4 续表 2 continued

单位：百万港元 (HKD million)

项 目	Item	2019	2020	2021	2022
文化及创意服务的输出	**Exports of Cultural and Creative Services**	**26387**	**23042**	**25330**	**26080**
广告、市场研究及公众意见调查服务	Advertising, Market Research and Public Opinion Polling Services	4951	3787	4991	5351
建筑、工程、科学及其他技术服务	Architectural, Engineering and Other Technical Services	4304	3559	4034	3725
电脑服务	Computer Services	7613	7268	8118	8789
资讯服务	Information Services	851	744	746	712
视听及有关服务	Audio-visual and Related Services	480	297	315	276
其他个人、文化及康乐服务	Other Personal, Cultural and Recreational Services	2183	1817	1338	1189
研究及发展服务	Research and Development Services	1154	1093	1245	1222
特许经营权及商标以外的知识产权使用费	Charges for the Use of Intellectual Property Rights Other Than Franchises and Trademarks	4851	4477	4543	4816
占服务输出总额的百分比(%)	**as Percentage of Total Exports of Services (%)**	**3.3**	**4.4**	**4.1**	**4.0**
文化及创意服务的输入	**Imports of Cultural and Creative Services**	**26158**	**25875**	**27352**	**28275**
广告、市场研究及公众意见调查服务	Advertising, Market Research and Public Opinion Polling Services	3923	3477	3488	3790
建筑、工程、科学及其他技术服务	Architectural, Engineering and Other Technical Services	2650	2689	2203	2207
电脑服务	Computer Services	5056	6322	6610	6999
资讯服务	Information Services	1215	1213	1415	1452
视听及有关服务	Audio-visual and Related Services	328	267	227	225
其他个人、文化及康乐服务	Other Personal, Cultural and Recreational Services	766	1421	1595	1625
研究及发展服务	Research and Development Services	1496	1321	1502	1270
特许经营权及商标以外的知识产权使用费	Charges for the Use of Intellectual Property Rights Other Than Franchises and Trademarks	10724	9165	10312	10707
占服务输入总额的百分比(%)	**as Percentage of Total Imports of Services (%)**	**4.1**	**6.1**	**5.7**	**5.7**

4-2-1 澳门文化活动参与情况
Statistics on Arts Attendance of Macao,China

单位：% (%)

类　别	Category	2018 总参与率 Total Participation Rate	去电影院 Visiting Movie Theaters	去图书馆 Visiting Libraries	参观博物馆或世遗景点 Visiting Museums or Historic Spots	观看表演 Performing Arts Attendance	参观艺术展览 Visting Art Exhibition
总 计	**Total**	**54.3**	**34.8**	**26.8**	**22.0**	**16.3**	**7.8**
按性别分组	**By Gender**						
男	Male	54.9	36.9	25.5	20.4	14.7	8.0
女	Female	53.7	32.9	28.0	23.5	17.8	7.6
按年龄分组	**By Age**						
16-24岁	Aged 16-24	83.6	65.4	54.8	28.6	23.6	7.4
25-34岁	Aged 25-34	65.1	51.4	24.9	25.1	19.7	7.0
35-44岁	Aged 35-44	60.9	41.8	29.5	26.9	17.5	9.7
45-54岁	Aged 45-54	43.0	25.7	19.9	16.5	11.6	6.5
55岁及以上	Aged 55 and Over	37.8	11.6	20.7	17.6	13.3	8.1
按教育程度分组	**By Education Attainment**						
小学教育	Primary Education	34.3	13.8	16.0	14.4	10.8	5.3
初中教育	Junior Secondary Education	47.1	26.9	25.3	18.7	10.4	4.0
高中教育	Senior Secondary Education	55.3	36.5	27.5	20.2	14.5	5.8
高等教育	Higher Education	75.5	55.4	36.4	33.5	27.1	15.0
其 他	Other Education	21.4	6.5	9.7	6.4	7.4	1.7
按经济活动状况分组	**By Economic Activity Status**						
劳动人口	Economically Active Population	55.0	37.9	23.4	22.1	16.3	7.5
非劳动人口	Non-economically Active	52.4	27.1	35.2	21.8	16.5	8.4

资料来源：中国澳门特别行政区政府澳门统计暨普查局(以下相关表同)。
Data source: Census and Statistics Department of Macao SAR. The same applies to the relevant tables following.

4-2-1 续表 1 continued

单位：% (%)

类别	Category	2019 总参与率 Total Participation Rate	去电影院 Visiting Movie Theaters	去图书馆 Visiting Libraries	参观博物馆或世遗景点 Visiting Museums or Historic Spots	观看表演 Performing Arts Attendance	参观艺术展览 Visting Art Exhibition
总 计	**Total**	**54.4**	**34.9**	**27.3**	**20.1**	**15.5**	**6.3**
按性别分组	**By Gender**						
男	Male	55.8	36.6	28.1	19.2	13.9	6.0
女	Female	53.2	33.4	26.6	21.0	16.8	6.6
按年龄分组	**By Age**						
16-24岁	Aged 16-24	81.9	63.0	62.7	27.6	25.4	7.3
25-34岁	Aged 25-34	68.6	54.8	25.5	24.0	18.7	6.6
35-44岁	Aged 35-44	60.5	43.3	28.7	23.2	14.4	7.4
45-54岁	Aged 45-54	46.6	26.7	20.7	19.4	10.9	5.0
55岁及以上	Aged 55 and Over	35.5	10.6	19.4	13.4	13.1	5.9
按教育程度分组	**By Education Attainment**						
小学教育	Primary Education	35.4	13.9	18.8	12.3	10.0	4.3
初中教育	Junior Secondary Education	46.7	23.8	23.8	17.3	10.1	3.9
高中教育	Senior Secondary Education	55.9	36.1	26.3	17.5	13.2	4.7
高等教育	Higher Education	74.3	57.9	38.3	30.9	26.0	11.4
其 他	Other Education	74.3	5.9	10.0	9.8	7.0	2.8
按经济活动状况分组	**By Economic Activity Status**						
劳动人口	Economically Active Population	55.3	38.7	23.7	21.2	14.9	6.6
非劳动人口	Non-economically Active	52.2	25.9	35.7	17.5	16.9	5.7

4-2-1 续表 2 continued

单位：% (%)

类 别	Category	2020 总参与率 Total Participation Rate	去电影院 Visiting Movie Theaters	去图书馆 Visiting Libraries	参观博物馆或世遗景点 Visiting Museums or Historic Spots	观看表演 Performing Arts Attendance	参观艺术展 览 Visting Art Exhibition
总 计	**Total**	**39.4**	**19.0**	**20.6**	**16.3**	**7.8**	**4.6**
按性别分组	**By Gender**						
男	Male	39.2	19.5	19.5	15.5	6.7	3.8
女	Female	39.7	18.5	21.5	16.9	8.8	5.3
按年龄分组	**By Age**						
16-24岁	Aged 16-24	65.3	39.4	49.1	16.3	11.2	4.7
25-34岁	Aged 25-34	47.8	28.9	19.6	19.3	8.5	4.8
35-44岁	Aged 35-44	44.7	22.9	20.3	22.6	9.4	6.5
45-54岁	Aged 45-54	30.6	14.7	12.7	14.4	5.5	3.8
55岁及以上	Aged 55 and Over	27.1	5.6	17.2	11.1	6.5	3.7
按教育程度分组	**By Education Attainment**						
小学教育	Primary Education	19.2	4.6	11.5	6.1	3.0	1.3
初中教育	Junior Secondary Education	32.1	13.0	18.2	12.7	5.7	2.4
高中教育	Senior Secondary Education	39.2	20.6	21.5	14.3	7.3	4.0
高等教育	Higher Education	58.0	30.9	27.4	26.9	12.7	8.9
其 他	Other Education	14.4	2.6	8.7	4.8	2.2	0.5
按经济活动状况分组	**By Economic Activity Status**						
劳动人口	Economically Active Population	38.6	20.5	16.5	17.5	7.9	4.9
非劳动人口	Non-economically Active	41.5	15.2	30.7	13.2	7.5	4.0

4-2-1 续表 3 continued

单位：% (%)

类别	Category	2021					
		总参与率 Total Participation Rate	去电影院 Visiting Movie Theaters	去图书馆 Visiting Libraries	参观博物馆或世遗景点 Visiting Museums or Historic Spots	观看表演 Performing Arts Attendance	参观艺术展览 Visting Art Exhibition
总计	**Total**	**51.4**	**25.8**	**29.5**	**25.9**	**7.2**	**5.5**
按性别分组	**By Gender**						
男	Male	50.7	26.2	27.6	23.8	6.2	5.7
女	Female	51.9	25.4	31.0	27.7	8.1	5.4
按年龄分组	**By Age**						
16-24岁	Aged 16-24	83.3	56.2	63.5	32.5	15.0	12.5
25-34岁	Aged 25-34	60.4	38.9	31.4	30.5	5.5	5.1
35-44岁	Aged 35-44	55.9	29.4	29.5	33.4	6.3	5.4
45-54岁	Aged 45-54	41.9	19.4	21.9	22.8	5.5	4.1
55岁及以上	Aged 55 and Over	39.2	10.6	22.7	18.3	7.6	4.7
按教育程度分组	**By Education Attainment**						
小学教育	Primary Education	33.0	10.5	18.5	17.3	4.0	2.8
初中教育	Junior Secondary Education	45.0	20.8	27.6	20.9	6.6	4.5
高中教育	Senior Secondary Education	54.6	28.2	32.6	27.4	6.3	5.2
高等教育	Higher Education	67.7	38.9	36.7	35.1	10.7	8.9
其他	Other Education	24.5	5.7	13.3	12.8	4.8	1.0
按经济活动状况分组	**By Economic Activity Status**						
劳动人口	Economically Active Population	50.6	28.3	25.5	26.9	5.8	4.7
非劳动人口	Non-economically Active	52.9	20.4	37.9	23.7	10.4	7.3

4-2-1 续表 4 continued

单位：% (%)

类 别	Category	2022 总参与率 Total Participation Rate	去电影院 Visiting Movie Theaters	去图书馆 Visiting Libraries	参观博物馆或世遗景点 Visiting Museums or Historic Spots	观看表演 Performing Arts Attendance	参观艺术展览 Visting Art Exhibition
总 计	**Total**	**50.3**	**29.0**	**25.9**	**17.1**	**9.8**	**6.0**
按性别分组	**By Gender**						
男	Male	50.9	30.3	26.8	15.1	8.4	5.3
女	Female	49.9	27.8	25.2	18.9	11.1	6.5
按年龄分组	**By Age**						
16-24岁	Aged 16-24	78.9	51.9	62.0	19.8	18.3	9.6
25-34岁	Aged 25-34	63.6	47.9	27.1	18.9	13.4	7.4
35-44岁	Aged 35-44	56.4	36.9	24.6	21.4	10.4	5.7
45-54岁	Aged 45-54	44.1	23.4	22.0	16.1	8.0	4.2
55岁及以上	Aged 55 and Over	33.6	8.8	18.1	13.0	5.9	5.2
按教育程度分组	**By Education Attainment**						
小学教育	Primary Education	30.7	9.1	17.2	10.1	4.1	1.7
初中教育	Junior Secondary Education	43.9	21.4	25.9	13.8	7.5	4.4
高中教育	Senior Secondary Education	51.2	28.3	27.8	15.9	9.3	4.9
高等教育	Higher Education	65.4	45.6	30.2	24.0	14.6	10.2
其 他	Other Education	21.2	3.1	8.1	9.9	5.2	2.1
按经济活动状况分组	**By Economic Activity Status**						
劳动人口	Economically Active Population	51.3	31.8	22.5	17.9	10.0	5.7
非劳动人口	Non-economically Active	48.4	23.1	32.9	15.6	9.4	6.6

4-2-1 续表 5 continued

单位：% (%)

类 别	Category	2023 总参与率 Total Participation Rate	去电影院 Visiting Movie Theaters	去图书馆 Visiting Libraries	参观博物馆或世遗景点 Visiting Museums or Historic Spots	观看表演 Performing Arts Attendance	参观艺术展 览 Visting Art Exhibition
总 计	**Total**	**50.1**	**28.3**	**25.0**	**18.8**	**17.0**	**6.6**
按性别分组	**By Gender**						
男	Male	49.0	28.1	24.9	17.6	14.4	6.0
女	Female	51.1	28.4	25.1	19.7	19.3	7.1
按年龄分组	**By Age**						
16-24岁	Aged 16-24	85.2	56.3	64.3	25.2	29.0	10.1
25-34岁	Aged 25-34	59.3	41.3	22.9	20.5	22.6	7.4
35-44岁	Aged 35-44	55.9	35.7	28.7	23.7	18.4	7.0
45-54岁	Aged 45-54	45.5	26.6	18.1	15.9	15.3	6.2
55岁及以上	Aged 55 and Over	33.6	9.0	16.4	14.1	10.6	5.0
按教育程度分组	**By Education Attainment**						
小学教育	Primary Education	30.4	9.4	15.0	10.8	8.4	1.8
初中教育	Junior Secondary Education	43.0	21.0	23.5	15.5	12.9	4.0
高中教育	Senior Secondary Education	49.1	26.7	25.4	17.1	12.1	5.8
高等教育	Higher Education	67.4	44.8	32.2	26.8	28.4	11.2
其 他	Other Education	20.5	4.9	8.1	7.6	6.1	2.4
按经济活动状况分组	**By Economic Activity Status**						
劳动人口	Economically Active Population	50.6	31.6	21.9	19.2	18.1	6.3
非劳动人口	Non-economically Active	49.1	21.2	31.8	17.9	14.9	7.1

4-2-2　澳门会展业基本情况
Statistics on Exhibition Industry of Macao,China

指　　标	Index	2017	2018	2019	2020	2021	2022	2023
举办会议数(个)	Number of Conventions (unit)	1285	1342	1459	345	386	402	1076
举办商业展览数(个)	Number of Commercial Exhibitions (unit)	51	60	58	34	55	64	64
参与会展人次(千人次)	Number of Persons Participated (1000 person-times)	1902	2118	2012	915	1401	1421	1607

4-2-3　澳门表演及文化展览情况
Statistics on Public Performance and Cultural Exhibitions of Macao,China

单位：人次　　(person-time)

指　　标	Index	2017	2018	2019	2020	2021	2022	2023
总　计	**Total**							
场次(场)	Number of sessions (show)	45 678	45 685	46479	15127	22033	43303	55193
观众人次	Number of Audiences	5694030	6295182	7180987	1458396	6841274	4320380	29711133
舞　蹈	Dance							
场次(场)	Number of sessions (show)	134	142	177	103	160	140	193
观众人次	Number of Audiences	60839	77832	130620	15262	30181	24270	64488
音乐会	Concerts							
场次(场)	Number of sessions (show)	953	1 040	920	797	1239	1248	1539
观众人次	Number of Audiences	560083	738883	650772	187565	201482	173028	1669542
综合表演	Variety Show							
场次(场)	Number of sessions (show)	1033	1381	892	386	494	246	388
观众人次	Number of Audiences	1143115	1148115	1016804	123982	72725	91317	345988
戏　剧	Theatres							
场次(场)	Number of sessions (show)	1097	936	1174	901	1245	1209	1457
观众人次	Number of Audiences	213494	206910	204365	128399	118144	102921	197265
电　影	Movies							
场次(场)	Number of sessions (show)	40214	41335	42167	12382	17707	39241	46546
观众人次	Number of Audiences	1404017	1396972	1330682	274699	604599	791251	854956
文化展览	Cultural Exhibitions							
场次(场)	Number of sessions (show)	544	560	767	448	1071	997	4086
观众人次	Number of Audiences	1640710	1762529	2735857	624294	5013730	1133133	20230128
其　他	Others							
场次(场)	Number of sessions (show)	1703	291	382	110	117	222	984
观众人次	Number of Audiences	671772	963941	1111887	104195	800413	2004460	6348766

4-2-4 澳门公共图书馆及阅览室情况
Statistics on Public Libraries and Reading Rooms of Macao,China

指　标	Index	2017	2018	2019	2020	2021	2022	2023
图书馆及阅览室（个）	Number of Libraries and Reading Rooms (unit)	76	78	78	77	76	72	71
图书馆工作人员（人）	Number of Staff (person)	376	335	330	336	316	310	306
坐席数（个）	Seating Capacity (unit)	8819	9213	10056	9880	9593	9096	8897
购书总支出（千澳门元）	Total Expenditure on Purchase of Books (1000 MOP)	93342	114920	93659	92446	85488	73410	83743
藏书量（万册）	Number of Books (10000 copies)	224.2	222.3	236.0	225.4	232.1	235.4	228.4
期刊杂志（万份）	Number of Periodicals (10000 pieces)	1.4	1.3	1.4	1.3	1.2	1.2	1.2
多媒体资料（万套）	Multi-media Materials (10000 sets)	268.2	277.3	285.2	291.0	321.0	327.0	346.3
#电子书籍	Electronic Books	226.4	234.3	244.4	237.8	273.3	274.3	290.7
电子期刊杂志	Electronic Journals	32.5	33.4	30.8	42.0	36.6	41.7	44.7
接待人次（万人次）	Number of Visitors (10000 person-times)	537.4	567.2	629.4	342.5	421.9	375.3	466.6

4-2-5 澳门出版、博物馆及广播电影电视情况
Statistics on Publishing, Museums,Radio, TV and Films of Macao,China

指　标	Index	2017	2018	2019	2020
出版	**Publishing**				
图书	Books				
出版种数（种）	Number of Publications (kind)	635	576	760	675
日报	Daily newspapers				
出版种数（种）	Number of Publications (kind)	19	18	18	19
发行量（千份）	Circulation (1000 pieces)	94557	87155	82820	77727
期刊	Periodicals				
出版种数（种）	Number of Publications (kind)	52	54	54	56
发行量（千份）	Circulation (1000 pieces)	9628	11580	9516	7212
博物馆	**Museums**				
个数（个）	Number of Museums (unit)	27	25	25	28
参观人次（千人次）	Number of Visitors (1000 person-times)	4285	4657	5405	843
广电影视	**Radio,TV and Films**				
电视及广播发射台（个）	Number of Television and Radio Broadcasting Stations (unit)	11	11	9	9
电影院（个）	Number of Cinemas (unit)	6	6	6	6
银 幕（个）	Number of Screens (unit)	17	17	17	17
坐席数（个）	Seating capacity (seat)	3742	3742	3729	3729
电影票房收入(千澳门元)	Ticket Sales (1000 MOP)	107605	100406	100432	21453

注：1.图书指配有国际标准书号的图书。
2.部分刊物未能提供发行量。
3.部分博物馆未能提供入馆人次。

a) Books referrs to those with international standard book number.
b) Unavailability of data on circulation of some periodicals.
c) Unavailability of data on visitors of some museums .

4-2-5 续表 continued

指 标	Index	2021	2022	2023
出版	**Publishing**			
图书	Books			
出版种数（种）	Number of Publications (kind)	743	703	683
日报	Daily newspapers			
出版种数（种）	Number of Publications (kind)	19	19	18
发行量（千份）	Circulation (1000 pieces)	49210	32700	32813
期刊	Periodicals			
出版种数（种）	Number of Publications (kind)	53	49	46
发行量（千份）	Circulation (1000 pieces)	6203	3927	4605
博物馆	**Museums**			
个数（个）	Number of Museums (unit)	31	31	35
参观人次（千人次）	Number of Visitors (1000 person-times)	1346	1111	9583
广电影视	**Radio,TV and Films**			
电视及广播发射台（个）	Number of Television and Radio Broadcasting Stations (unit)	13	15	14
电影院（个）	Number of Cinemas (unit)	8	8	8
银 幕（个）	Number of Screens (unit)	31	31	31
坐席数（个）	Seating capacity (seat)	5726	5726	5726
电影票房收入(千澳门元)	Ticket Sales (1000 MOP)	52683	75978	78252

4-3-1 台湾省文创产业从业人员情况
Statistics on Engaged Persons of Cultural and Creative Industries of Taiwan,China

类 别	Category	2017	2018	2019	2020	2021	2022
从业人员（人）	**Engaged Persons (person)**	**260169**	**259416**	**275799**	**271952**	**273096**	**289795**
出版	Press and Publication	40962	38430	42210	41781	40441	38709
专门设计服务	Design	58571	57536	65150	63978	70422	76412
创作及艺术表演	Creation, Arts and Performance	19042	21273	22148	16979	20154	26309
传播及节目播送	Media and Broadcasting	22116	23312	24135	21111	18881	22468
运动、娱乐及休闲服务	Sports, Entertainment and Leisure	66796	66077	68523	74308	67300	67502
广告业及市场研究	Advertising and Market Research	35984	37886	37671	35258	36400	39237
影片服务、声音录制及音乐出版	Films, Recording and Music	16698	14902	15961	18537	19498	19158

资料来源：台湾文化创意产业发展年报(以下相关表同)。

Data source: Annual Report on Development of Cultural and Creative Industries of Taiwan. The same applies to the relevant tables following.

4-3-2 台湾省文创产业营业额与本地生产总值

Total Revenue of Cultural and Creative Industries and GDP of Taiwan,China

项 目	Item	2014	2015	2016	2017	2018
文创产业营业额（新台币亿元）	Total Revenue of Cultural and Creative Industries (TWD 100 million)	8484	8587	8266	8362	8798
本地生产总值(现价)（新台币亿元）	Gross Domestic Product (current price, TWD 100 million)	162580	170551	175553	179833	183750
本地生产总值(现价)年增长率(%)	Increase Rate of GDP (%)	6.47	4.90	2.93	2.44	2.18
文创营业额占本地生产总值的比率(%)	Total Revenue of Cultural and Creative Industries as Percentage of GDP (%)	5.22	5.03	4.71	4.65	4.79

4-3-2 续表 continued

项 目	Item	2019	2020	2021	2022
文创产业营业额（新台币亿元）	Total Revenue of Cultural and Creative Industries (TWD 100 million)	9124	9265	9643	10905
本地生产总值(现价)（新台币亿元）	Gross Domestic Product (current price, TWD 100 million)	189086	199148	216632	226798
本地生产总值(现价)年增长率(%)	Increase Rate of GDP (%)	2.90	5.32	8.78	4.69
文创营业额占本地生产总值的比率(%)	Total Revenue of Cultural and Creative Industries as Percentage of GDP (%)	4.83	4.65	4.45	4.81

4-3-3 台湾省文化创意产业企业情况

Statistics on Enterprises of Cultural and Creative Industries of Taiwan,China

类　别	Category	2017	2018	2019
企业数（个）	**Total Number if Enterprises (unit)**	**63250**	**64401**	**65687**
视觉艺术	Visual Arts	2329	2482	2602
音乐及表演艺术	Music and Performancing Arts	4157	4547	4867
文化资产应用及展演设施	Use,Exhibition and Performance of Cultural Assets	587	631	662
工艺	Art and Antiques	11493	11366	11237
电影	Films	2057	2208	2352
广播电视	Radio and Television	1945	2056	2148
出版	Press and Publication	8156	8110	7994
流行音乐及文化内容	Pop Music and Cultural Content	3915	3991	4068
广告	Advertising	14786	15138	15577
产品设计	Product Design	1427	1403	1389
视觉传达设计	Visual and Media Design	1331	1482	1669
品牌时尚设计	Fashion Design	2469	2604	2801
建筑设计	Architectural Design	3689	3847	3998
数位内容	Digital Content	4770	4402	4174
创意生活	Creative Life	139	134	149
营业额（新台币百万元）	**Total Revenue (TWD million)**	**836206**	**879816**	**912410**
视觉艺术	Visual Arts	5633	6397	7056
音乐及表演艺术	Music and Performancing Arts	23187	23242	23177
文化资产应用及展演设施	Use,Exhibition and Performance of Cultural Assets	4665	6423	6613
工艺	Art and Antiques	77290	78372	74642
电影	Films	29285	30307	29779
广播电视	Radio and Television	169921	182562	192833
出版	Press and Publication	100203	100986	105584
流行音乐及文化内容	Pop Music and Cultural Content	31066	32984	35492
广告	Advertising	151203	161610	176395
产品设计	Product Design	45899	44488	41741
视觉传达设计	Visual and Media Design	3297	4327	5137
品牌时尚设计	Fashion Design	50535	54303	54519
建筑设计	Architectural Design	33231	37438	36684
数位内容	Digital Content	84229	89037	93573
创意生活	Creative Life	26562	27342	29186

4-3-3 续表 continued

类 别	Category	2020	2021	2022
企业数（个）	**Total Number if Enterprises (unit)**	**67618**	**69630**	**71636**
视觉艺术	Visual Arts	2778	2961	3111
音乐及表演艺术	Music and Performancing Arts	5219	5523	5855
文化资产应用及展演设施	Use,Exhibition and Performance of Cultural Assets	708	647	702
工艺	Art and Antiques	11147	11074	11048
电影	Films	2551	2757	2993
广播电视	Radio and Television	2218	2348	2457
出版	Press and Publication	7905	7847	7838
流行音乐及文化内容	Pop Music and Cultural Content	4011	3972	3951
广告	Advertising	16291	17044	17749
产品设计	Product Design	1391	1408	1405
视觉传达设计	Visual and Media Design	1918	2140	2306
品牌时尚设计	Fashion Design	3075	3316	3511
建筑设计	Architectural Design	4280	4585	4866
数位内容	Digital Content	3991	3861	3694
创意生活	Creative Life	135	147	150
营业额（新台币百万元）	**Total Revenue (TWD million)**	**926463**	**964284**	**1090515**
视觉艺术	Visual Arts	7137	8722	9790
音乐及表演艺术	Music and Performancing Arts	20650	20194	29527
文化资产应用及展演设施	Use,Exhibition and Performance of Cultural Assets	4919	3885	5203
工艺	Art and Antiques	86483	67956	88102
电影	Films	21133	22125	28841
广播电视	Radio and Television	207888	236508	270929
出版	Press and Publication	99291	100733	103216
流行音乐及文化内容	Pop Music and Cultural Content	33439	27768	34259
广告	Advertising	175302	189048	201012
产品设计	Product Design	40645	41471	47560
视觉传达设计	Visual and Media Design	5659	6689	9095
品牌时尚设计	Fashion Design	61007	68779	70291
建筑设计	Architectural Design	36970	41001	48268
数位内容	Digital Content	97979	106410	111892
创意生活	Creative Life	27960	22994	32531

5

国际统计资料

International Statistical Indicators

5-1 世界主要国家版权产业增加值占GDP的比重
Contribution of Copyright Industries to GDP in Main Countries

国家	Country	年份 Year	版权产业增加值占GDP的比重 Value-added of Copyright Industries as Percentage of GDP (%)
阿根廷	Argentina	2013	4.70
澳大利亚	Australia	2018	6.80
不丹	Bhutan	2011	5.46
文莱	Brunei	2011	1.58
保加利亚	Bulgaria	2011	4.54
加拿大	Canada	2019	6.15
哥伦比亚	Colombia	2008	3.30
克罗地亚	Croatia	2007	4.27
多米尼加	Dominica	2012	3.40
芬兰	Finland	2016	5.38
法国	France	2016	7.02
格林纳达	Grenada	2012	4.83
匈牙利	Hungary	2013	8.25
印度尼西亚	Indonesia	2013	4.11
牙买加	Jamaica	2007	4.81
约旦	Jordan	2012	2.43
肯尼亚	Kenya	2009	5.32
韩国	Korea, Rep.	2012	9.89
拉脱维亚	Latvia	2004	5.05
黎巴嫩	Lebanon	2007	4.75
立陶宛	Lithuania	2012	5.40
马拉维	Malawi	2013	3.46
马来西亚	Malaysia	2008	5.70
墨西哥	Mexico	2006	4.77
荷兰	Netherlands	2009	5.90
巴基斯坦	Pakistan	2010	4.45
巴拿马	Panama	2009	6.35
秘鲁	Peru	2009	2.67
菲律宾	Philippines	2010	7.34
罗马尼亚	Romania	2008	5.55
俄罗斯	Russia	2007	6.06
新加坡	Singapore	2007	6.19
斯洛文尼亚	Slovenia	2010	5.10
南非	South Africa	2017	4.11
圣基茨/尼维斯	St Kitts/Nevis	2012	6.60
圣卢西亚	St Lucia	2012	8.00
圣文森特	St Vincent	2012	5.60
坦桑尼亚	Tanzania	2012	4.56
泰国	Thailand	2012	4.48
土耳其	Türkiye	2018	2.88
乌克兰	Ukraine	2008	2.85
美国	USA	2019	11.99

资料来源：世界知识产权组织。
Data source: WIPO.

5-2 世界主要国家版权产业从业人员占从业总人员数的比重
Employed Persons Engaged in Copyright Industries as Percentage of Total Employed Persons

国 家	Country	年份 Year	版权产业从业人员占从业总人员数的比重 Employed Persons Engaged in Copyright Industries as Percentage of Total Employed Persons (%)
阿根廷	Argentina	2013	3.00
澳大利亚	Australia	2018	8.30
不丹	Bhutan	2011	10.09
文莱	Brunei	2011	3.20
保加利亚	Bulgaria	2011	4.92
加拿大	Canada	2019	5.35
哥伦比亚	Colombia	2008	5.80
克罗地亚	Croatia	2007	4.65
多米尼加	Dominica	2012	4.80
芬兰	Finland	2016	5.61
法国	France	2016	7.29
格林纳达	Grenada	2012	5.12
匈牙利	Hungary	2013	7.28
印尼	Indonesia	2013	3.75
牙买加	Jamaica	2007	3.03
约旦	Jordan	2012	2.88
肯尼亚	Kenya	2009	3.26
韩国	Korea, Rep.	2012	6.24
拉脱维亚	Latvia	2004	5.59
黎巴嫩	Lebanon	2007	4.49
立陶宛	Lithuania	2012	4.92
马拉维	Malawi	2013	3.35
马来西亚	Malaysia	2008	7.50
墨西哥	Mexico	2006	11.01
荷兰	Netherlands	2009	8.80
巴基斯坦	Pakistan	2010	3.71
巴拿马	Panama	2009	3.17
秘鲁	Peru	2009	4.50
菲律宾	Philippines	2010	14.14
罗马尼亚	Romania	2008	4.19
俄罗斯	Russia	2007	7.30
新加坡	Singapore	2007	6.21
斯洛文尼亚	Slovenia	2010	6.80
南非	South Africa	2017	4.08
圣基茨/尼维斯	St Kitts/Nevis	2012	3.10
圣卢西亚	St Lucia	2012	4.40
圣文森特	St Vincent	2012	4.90
坦桑尼亚	Tanzania	2012	5.63
泰国	Thailand	2012	2.85
土耳其	Türkiye	2018	4.34
乌克兰	Ukraine	2008	1.90
美国	USA	2019	7.71

资料来源：世界知识产权组织。
Data source: WIPO.

5-3 世界创意产品出口情况
Statistics on Exported Creative Goods

单位：亿美元 (USD 100 million)

类 别	Category	2012	2013	2014	2015	2016	2017	2018	2019	2020
合 计	**Total**	**5246.3**	**5345.4**	**5805.4**	**5326.2**	**5155.1**	**5482.2**	**5843.0**	**5995.3**	**5244.6**
工艺品	Art Crafts	363.6	396.6	409.0	394.8	373.7	414.3	429.7	437.2	418.9
音像产品	Audio Visuals	322.3	264.8	256.5	234.3	210.3	203.3	203.0	177.7	165.0
设计产品	Design	3297.8	3440.2	3880.0	3453.3	3350.0	3536.1	3720.6	3891.3	3298.1
新媒体	New Media	415.8	387.0	405.5	431.5	447.7	555.8	630.5	593.3	700.9
表演艺术	Performing Art	53.1	51.6	52.7	49.7	48.9	50.3	53.8	55.3	53.6
出版	Publishing	400.9	402.8	395.7	346.6	333.1	334.9	353.4	331.7	284.4
视觉艺术	Visual Arts	392.6	402.4	406.0	416.0	391.4	387.4	451.9	508.9	323.7

注：1. 资料来源：联合国贸发会议。
2. 上表中的创意产品包括工艺品(挂毯、庆祝用品、纸制工艺品、柳编工艺品和纱制工艺品)，音像制品(包括电影、CD、DVD和磁带)，设计(包括建筑设计、时尚设计、玻璃器皿设计、室内设计、珠宝设计和玩具设计)，新媒体(包括录制媒体和视频游戏)，表演艺术(包括乐器和乐谱)，出版制品(包括书报刊和其他印刷品)，视觉艺术(包括古董、绘画、摄影和雕刻)以及其他创意品(以下相关表同)。

a) Data source: United Nations Conference on Trade and Development.
b) Creative goods in the table above refer to art crafts (including carpets,celebration,paperware,wickerware and yarn),audio visuals (including film,CD,DVD and tapes),design (including architecture,fashion,glassware,interior,jewellery and toys),new media (including recorded media and vedio games),performing arts(inculding musical insruments and printed music),pulishing (including books,newspaper and other printed matter),visual arts (including antiques,paintings,photography and sculpture) and others. The same applies to the relevant tables following.

5-4 世界创意产品进口情况
Statistics on Imported Creative Goods

单位：亿美元 (USD 100 million)

类 别	Category	2012	2013	2014	2015	2016	2017	2018	2019	2020
合 计	**Total**	**4717.6**	**4717.2**	**4912.5**	**4715.7**	**4649.0**	**5020.1**	**5416.3**	**5378.1**	**4661.4**
工艺品	Art Crafts	311.1	324.9	346.4	329.4	329.1	348.6	366.8	371.6	328.6
音像产品	Audio Visuals	315.8	292.1	284.1	246.8	232.8	235.8	226.0	196.9	192.6
设计产品	Design	2837.7	2870.3	3019.5	2899.2	2899.6	3108.8	3360.0	3425.1	2860.1
新媒体	New Media	480.7	463.1	495.2	486.2	491.9	629.6	689.7	598.9	679.0
表演艺术	Performing Art	54.8	51.8	53.7	50.3	50.7	52.4	56.5	59.0	53.6
出版	Publishing	410.0	397.2	385.5	340.0	327.3	328.0	342.3	324.0	270.2
视觉艺术	Visual Arts	307.6	317.7	328.1	363.9	317.6	316.9	375.0	402.6	277.3

资料来源：联合国贸发会议。
Data source: United Nations Conference on Trade and Development.

5-5 世界创意服务出口情况
Statistics on Exported Creative Services

单位：亿美元 (USD 100 million)

类　别	Category	2012	2013	2014	2015	2016
合　计	**Total**	**5807.2**	**6468.4**	**7493.6**	**7595.9**	**8031.3**
研发服务	Research and development services	2325.3	2469.9	2967.9	2927.4	3125.4
软件服务	Software services	1741.8	2092.8	2357.7	2518.3	2647.2
视听服务	Audio-visual services	674.0	692.1	759.3	766.2	770.4
信息服务	Information services	191.2	216.0	255.3	258.1	280.1
广告、市场调查和建筑服务	Advertising, market research, and architecture services	828.8	952.0	1107.6	1079.5	1157.3
文化、娱乐和历史遗产服务	Cultural, recreational, and heritage services	46.2	45.5	45.8	46.3	50.9

资料来源：联合国贸发会议。
Data source: United Nations Conference on Trade and Development.

5-5 续表 continued

单位：亿美元 (USD 100 million)

类　别	Category	2017	2018	2019	2020
合　计	**Total**	**9043.7**	**10229.1**	**10845.3**	**10653.2**
研发服务	Research and development services	3479.2	3630.5	3711.7	3535.4
软件服务	Software services	2963.1	3646.8	3978.5	4201.1
视听服务	Audio-visual services	876.3	988.5	1034.7	916.5
信息服务	Information services	344.1	414.6	446.9	373.1
广告、市场调查和建筑服务	Advertising, market research, and architecture services	1323.9	1487.7	1618.8	1575.4
文化、娱乐和历史遗产服务	Cultural, recreational, and heritage services	57.2	61.0	54.8	51.8

5-6 世界主要国家创意产品进出口情况(2020年)
Statistics on Exported and Imported Creative Goods in Main Country(2020)

单位：亿美元　　(USD 100 million)

国　家	Country	出口额 Exported	国　家	Country	进口额 Imported
中　国	China	1693.09	美　国	United States	1081.11
美　国	United States	323.71	德　国	Germany	299.64
意大利	Italy	270.31	英　国	United Kingdom	235.27
德　国	Germany	260.64	法　国	France	223.77
法　国	France	214.38	中　国	China	199.37
英　国	United Kingdom	153.31	日　本	Japan	181.62
韩　国	Korea, Rep.	139.00	瑞　士	Switzerland	176.62
波　兰	Poland	115.93	加拿大	Canada	118.84
瑞　士	Switzerland	108.68	荷　兰	Netherlands	115.10
荷　兰	Netherlands	107.81	意大利	Italy	105.02
日　本	Japan	73.26	韩　国	Korea, Rep.	98.33

资料来源：联合国贸发会议。
Data source: United Nations Conference on Trade and Development.

5-7 世界主要国家创意服务出口情况(2020年)
Statistics on Exported Creative Services in Main Country(2020)

单位：亿美元　　(USD 100 million)

国　家	Country	出口额 Exported
美　国	United States	2059.22
爱尔兰	Ireland	1735.77
德　国	Germany	748.47
中　国	China	588.26
英　国	United Kingdom	568.13
日　本	Japan	470.08
荷　兰	Netherlands	457.36
法　国	France	324.95
瑞　士	Switzerland	263.16
瑞　典	Sweden	259.94
以色列	Israel	216.18

资料来源：联合国贸发会议。
Data source: United Nations Conference on Trade and Development.

5-8 世界主要国家故事影片生产情况
Total Number of National Feature Films Produced in Main Countries

单位：部　　(reel)

国　家	Country	2006	2007	2008	2009	2010	2011
阿根廷	Argentina	63	48	46	61	121	100
澳大利亚	Australia	28	26	33	45	37	43
奥地利	Austria	33	32	30	35	46	54
比利时	Belgium	69	37	38	47	46	42
巴西	Brazil	60	78	79	84	75	99
柬埔寨	Cambodia	62	35	25	28	26	13
加拿大	Canada	74	99	75	81	98	86
智利	Chile	11	12	24	14	14	23
古巴	Cuba	6	3	5	8	11	10
捷克	Czech Republic	45	30	39	45	37	45
丹麦	Denmark	33	29	34	37	49	43
埃及	Egypt	59	37	44	46	37	28
芬兰	Finland	26	17	25	25	42	42
法国	France	203	228	240	230	261	272
德国	Germany	174	174	185	216	189	212
希腊	Greece	22	33	29	37	18	43
匈牙利	Hungary	46	28	30	27	24	
印度	India	1091	1146	1325	1288	1274	1255
印度尼西亚	Indonesia	60	77	88	80	82	84
伊朗	Iran (Islamic Republic of)		57	51	62	98	76
爱尔兰	Ireland	19	24	39	36	34	32
以色列	Israel	22	23	35	19	29	26
意大利	Italy	116	121	154	131	142	155
日本	Japan	417	407	418	448	408	441
卢森堡	Luxembourg	14	8	13	18	15	16
马来西亚	Malaysia	28	28	28	27	39	49
墨西哥	Mexico	64	70	70	66	69	73
摩洛哥	Morocco	12	15	13	14	19	24
荷兰	Netherlands	38	42	62	50	65	73
新西兰	New Zealand	6	11	11	14	21	25
尼日利亚	Nigeria		914	956	987	1074	997
挪威	Norway	24	27	30	27	27	35
菲律宾	Philippines	65	106	121	80	40	44
波兰	Poland	37	40	45	49	60	51
葡萄牙	Portugal	32	15	17	23	33	30
韩国	Republic of Korea	110	124	113	158	152	216
俄罗斯联邦	Russian Federation	59	78	78	78	133	111
新加坡	Singapore	10	14	17	6	14	15
南非	South Africa	10	9	10	18	23	22
西班牙	Spain	150	172	173	186	200	199
瑞典	Sweden	46	29	36	41	54	43
瑞士	Switzerland	80	87	87	80	88	84
泰国	Thailand	42	55	54	37	49	
土耳其	Türkiye	35	40	50	70	65	70
英国	United Kingdom of Great Britain and Northern Ireland	107	124	279	313	346	299
美国	United States of America	673	789	773	751	792	819
越南	Viet Nam	10	16	11	12	90	75

资料来源：联合国教科文组织。
Data source: UNESCO.

5-8　续表　continued

单位：部 (reel)

国　家	Country	2012	2013	2014	2015	2016	2017
阿根廷	Argentina	141	168	172	182	199	220
澳大利亚	Australia	29	26	39	33	42	55
奥地利	Austria	54	46	45	40	46	44
比利时	Belgium	55	70	73	69	81	87
巴西	Brazil	83	129	114	129	142	160
柬埔寨	Cambodia			22	32	38	34
加拿大	Canada	98	93	94	103	105	92
智利	Chile	27	31	48	38	44	49
古巴	Cuba						
捷克	Czech Republic	46	45	61	56	79	54
丹麦	Denmark	59	69	55	71	62	54
埃及	Egypt	25	33	42	34	38	
芬兰	Finland	49	49	46	45	38	41
法国	France	279	270	258	300	283	300
德国	Germany	220	223	229	226	244	233
希腊	Greece	44	69	43	42	73	85
匈牙利	Hungary	32	38		41	51	37
印度	India	1602	1724	1868	1907	1986	
印度尼西亚	Indonesia	86	97	109	114	124	117
伊朗	Iran (Islamic Republic of)	67	87	82	85	90	98
爱尔兰	Ireland	38	34	33	33	29	
以色列	Israel	40	55	32	32	30	28
意大利	Italy	166	167	201	185	165	173
日本	Japan	554	591	615	581	610	594
卢森堡	Luxembourg						13
马来西亚	Malaysia	76	71	81	80	110	85
墨西哥	Mexico	112	126	130	140	162	176
摩洛哥	Morocco	22	22	17	18	30	37
荷兰	Netherlands	79	68	87	87	85	92
新西兰	New Zealand	24	25	33	28	22	20
尼日利亚	Nigeria						
挪威	Norway	26	29	34	23	30	38
菲律宾	Philippines	78	53				
波兰	Poland	47	31	32	42	50	52
葡萄牙	Portugal	15	13	12	31	28	38
韩国	Republic of Korea	204	207	248	269	339	494
俄罗斯联邦	Russian Federation	109	139	124	121	138	128
新加坡	Singapore	12	13	26	21	16	13
南非	South Africa	19	25	23	22	28	23
西班牙	Spain	182	231	216	255	254	241
瑞典	Sweden	51	61	56	50	54	68
瑞士	Switzerland	93	103	110	102	109	118
泰国	Thailand						80
土耳其	Türkiye	61	85	109	137	135	148
英国	United Kingdom of Great Britain and Northern Ireland	326	241	339	298	317	285
美国	United States of America	738	738	649	663	656	660
越南	Viet Nam						

5-9 世界主要国家电影银幕情况
Total Number of Screens in Main Countries

单位：块 (unit)

国　家	Country	2006	2007	2008	2009	2010	2011
阿根廷	Argentina	952	821	825	832	799	792
澳大利亚	Australia		1941	1980	1989	1994	1991
奥地利	Austria	576	570	577	577	584	577
比利时	Belgium	507	513	491	481	461	510
巴西	Brazil	2095	2160	2278	2120	2206	2352
加拿大	Canada	2831	2652	2833	2833		2749
智利	Chile	273	280	299	301	311	320
哥伦比亚	Colombia	475	439	472	562	587	647
古巴	Cuba	337	296	307	313		
捷克	Czech Republic	701	681	689	695	688	668
丹麦	Denmark	385	394	397	400	399	396
埃及	Egypt		232	250	237	294	
芬兰	Finland	330	309	313	300	289	283
法国	France	5300	5202	5292	5342	5465	5465
德国	Germany	4848	4832	4810	4734	4699	4640
希腊	Greece	500	540			370	
匈牙利	Hungary	440	400	418	408	411	395
印度	India	11183	10189	10120	10070	10020	10020
印度尼西亚	Indonesia	929	681	712	726		763
伊朗	Iran (Islamic Republic of)	239	240	247	247		438
爱尔兰	Ireland	415	426	435	442	438	444
意大利	Italy	3785	3087	3141	3208	3217	
日本	Japan	3062	3221	3359	3396	3412	3339
马来西亚	Malaysia	287	353	453	485	571	639
墨西哥	Mexico	3700	4204	4499	4568	4905	5166
荷兰	Netherlands	697	696	717	751	777	789
挪威	Norway	429	417	424	422	429	422
菲律宾	Philippines	690	765	770	770		693
波兰	Poland	931	1008	1043	1061	1076	1122
葡萄牙	Portugal	479	546	572	577	562	558
韩国	Republic of Korea		1975	2004	2055	2003	1974
俄罗斯联邦	Russian Federation	1333	1576	1910	2133	2424	2726
新加坡	Singapore	167	175	174	176	169	187
南非	South Africa	815	831	836	846	857	
西班牙	Spain	4299	4335	4208	4105	4080	4044
瑞典	Sweden	972	933	848	848	832	830
瑞士	Switzerland	547	550	564	559	558	547
泰国	Thailand	671	704	737	752	757	
土耳其	Türkiye	1299	1464	1575	1810	1874	1968
英国	United Kingdom of Great Britain and Northern Ireland	3440	3514	3610	3651	3651	3767
美国	United States of America	38415	40077	40194	39717	39547	39641

资料来源：联合国教科文组织。
Data source: UNESCO.

5-9 续表 continued

单位：块 (unit)

国　家	Country	2012	2013	2014	2015	2016	2017
阿根廷	Argentina	883	895	867	912	933	987
澳大利亚	Australia	1997	2057	2041	2080	2121	2210
奥地利	Austria	565	548	556	557	556	562
比利时	Belgium	500	497	473	472	496	
巴西	Brazil	2517	2678	2833	3005	3160	3223
加拿大	Canada	2885	3031	2502	3114	2641	
智利	Chile	342	363	338	366	380	411
哥伦比亚	Colombia	698	815	879	935	1006	1082
古巴	Cuba						
捷克	Czech Republic	633	684	685	689	691	736
丹麦	Denmark	406	414	420	432	444	458
埃及	Egypt	282	269	239	221	233	
芬兰	Finland	281	279	294	311	312	332
法国	France	5508	5587	5647	5741	5842	5909
德国	Germany	4617	4610	4556	4613		
希腊	Greece	482	482		554	554	554
匈牙利	Hungary	360	345	326	354	399	404
印度	India	11100	11081	11109	11100	11194	11209
印度尼西亚	Indonesia		842	963	1146		
伊朗	Iran (Islamic Republic of)			325	380	415	538
爱尔兰	Ireland	438	463	468	494	496	522
意大利	Italy	3240	3256	3261	3354	3442	3510
日本	Japan	3290	3318	3032	3074	3045	3096
马来西亚	Malaysia	754	774	874	994	991	1094
墨西哥	Mexico	5343	5547	5977	6062	6225	6633
荷兰	Netherlands	806	828	859	888	944	956
挪威	Norway	415	422	425	434	439	443
菲律宾	Philippines	714	747	715	734		
波兰	Poland	1162	1243	1243	1276	1364	1416
葡萄牙	Portugal	551	544	545	547	557	571
韩国	Republic of Korea	2081	2184	2381	2492	2575	
俄罗斯联邦	Russian Federation	3100	3479	3829	4021	4369	4796
新加坡	Singapore			221	233	234	253
南非	South Africa	750	800				
西班牙	Spain	4003	3908	3700	3588	3554	3618
瑞典	Sweden	816	774	765	802	808	
瑞士	Switzerland	536	533	557	570	575	581
泰国	Thailand	846				1154	
土耳其	Türkiye	2093	2170	2483	2648	2240	2383
英国	United Kingdom of Great Britain and Northern Ireland	3817	3867	3909	4046	4150	4264
美国	United States of America	39662	39783	39956	40174	40174	40393

5-10 美国文化艺术产业总产出
Nominal Gross Output by Arts and Cultural Production Industry

单位：百万美元 (USD million)

产　业	Industry	2018	2019	2020	2021	2022
合　计	**Total**	**1493482**	**1550668**	**1513690**	**1729140**	**1918427**
核心文化艺术生产	**Core Arts and Cultural Production**	**305767**	**325028**	**273974**	**322073**	**397717**
表演艺术	Performing Arts	120134	128384	84499	110517	156775
表演艺术公司	Performing Arts Companies	28128	29430	20531	21150	34416
表演艺术推广	Promoters of Performing Arts and Similar Events	35663	38792	21664	30018	47612
艺术家经纪人	Agents/Managers For Artists	5937	6319	4483	6356	8658
独立艺术家，作家和表演者	Independent Artists, Writers, And Performers	50407	53843	37821	52993	66089
博物馆	Museums	19894	21117	18506	19891	21025
设计服务	Design Services	150706	159639	156348	176098	202280
广告	Advertising	56524	60317	60383	67114	77907
建筑服务	Architectural Services	32884	34934	34074	37613	43827
园林设计服务	Landscape Architectural Services	6055	6240	6392	6756	7878
室内设计服务	Interior Design Services	19985	21053	21866	26646	30146
工业设计服务	Industrial Design Services	2705	2961	3308	3734	4223
平面设计服务	Graphic Design Services	12228	13079	12826	14833	16789
电脑系统设计	Computer Systems Design	3242	3379	3322	3291	4814
摄影与冲印服务	Photography and Photofinishing Services	15410	15898	12628	14196	14520
所有其他设计服务	All Other Design Services	1673	1777	1548	1915	2176
美术教育	Fine Arts Education	7312	7934	6513	7501	8519
教育服务	Education Services	7721	7954	8109	8067	9118
文化艺术辅助和文化生产	**Supporting Arts and Cultural Production**	**1147682**	**1184435**	**1200120**	**1362630**	**1470623**
文化艺术辅助服务	Art Support Services	164265	172877	177809	190117	209219
租赁	Rental and Leasing	10658	10952	9730	10749	12768
赠款和赠与服务	Grant-Making And Giving Services	1412	1584	1346	1741	1873
工会	Unions	1201	1269	1303	1336	1354
政府	Government	149231	157180	164408	174877	191221
其他支持	Other Support Services	1763	1892	1021	1413	2003
信息服务	Information Services	766637	792414	802644	918115	985169
出版	Publishing	139521	142502	145553	162121	175658
电影	Motion Pictures	140278	142094	122237	138678	162732
录音	Sound Recording	19861	21816	22878	26107	30980
广播	Broadcasting	282487	277858	278608	296448	303917
其他信息服务	Other Information Services	184489	208143	233368	294760	311881
制造	Manufacturing	37463	36138	33170	36080	40162
珠宝和银器制造	Jewelry and Silverware Manufacturing	7223	7022	6134	7361	8182
印刷制品生产	Printed Goods Manufacturing	12815	11975	10425	10790	12016
乐器制造	Musical Instruments Manufacturing	1998	2055	1953	2280	2454
定制建筑木制品和金属制品	Custom Architectural Woodwork and Metalwork	9057	8629	8135	8605	10020
其他产品制造业	Other Goods Manufacturing	6369	6456	6524	7044	7490
建筑	Construction	28970	29929	28446	28435	28622
非ACPSA相关产品	Non ACPSA-related Production	40034	41204	39597	44436	50087
批发及运输行业	Wholesale and Transportation Industries	80203	81795	80581	95581	107215
零售行业	Retail Industries	70144	71283	77471	94303	100236
其他产业	**All Other Industries**	**40034**	**41204**	**39597**	**44436**	**50087**

注：1.资料来源：美国商务部经济分析局。
2.文化艺术生产卫星账户选择美国国内生产总值账户中文化艺术产品和服务的特定一部分，并提供相关信息(以下相关表同)。

a) Data Source: Bureau of Economic Analysis, U.S. Department of Commerce.

b) ACPSA(Arts and Cultural Production Satellite Account)provides information on a select group of arts and cultural goods and services that are currently in the U.S. GDP accounts. The same applies to the table following.

5-11 美国文化艺术产业实际增加值与上期变动百分比
Real Value Added by Arts and Cultural Production Industry: Percent Change from Preceding Period

单位：% (%)

产　业	Industry	2018	2019	2020	2021	2022
合　计	**Total**	**2.4**	**3.8**	**-2.3**	**10.8**	**4.8**
核心文化艺术生产	**Core Arts and Cultural Production**	**7.2**	**4.0**	**-11.7**	**11.1**	**18.2**
表演艺术	Performing Arts	6.9	2.7	-28.7	12.4	39.2
表演艺术公司	Performing Arts Companies	0.9	-0.4	-25.2	-27.8	76.5
表演艺术推广	Promoters of Performing Arts and Similar Events	6.6	4.1	-41.5	14.2	70.0
艺术家经纪人	Agents/Managers For Artists	8.4	1.2	-20.5	28.6	55.3
独立艺术家，作家和表演者	Independent Artists, Writers, And Performers	9.9	3.6	-25.0	27.7	18.4
博物馆	Museums	4.6	1.1	0.6	-10.9	6.9
设计服务	Design Services	8.0	5.1	-1.1	13.6	8.5
广告	Advertising	7.3	1.9	3.9	13.3	5.8
建筑服务	Architectural Services	7.6	8.3	-5.2	12.4	10.9
园林设计服务	Landscape Architectural Services	6.1	5.6	-6.8	15.2	13.9
室内设计服务	Interior Design Services	13.9	6.8	6.6	16.8	10.8
工业设计服务	Industrial Design Services	3.0	9.4	11.2	14.0	7.2
平面设计服务	Graphic Design Services	1.7	4.8	-0.8	14.0	9.6
电脑系统设计	Computer Systems Design	10.2	9.4	0.6	3.7	46.0
摄影与冲印服务	Photography and Photofinishing Services	12.3	6.0	-22.0	12.9	-3.3
所有其他设计服务	All Other Design Services	4.6	4.9	-17.9	30.6	13.4
美术教育	Fine Arts Education	14.8	13.1	-31.7	21.4	24.0
教育服务	Education Services	-1.2	2.2	2.6	-3.1	7.3
文化艺术辅助和文化生产	**Supporting Arts and Cultural Production**	**1.1**	**3.8**	**0.6**	**10.9**	**1.4**
文化艺术辅助服务	Art Support Services	0.2	1.4	-2.8	2.1	4.3
租赁	Rental and Leasing	2.1	-0.3	-21.9	7.8	2.8
赠款和赠与服务	Grant-Making And Giving Services	-0.8	12.0	-8.5	15.3	5.7
工会	Unions	2.2	4.2	7.3	-7.9	-1.6
政府	Government	0.1	1.4	-1.5	1.7	4.3
其他支持	Other Support Services	8.1	-4.1	-60.3	57.5	43.8
信息服务	Information Services	1.0	5.7	1.9	16.1	2.9
出版	Publishing	4.5	10.4	4.4	15.4	4.6
电影	Motion Pictures	-6.0	-5.7	-16.6	18.2	6.5
录音	Sound Recording	3.2	8.0	8.9	19.4	18.9
广播	Broadcasting	-0.3	-1.0	-1.5	6.5	3.2
其他信息服务	Other Information Services	5.6	20.2	14.2	25.1	-1.4
制造	Manufacturing	0.2	-1.8	-10.8	6.2	-4.4
珠宝和银器制造	Jewelry and Silverware Manufacturing	4.1	4.1	-17.8	12.2	10.5
印刷制品生产	Printed Goods Manufacturing		-7.0	-17.9	5.0	-6.5
乐器制造	Musical Instruments Manufacturing	-3.7	-0.3	1.3	12.5	-1.2
定制建筑木制品和金属制品	Custom Architectural Woodwork and Metalwork	-2.6	-7.3	-9.1	-4.2	-16.6
其他产品制造业	Other Goods Manufacturing	1.6	11.0	3.9	12.8	-0.2
建筑	Construction	5.6	-3.2	-13.4	-0.5	-14.3
非ACPSA相关产品	NonACPSA-related Production	-0.3	-0.9	4.8	1.1	-4.0
批发及运输行业	Wholesale and Transportation Industries	4.9	1.7	2.8	2.0	-7.3
零售行业	Retail Industries	1.6	2.4	-3.4	5.6	4.7
其他产业	**All Other Industries**	**-3.4**	**-0.3**	**0.7**	**-7.8**	**10.5**

资料来源：美国商务部经济分析局。
Data Source: Bureau of Economic Analysis, U.S. Department of Commerce.

5-12 加拿大文化产业基本情况
Statistics on Culture Industries in Canada

单位：百万加元 (CAD million)

类　别	Category	2018	2019	2020	2021	2022
文化产业合计	**Culture Industries, Total**	**64504**	**67546**	**63209**	**68094**	**72811**
文化产品	Culture Products	44916	46948	42821	46414	50400
遗址和图书馆	Heritage and Libraries	684	742	522	562	684
现场表演	Live Performance	2591	2701	1602	1713	2122
视觉和应用艺术	Visual and Applied Arts	7594	8328	7934	8928	10162
文学作品	Written and Published Works	7603	7321	6092	6246	6577
视听和交互媒体	Audio-visual and Interactive Media	13070	13966	12689	13773	14428
录音	Sound Recording	485	447	457	508	532
教育和培训	Education and Training	3661	3860	3884	4076	4389
治理、资金和专业支持	Governance, Funding and Professional Support	8418	8694	8813	9752	10592
多领域	Multi domain	810	889	827	855	912
其他产品	All Other Products	19588	20598	20388	21680	22411

注：1.资料来源：加拿大统计局。
2.多领域包括与多个文化领域相关的文化产业，如与文化相关的会议和展会组织商；磁光学媒体的生产和复制；非金融无形资产的租赁；网络出版和传播以及网络搜索门户行业。这些文化产业都会影响不止一个文化域但不能轻易分配给单个域，所以将它们聚合在一起。2017年以前，互联网出版活动被纳入多领域；2017年及以后，该活动已从多域纳入到文学作品领域。

a) Data source: Statistics Canada.

b) The Multi domain includes culture industries that are associated with more than one culture domain: the culture portion of convention and trade show organizers; manufacturing and reproducing unrecorded media; lessors of non-financial intangible assets (except copyrighted works); and internet broadcasting, and web search portal industries. These culture industries all affect more than one culture domain but cannot be easily allocated to a single domain, so they have been aggregated together. Prior to 2017, Internet publishing activities was included as part of the Multi domain. However; as of 2017, this activity was moved from the Multi domain to their associated subdomain within Written and published works.

5-13 澳大利亚文化产业增加值基本情况
The Added Value of Creative Industries in Australia

单位：百万澳元 (AUD million)

类　别	Category	2005/2006	2006/2007	2007/2008	2008/2009	2009/2010	2010/2011	2011/2012
合　计	**Total**	**35144**	**36891**	**36805**	**33704**	**33600**	**32809**	**32666**
音乐和表演艺术	Music&Performing Arts	412	450	440	459	494	512	559
电影、电视和广播	Film,Television&Radio	5504	5150	4883	4418	4463	4327	4419
广告&市场营销	Advertising & Marketing	779	793	806	805	784	768	767
软件开发&交互内容	Software &Interactive Content	15373	17000	16876	14931	15053	15286	15708
文学、印刷、出版媒体	Writing, Publishing& Print Media	8159	8131	8016	7365	7231	6484	5925
设计&视觉艺术	Design&Visual Arts	1897	1943	1965	1925	1876	1907	1939
建筑	Architecture	3020	3470	3820	3800	3700	3525	3350

资料来源：市场研究公司IBISWorld的工业报告预测。
Data source: IBISWorld.

5-14 英国文化产业基本情况(2019年)
The Creative Industries in UK (2019)

类　别	Category	公司数量(个) Count (unit)	岗位数量(个) Employment (post)	就业人数(人) Employees (person)	营业额(千英镑) Turnover (1000 pounds)
合计	**Total All Industries**	**297500**	**1343724**	**1309530**	**235074902**
广告和营销	Advertising and Marketing	24990	160727	157902	37952643
电影、电视、广播和摄影	Film, TV, Radio and Photography	33825	170220	163585	48420381
信息技术、软件和计算机服务	IT, Software and Computer Services	150350	589921	586349	97773872
建筑设计	Architecture	16560	80685	77792	7963400
工艺品	Crafts	1300	5016	4443	809492
出版	Publishing	10955	126053	124528	19294352
音乐和表演艺术	Music and Performing Arts	35035	117595	105283	14224100
博物馆、艺术馆和图书馆	Museums, Galleries and Libraries	1015	29789	29628	940344
产品、图表和时尚设计	Product, Graphic and Fashion Design	23470	63718	60020	7696318

资料来源：英国国家统计局
Data source: Office for National Statistics of UK

5-15 德国文化产业基本情况
Key Data on the Culture and Creative Industries in Germany

类　别	Category	企业数量(个) Number of Enterprises(unit) 2011	2012	2013	2014	2015	2016	2017	2018	2019
合　计(扣除重复计算)	**Total(No Double Counting)**	**244290**	**245816**	**246353**	**246967**	**250439**	**254484**	**254657**	**259349**	**258790**
音乐产业	Music Industry	13894	13796	13811	13759	14057	14430	14197	14881	14670
图书市场	Book Market	16702	16828	16811	16798	17079	17268	17254	17531	17450
艺术市场	Art Market	13422	13203	13153	12794	12752	12874	12616	12649	12390
电影产业	Film Industry	18199	18282	18440	18267	18624	19075	19013	20218	19975
广播产业	Broadcasting Industry	18128	18154	18159	18074	18179	17880	18071	17339	17091
表演艺术产业	Performing Art Industry	15982	16497	17004	17473	18249	19080	19419	20786	21212
设计产业	Design Industry	52439	53676	54454	55624	57127	58431	59548	60307	60481
建筑市场	Architectural Market	40702	40762	40205	40040	39849	39691	39605	38723	38395
出版市场	Press Market	33498	33131	32557	32119	32341	32241	31569	31590	31082
广告	Advertising Market	34577	33448	32107	30855	30221	30220	28490	29562	29142
软件/游戏产业	Software/Games Industry	30413	31915	33365	34725	35933	37375	39016	40561	41963
其他	Other Activities	7736	7751	7812	7775	7887	8249	8183	8140	8197
占全国企业营业额的比重(%)	**as Percentage of National Total (%)**	**7.60**	**7.56**	**7.60**	**7.62**	**7.69**	**7.79**	**7.74**	**7.91**	**7.87**

资料来源：德国联邦经济技术部。
Data source: Federal Ministry of Economics and Technology.

5-15 续表 continued

类 别	Category	营业额(百万欧元) Total Turnovers (EUR 100 million)								
		2011	2012	2013	2014	2015	2016	2017	2018	2019
合 计(扣除重复计算)	**Total(No Double Counting)**	**140970**	**143338**	**143155**	**146895**	**152067**	**158814**	**158578**	**171051**	**174085**
音乐产业	Music Industry	6639	7099	7674	7896	8178	8139	8858	8685	9039
图书市场	Book Market	14255	14032	13737	13686	13657	14024	13572	14077	14257
艺术市场	Art Market	2341	2316	2292	2091	2170	2249	2151	2223	2192
电影产业	Film Industry	9283	9228	9060	9328	9844	9572	9523	9874	10011
广播产业	Broadcasting Industry	7905	8327	8942	9378	9578	9892	10484	10657	10864
表演艺术产业	Performing Art Industry	3742	3909	3971	4262	4502	4770	4851	5604	5724
设计产业	Design Industry	18353	18535	18338	18566	19078	19764	19428	20604	20949
建筑市场	Architectural Market	8708	8813	9130	9554	10236	10700	10829	11943	12427
出版市场	Press Market	31711	31931	31065	30657	30133	30054	29855	29416	30019
广告	Advertising Market	24929	24965	25175	26130	27033	29405	28344	29975	29633
软件/游戏产业	Software/Games Industry	28442	29642	29418	31619	34362	37727	38005	46655	50166
其他	Other Activities	1652	1587	1531	1418	1381	1425	1343	1411	1378
占全国企业营业额的比重(%)	**as Percentage of National Total (%)**	**2.48**	**2.49**	**2.48**	**2.50**	**2.54**	**2.61**	**2.56**	**2.58**	**2.56**

5-16 法国文化产业增加值及构成(2022年)
Value-added of Cultural Industries and Its Composition in France(2022)

类 别	Category	增加值 (亿欧元) Value-added (EUR 100 million)	构 成 (%) Composition (%)
合 计	**Total**	**471**	**100.0**
音像	Audio-visual Arts	126	26.9
现场表演	Live Performance	74	15.7
广告	Advertising	48	10.2
文化遗产	Cultural Heritage	47	9.9
报刊	Press	46	9.7
建筑设计	Architecture	45	9.5
视觉艺术	Visual Arts	37	7.9
图书	Books	23	4.8
文化教育	Cultural Education	25	5.4

资料来源：法国文化统计部门。
Data source: Culture Ministerial Statistical Department.

5-17 芬兰文化产业基本情况
Statistics on Culture Industries in Finland

类　　别	Category	2018	2019	2020	2021	2022
文化产业增加值(百万欧元)	**Gross Value Added (million Euros)**	**6554**	**6475**	**6034**	**6787**	**7112**
建筑和工业设计	Architectural and Industrial Design	412	438	438	454	477
电影、视频和电脑游戏	Motion Pictures, Videos and Computer Games	1157	1068	1142	1548	1614
游乐园、游戏和其他娱乐	Amusement Parks, Games and Other Entertainment and Recreation	453	374	348	372	439
图书馆、档案馆、博物馆	Libraries, Archives and Museums, etc.	353	339	330	350	365
书籍出版和发行	Production and Distribution of Books	513	513	493	495	472
教育和文化管理	Education and Cultural Administration	228	241	234	234	246
组织文化和相关活动	Organisation of Cultural Events and Related Activity	201	230	105	242	309
广告	Advertising	670	663	609	684	711
印刷和相关活动	Printing and Related Activities	329	315	275	267	280
广播电视	Radio and Television	368	421	532	526	495
报纸、期刊和新闻机构	Newspapers, Periodicals and News Agencies	859	795	669	700	666
乐器制造和销售	Manufacture and Sale of Musical Instruments	15	16	17	16	17
艺术品和古董	Art and Antique Shops	10	9	7	8	9
表演、戏剧和音乐会	Artistic, Theatre and Concert Activities	655	726	573	591	692
照相	Photography	77	74	67	86	85
娱乐电子产品制造和销售	Manufacture and Sale of Entertainment Electronics	109	106	118	127	129
录音	Sound Recordings	146	148	78	87	106
占总增加值的比重(%)	**as Percentage of Gross Value Added (%)**	**3.3**	**3.1**	**2.9**	**3.1**	**3.1**
文化产业从业人员(百人)	**Employment (100 Persons)**	**811**	**800**	**769**	**717**	**767**
占全部从业人员的比重(%)	**as Percentage of Employment (%)**	**3.1**	**3.0**	**2.9**	**2.7**	**2.8**

资料来源：芬兰统计局。
Data source: Statistics Finland.

5-18　西班牙核心文化产业增加值
Value-added of Core Cultural Industries in Spain

类　别	Category	2017	2018	2019	2020	2021
合　计(亿欧元)	**Total (EUR 100 million)**	**270**	**282**	**283**	**237**	**258**
文化遗产、档案馆和图书馆	Heritage, Archives and Libraries	25	24	24	16	17
书籍、报刊	Books, Newspapers and Magazines	69	68	69	64	66
造型艺术	Plastic Arts	52	58	57	48	55
表演艺术	Performing Arts	30	31	30	17	18
视听和多媒体	Audio-visual and Media	74	77	79	71	80
跨学科文化	Interdisciplinary Culture	21	24	23	21	22
构　成(%)	**As Percentage of Total Value-added(%)**	**100.0**	**100.0**	**100.0**	**100.0**	**100.0**
文化遗产、档案馆和图书馆	Heritage, Archives and Libraries	9.2	8.6	8.5	6.9	6.5
书籍、报刊	Books, Newspapers and Magazines	25.4	24.2	24.5	26.9	25.5
造型艺术	Plastic Arts	19.1	20.6	20.3	20.2	21.5
表演艺术	Performing Arts	11.2	10.9	10.7	7.0	6.9
视听和多媒体	Audio-visual and Media	27.3	27.1	27.9	30.1	31.1
跨学科文化	Interdisciplinary Culture	7.8	8.5	8.1	8.9	8.5
占GDP的比重(%)	**As Percentage of GDP(%)**	**2.6**	**2.6**	**2.5**	**2.3**	**2.3**
文化遗产、档案馆和图书馆	Heritage, Archives and Libraries	0.2	0.2	0.2	0.2	0.2
书籍、报刊	Books, Newspapers and Magazines	0.7	0.6	0.6	0.6	0.6
造型艺术	Plastic Arts	0.5	0.5	0.5	0.5	0.5
表演艺术	Performing Arts	0.3	0.3	0.3	0.2	0.2
视听和多媒体	Audio-visual and Media	0.7	0.7	0.7	0.7	0.7
跨学科文化	Interdisciplinary Culture	0.2	0.2	0.2	0.2	0.2

资料来源：西班牙文化部。
Data source: Ministry of Education, Culture and Sport, Spain.

5-19　韩国文化产业统计(2022年)
Statistics of Korea's Creative Content Industry(2022)

类　别	Category	企业数量(个) Number of Enterprises (unit)	从业人员数量(人) Engaged Persons (person)	销售额(百万韩元) Total Sales (million KRW)	出口额(千美元) Exports (thousand USD)	进口额(千美元) Imports (thousand USD)
合　计	**Total**	**114769**	**647969**	**151077245**	**13243006**	**1151789**
出版	Publication	34652	173167	25191702	375083	272088
漫画	Manhwa	5004	12185	2624004	107635	7288
音乐	Music	33626	60996	11009624	927613	15408
电影	Movie	7020	36601	7369200	71440	24684
游戏	Games	10272	84347	22214886	8981751	260163
动画	Animation	696	6373	921022	159355	14293
广播	Broadcast	1154	51639	26104717	948045	73448
广告	Advertisements	6667	75338	19666138	327748	364860
人物形象	Characters	3169	17154	5372788	390399	95157
知识信息	Knowledge Information	10185	90652	21493067	701400	10243
文化产业解决方案	Contents Solution	2324	39516	9110097	252535	14156

资料来源：韩国内容产业振兴院。
Data source: KOCCA.

附录一

Appendix 1

中国入选世界文化遗产项目

Items Listing in World Cultural Heritage of China

1.中国入选“世界遗产名录”的文化和自然遗产项目

序号	名　称	项　目	批准时间
1	泰山	文化与自然双重遗产	1987.12
2	敦煌莫高窟	文化遗产	1987.12
3	周口店“北京人”遗址	文化遗产	1987.12
4	长城[1]	文化遗产	1987.12
5	秦始皇陵及兵马俑	文化遗产	1987.12
6	明清皇宫[2]	文化遗产	1987.12
7	黄山	文化与自然双重遗产	1990.12
8	黄龙国家级名胜区	自然遗产	1992.12
9	武陵源国家级名胜区	自然遗产	1992.12
10	九寨沟国家级名胜区	自然遗产	1992.12
11	武当山古建筑群	文化遗产	1994.12
12	曲阜孔庙、孔府及孔林	文化遗产	1994.12
13	承德避暑山庄及周围寺庙	文化遗产	1994.12
14	布达拉宫和大昭寺[3]	文化遗产	1994.12
15	峨眉山—乐山风景名胜区	文化与自然双重遗产	1996.12
16	庐山风景名胜区	文化景观	1996.12
17	苏州古典园林	文化遗产	1997.12
18	平遥古城	文化遗产	1997.12
19	丽江古城	文化遗产	1997.12
20	天坛	文化遗产	1998.11
21	颐和园	文化遗产	1998.11
22	武夷山	文化与自然双重遗产	1999.12
23	大足石刻	文化遗产	1999.12
24	皖南古村落：西递、宏村	文化遗产	2000.11
25	明清皇家陵寝[4]	文化遗产	2000.11
26	龙门石窟	文化遗产	2000.11
27	青城山和都江堰	文化遗产	2000.11

注：1. 2002年11月辽宁九门口水上长城获批加入此项世界文化遗产。
2. 明清皇宫：包括北京故宫(北京)和沈阳故宫(辽宁)，分别于1987年12月和2004年7月获批。
3. 2001年12月拉萨的罗布林卡获批加入此项世界文化遗产。
4. 明清皇家陵寝：明显陵(湖北钟祥市)、清东陵(河北遵化市)、清西陵(河北易县)于 2000年11月获批，明孝陵(江苏南京市)、明十三陵(北京昌平区)于 2003年7月获批，盛京三陵(辽宁沈阳市)于2004年7月获批。
5. 丝绸之路：长安-天山走廊的路网为中国、哈萨克斯坦和吉尔吉斯斯坦三国联合申报并共有的项目。
6. 2024年7月“中国黄(渤)海候鸟栖息地(第二期)”获批加入此项世界遗产名录。

1. 续表 continued

序号	名 称	项 目	批准时间
28	云冈石窟	文化遗产	2001.12
29	云南三江并流保护区	自然遗产	2003.7
30	高句丽王城、王陵及贵族墓葬	文化遗产	2004.7
31	澳门历史城区	文化遗产	2005.7
32	四川大熊猫栖息地	自然遗产	2006.7
33	殷墟	文化遗产	2006.7
34	中国南方喀斯特	自然遗产	2007.6
35	开平碉楼与古村落	文化遗产	2007.6
36	福建土楼	文化遗产	2008.7
37	三清山	自然遗产	2008.7
38	五台山	文化景观	2009.6
39	登封“天地之中”历史建筑群	文化遗产	2010.7
40	中国丹霞	自然遗产	2010.8
41	杭州西湖文化景观	文化景观	2011.6
42	元上都遗址	文化遗产	2012.6
43	云南澄江帽天山化石地	自然遗产	2012.7
44	云南红河哈尼梯田	文化景观	2013.6
45	新疆天池	自然遗产	2013.6
46	丝绸之路：长安-天山走廊的路网[5]	文化遗产	2014.6
47	大运河	文化遗产	2014.6
48	土司遗址	文化遗产	2015.7
49	广西左江花山岩画	文化景观	2016.7
50	湖北神农架	自然遗产	2016.7
51	青海可可西里	自然遗产	2017.7
52	厦门鼓浪屿	文化遗产	2017.7
53	贵州梵净山	自然遗产	2018.7
54	良渚古城遗址	文化遗产	2019.7
55	中国黄(渤)海候鸟栖息地[6]	自然遗产	2019.7
56	泉州：宋元中国的世界海洋商贸中心	文化遗产	2021.7
57	普洱景迈山古茶林文化景观	文化遗产	2023.9
58	北京中轴线——中国理想都城秩序的杰作	文化遗产	2024.7
59	巴丹吉林沙漠－沙山湖泊群	自然遗产	2024.7

2.中国入选联合国教科文组织非物质文化遗产名录(名册)项目

序号	名　称	列入年份	备注
1	昆曲	2008[1]	
2	古琴艺术	2008[1]	
3	蒙古族长调民歌	2008[1]	该项目为与蒙古国联合申报
4	新疆维吾尔木卡姆艺术	2008[1]	
5	中国篆刻	2009	
6	中国雕版印刷技艺	2009	
7	中国书法	2009	
8	中国剪纸	2009	
9	中国传统木结构建筑营造技艺	2009	
10	南京云锦织造技艺	2009	
11	端午节	2009	
12	中国朝鲜族农乐舞	2009	
13	格萨(斯)尔	2009	
14	侗族大歌	2009	
15	花儿	2009	
16	玛纳斯	2009	
17	妈祖信俗	2009	
18	呼麦	2009	
19	南音	2009	
20	热贡艺术	2009	
21	中国传统桑蚕丝织技艺	2009	
22	藏戏	2009	
23	龙泉青瓷传统烧制技艺	2009	
24	宣纸传统制作技艺	2009	
25	西安鼓乐	2009	
26	粤剧	2009	
27	中医针灸	2010	
28	京剧	2010	
29	麦西热甫	2010	急需保护的非物质文化遗产
30	中国水密隔舱福船制造技艺	2010	急需保护的非物质文化遗产
31	中国活字印刷术	2010	急需保护的非物质文化遗产
32	中国皮影戏	2011	
33	赫哲族伊玛堪	2011	急需保护的非物质文化遗产
34	福建木偶戏后继人才培养计划	2012	非物质文化遗产优秀实践
35	中国珠算——运用算盘进行数学计算的知识与实践	2013	
36	二十四节气——中国人通过观察太阳周年运动而形成的时间知识体系及其实践	2016	
37	藏医药浴法——中国藏族有关生命健康和疾病防治的知识与实践	2018	
38	太极拳	2020	
39	送王船——有关人与海洋可持续联系的仪式及相关实践	2020	该项目为与马来西亚联合申报
40	中国传统制茶技艺及其相关习俗	2022	
41	春节——中国人庆祝传统新年的社会实践	2024	
42	羌年	2024[2]	
43	中国木拱桥传统营造技艺	2024[2]	
44	黎族传统纺染织绣技艺	2024[2]	

注：1.《实施〈保护非物质文化遗产公约〉操作指南》（以下简称《操作指南》）于2008年6月在《公约》缔约国大会第二届会议上通过。《操作指南》第57条规定，根据《公约》第八章过渡条款第三十一条第一款，在缔约国大会通过操作指南后，委员会应自动将《公约》生效前宣布为人类口头和非物质遗产代表作的所有项目纳入人类非物质文化遗产代表作名录。故上表前4个项目于2008年由人类口头和非物质遗产代表作转入人类非物质文化遗产代表作名录。

2.2024年12月，在巴拉圭亚松森举行的联合国教科文组织保护非物质文化遗产政府间委员会第19届常会通过评审，将2009年列入急需保护的非物质文化遗产名录的羌年、黎族传统纺染织绣技艺、中国木拱桥传统营造技艺3个项目，转入人类非物质文化遗产代表作名录。

附录二
Appendix 2

主要统计指标解释

Explanatory Notes on Main Statistical Indicators

主要统计指标解释

国内生产总值(GDP)　指一个国家所有常住单位在一定时期内生产活动的最终成果。国内生产总值有三种表现形态，即价值形态、收入形态和产品形态。从价值形态看，它是所有常住单位在一定时期内生产的全部货物和服务价值与同期投入的全部非固定资产货物和服务价值的差额，即所有常住单位的增加值之和；从收入形态看，它是所有常住单位在一定时期内创造的各项收入之和，包括劳动者报酬、生产税净额、固定资产折旧和营业盈余；从产品形态看，它是所有常住单位在一定时期内最终使用的货物和服务价值与货物和服务净出口价值之和。在实际核算中，国内生产总值有三种计算方法，即生产法、收入法和支出法。三种方法分别从不同的方面反映国内生产总值及其构成。

对于一个地区来说，称为地区生产总值或地区 GDP。

全社会固定资产投资　是以货币形式表现的在一定时期内全社会建造和购置固定资产的工作量以及与此有关的费用的总称。该指标是反映固定资产投资规模、结构和发展速度的综合性指标。全社会固定资产投资按登记注册类型可分为国有、集体、联营、股份制、私营和个体、港澳台商、外商、其他等。

居民可支配收入　指居民可用于最终消费支出和储蓄的总和，即居民可以用来自由支配的收入。既包括现金收入，也包括实物收入。按照收入的来源，可支配收入包含四项，分别为：工资性收入、经营净收入、财产净收入和转移净收入

货物进出口总额　指实际进出我国国境的货物总金额。包括对外贸易实际进出口货物，来料加工装配进出口货物，国家间、联合国及国际组织无偿援助物资和赠送品，华侨、港澳台同胞和外籍华人捐赠品，租赁期满归承租人所有的租赁货物，进料加工进出口货物，边境地方贸易及边境地区小额贸易进出口货物，中外合资企业、中外合作经营企业、外商独资经营企业进出口货物和公用物品，到、离岸价格在规定限额以上的进出口货样和广告品(无商业价值、无使用价值和免费提供出口的除外)，从保税仓库提取在中国境内销售的进口货物，以及其他进出口货物。该指标可以观察一个国家在货物贸易方面的总规模。我国规定出口货物按离岸价格统计，进口货物按到岸价格统计。

一般公共预算支出　指国家财政将筹集起来的资金进行分配使用，以满足经济建设和各项事业的需要。主要包括：一般公共服务、外交、国防、公共安全、教育、科学技术、文化旅游体育与传媒、社会保障和就业、卫生健康、节能环保、城乡社区、农林水、交通运输、资源勘探工业信息等、商业服务业等、金融、援助其他地区、自然资源海洋气象等、住房保障、粮油物资储备、灾害防治及应急管理、债务付息、债务发行费用等方面的支出。财政支出根据政府在经济和社会活动中的不同职权，划分为中央财政支出和地方财政支出。

文化及相关产业　指为社会公众提供文化产品和文化相关产品的生产活动的集合。《文化及相关产业分类(2018)》规定文化及相关产业包括新闻信息服务、内容创作生产、创意设计服务等九大类。按业态不同，可分为文化制造业、文化批发和零售业和文化服务业。

就业人员　指年满 16 周岁，为取得报酬或经营利润，在调查周内从事了 1 小时　（含 1 小时）以上劳动的人员；或由于在职学习、休假等原因在调查周内暂时未工作的人员；或由于停工、单位不景气等原因临时未工作的人员。

法人单位　指有权拥有资产、承担负债，并独立从事社会经济活动（或与其他单位进行交易）的组织。法人单位应同时具备以下条件：（1）依法成立，有自己的名称、组织机构和场所，能够独立承担民事责任；（2）独立拥有（或授权使用）资产或者经费，承担负债，有权与其他单位签订合同；（3）具有包括资产负债表在内的账户，或者能够根据需要编制账户。法人单位包括五种类型：企业法人、事业单位法人、机关法人、社会团体和其他成员组织法人、其他法人。

营业收入 指年内企业从事销售商品、提供劳务和让渡资产使用权等生产经营活动形成的经济利益流入。

资产总计 指年末企业过去的交易或者事项形成的、由企业拥有或者控制的、预期会给企业带来经济利益的资源。

利润总额 指年内企业在生产经营过程中各种收入扣除各种耗费后的盈余，反映企业在报告期内实现的盈亏总额。

R&D（研究与试验发展） 指为增加知识存量（也包括有关人类、文化和社会的知识）以及设计已有知识的新应用而进行的创造性、系统性工作，包括基础研究、应用研究和试验发展三种类型。国际上通常采用 R&D 活动的规模和强度指标反映一国的科技实力和核心竞争力。

R&D 人员折合全时当量 指报告期企业 R&D 全时人员（全年从事 R&D 活动累积工作时间占全部工作时间的 90%及以上人员）工作量与非全时人员按实际工作时间折算的工作量之和。

R&D 经费内部支出 指企业在报告年度用于内部开展 R&D 活动的实际支出。包括用于 R&D 项目（课题）活动的直接支出，以及间接用于 R&D 活动的管理费、服务费、与 R&D 有关的基本建设支出以及外协加工费等。不包括生产性活动支出、归还贷款支出以及与外单位合作或委托外单位进行 R&D 活动而转拨给对方的经费支出。

规模以上文化制造业企业 指《文化及相关产业分类(2018)》所规定行业范围内，年主营业务收入在 2000 万元及以上的工业企业法人。

限额以上文化批发和零售业企业 指《文化及相关产业分类(2018)》所规定行业范围内，年主营业务收入在 2000 万元及以上的批发业企业法人和年主营业务收入在 500 万元及以上的零售业企业法人。

规模以上文化服务业企业 指《文化及相关产业分类(2018)》所规定行业范围内，年主营业务收入在 1000 万元及以上的服务业企业，其中交通运输、仓储和邮政业，信息传输、软件和信息技术服务业，水利、环境和公共设施管理业的营业收入在 2000 万元及以上，居民服务、修理和其他服务业以及文化、体育和娱乐业的年营业收入在 500 万元及以上。

少儿读物 指供初中及初中以下少年儿童阅读的书籍。

版权合同登记 指根据国际条约和中国有关法律法规，申请人到著作权行政管理部门登记著作权质权等各类授权合同的行为。

作品自愿登记 指作者、其他享有著作权的公民、法人或者非法人单位和专有权所有人及其代理人，自愿到著作权行政管理部门登记应予以保护作品的行为。

版权引进和输出 指以受版权保护的作品的财产权为标的物，与国外的出版单位等相关机构进行的交易行为，其内容涉及图书、报刊、影视、动漫、戏剧、音乐、软件等。

广播（电视）节目综合人口覆盖率 指在对象区内能接收到中央、省、地（市）、县播出机构通过无线、有线、卫星等技术方式转播的广播（电视）节目信号的人口数占对象区总人口数的比重。

有线广播电视实际用户数 指通过广播电视有线传输网收看电视节目的家庭用户数，包括接收模拟信号和接收数字信号的有线电视用户数。不包括宾馆、单位、写字楼等集体用户。

数字电视实际用户数 指有线电视实际用户中使用数字电视信号接收设备的用户。

全年广播（电视）节目制作时间 指广播电视节目制作机构全年自采、自编、自录的及合作制作、加工制作的各类广播（电视）节目（包括直播节目）的总时长。

公共广播（电视）节目套数 指经国家广电总局批准的、广播电视播出机构开办的不向听众收取收听（收看）费用，以为大众提供公共广播（电视）服务为主要目的，用固定频率（频道）播出，并编有整套自办节目时间表的广播（电视）节目套数。

全年公共广播（电视）节目播出时间 指广播电视播出机构自办节目频率（频道）内公共节目全年播出的时长（含节目重复播出时长）。

艺术表演团体 指由文化部门主办或实行行业管理（经文化市场行政部门审批或已申报登记并领取相关许可证），专门从事表演艺术等活动的各类专业艺术表演团体，含民间职业剧团。不包括群众业余文艺表演团体。

艺术表演场馆　指由文化部门主办或实行行业管理（经文化市场行政部门审批或已申报登记并领取相关许可证），有观众席、舞台、灯光设备，公开售票、专供文艺团体演出的文化活动场所。

博物馆　指为了研究、教育、欣赏的目的，收藏、保护、展示人类活动和自然环境的见证物，向公众开放，非营利性、永久性社会服务机构，包括以博物馆（院）、纪念馆（舍）、美术（艺术）馆、科技馆、陈列馆等专有名称开展活动的单位。

总藏量　指公共图书馆已编目的古籍、图书、期刊和报纸的合订本、小册子、手稿，以及缩微制品、录像带、录音带、光盘等视听文献资料数量之和。

藏品　指文博机构根据收藏品的文化属性、自然属性等情况，所划分的文物藏品、标本藏品、模型藏品（含具有收藏、展示价值的雕塑、绘画等艺术作品）和复制品藏品的总和。本指标所统计的藏品是指报告期末，该机构已经整理并登记入账的藏品数。

国家综合档案馆　指归口中央或地方各级档案行政管理部门直接管理的，按行政区划或历史时期设置的，收集和管理所辖范围内多种门类档案的档案馆。

娱乐场所　指以营利为目的，并向公众开放、消费者自娱自乐的歌舞、游艺等场所，以及各地文化行政部门依据相关规定管理并发放《娱乐场所经营许可证》的其它娱乐场所。

网吧　指通过计算机等设备向公众提供互联网上网服务的营业性娱乐文化服务场所。

动漫企业　指经文化和旅游部、财政部、国家税务总局三部门联合认定的从事漫画创作、动画创作、网络动漫（含手机动漫）创作、动漫舞台创作、动漫软件开发和动漫衍生产品研发等动漫业务的企业。

移动个性化回铃用户　指报告期末电信企业开通的、可由用户自己选择回铃音的移动电话用户。包括使用套餐由电信企业提供多种回铃音的移动电话用户。

互联网宽带接入用户　指报告期末在电信企业登记注册，通过 xDSL、FTTx+LAN、FTTH/O 以及其他宽带接入方式和普通专线接入公众互联网的用户。

互联网普及率　指报告期末互联网网民占行政区域总人口的比率。互联网网民是指通过定期调查进行估算的过去半年内使用过互联网的 6 周岁及以上中国居民。

网页长度（总字节数）　指报告期内中国所有网站所含网页的总长度。网站是指以域名本身或者“www.+域名”为网址的 web 站点，其中包括中国的国家顶级域名.CN 和类别顶级域名（gTLD）下的 web 站点，该域名的注册者位于中国境内。

网站数　指报告期内中国所有网站的总数量。网站是指以域名本身或者“www.+域名”为网址的 web 站点，其中包括中国的国家顶级域名.CN 和类别顶级域名（gTLD）下的 web 站点，该域名的注册者位于中国境内。

互联网宽带接入端口　指用于接入互联网用户的各类实际安装运行的接入端口的数量，包括 xDSL 用户接入端口、LAN 接入端口、FTTH/O 端口及其他类型接入端口等，不包括窄带拨号接入端口。

互联网国际出口带宽　指基础电信企业与其他国家和地区相连的网络出口带宽总数。

互联网及相关服务企业数　指获得工业和信息化部或省、自治区、直辖市通信管理局颁发的《增值电信业务经营许可证》、在中国大陆境内经营全国或区域性增值电信业务的服务商数。

互联网及相关服务收入　指企业经营《增值电信业务经营许可证》中注册的业务所获得的收入总和。

更多指标解释可参见《中国统计年鉴》和相关专业统计年鉴。

附录三

Appendix 3

文化及相关产业分类(2018)

Classification of Culture and Related Industries (2018)

文化及相关产业分类(2018)

一、分类目的和作用

（一）为深化文化体制改革和持续推进社会主义文化强国建设提供统计保障，建立科学可行的文化及相关产业统计制度，制定本分类。

（二）本分类为反映我国文化及相关产业生产活动提供标准分类依据，为文化及相关产业统计提供统一的定义和范围，为发展文化产业、推进社会主义文化繁荣兴盛提供统计服务。

二、分类定义和范围

（一）定义。

本分类规定的文化及相关产业是指为社会公众提供文化产品和文化相关产品的生产活动的集合。

（二）范围。

1.以文化为核心内容，为直接满足人们的精神需要而进行的创作、制造、传播、展示等文化产品（包括货物和服务）的生产活动。具体包括新闻信息服务、内容创作生产、创意设计服务、文化传播渠道、文化投资运营和文化娱乐休闲服务等活动。

2.为实现文化产品的生产活动所需的文化辅助生产和中介服务、文化装备生产和文化消费终端生产（包括制造和销售）等活动。

三、编制原则

（一）以《国民经济行业分类》为基础。

本分类以《国民经济行业分类》（GB/T 4754-2017）为基础，根据文化生产活动的特点，将行业分类中相关的类别重新组合，是《国民经济行业分类》的派生分类。

（二）兼顾文化管理需要和可操作性。

根据我国文化体制改革和发展的实际，本分类在考虑文化生产活动特点的同时，兼顾文化主管部门管理的需要；同时立足于现行统计制度和方法，充分考虑分类的可操作性。

（三）与国际分类标准相衔接。

本分类借鉴了联合国教科文组织的《文化统计框架-2009》的分类方法，在定义和覆盖范围上与其衔接。

四、结构和编码

本分类采用线分类法和分层次编码方法，将文化及相关产业划分为三层，分别用阿拉伯数字编码表示。第一层为大类，用 01-09 数字表示，共有 9 个大类；第二层为中类，用 3 位数字表示，共有 43 个中类；第三层为小类，用 4 位数字表示，共有 146 个小类。

本分类代码结构:

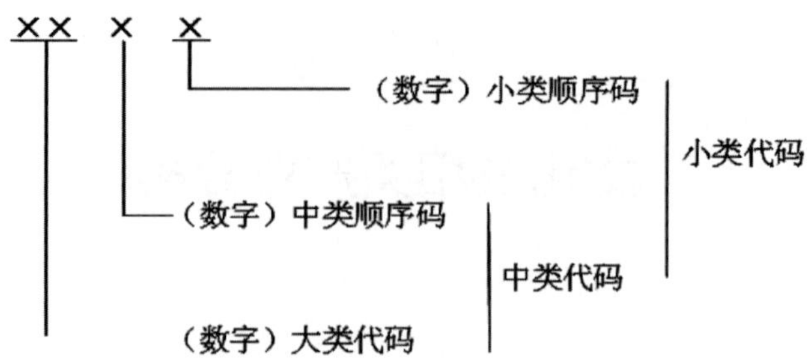

五、有关说明

（一）本分类建立了与《国民经济行业分类》（GB/T 4754-2017）的对应关系。在本分类中，如国民经济某行业小类仅部分活动属于文化及相关产业，则在行业代码后加“*”做标识，并对属于文化生产活动的内容进行说明；如国民经济某行业小类全部纳入文化及相关产业，则小类类别名称与行业类别名称完全一致。

（二）本分类全部小类对应或包含在《国民经济行业分类》（GB/T 4754-2017）相应的行业小类中，具体范围和说明可参见《2017 国民经济行业分类注释》。

（三）本分类 01-06 大类为文化核心领域，07-09 大类为文化相关领域。

六、文化及相关产业分类表

表 1　文化及相关产业的类别名称和行业代码

代码			类别名称	说　明	行业分类代码
大类	中类	小类			
			文化核心领域	本领域包括 01-06 大类。	
01			新闻信息服务		
	011		新闻服务		
		0110	新闻业	包括新闻采访、编辑、发布和其他新闻服务。	8610
	012		报纸信息服务		
		0120	报纸出版	包括党报出版、综合新闻类报纸出版和其他报纸出版服务。	8622
	013		广播电视信息服务		
		0131	广播	指广播节目的现场制作、播放及其他相关活动，还包括互联网广播。	8710
		0132	电视	指有线和无线电视节目的现场制作、播放及其他相关活动，还包括互联网电视。	8720
		0133	广播电视集成播控	指 IP 电视、手机电视、互联网电视等专网及定向传播视听节目服务的集成播控，还包括普通广播电视节目集成播控。	8740
	014		互联网信息服务		
		0141	互联网搜索服务	指互联网中的特殊站点，专门用来帮助人们查找存储在其他站点上的信息。	6421
		0142	互联网其他信息服务	包括网上新闻、网上软件下载、网上音乐、网上视频、网上图片、网上动漫、网上文学、网上电子邮件、网上新媒体、网上信息发布、网站导航和其他互联网信息服务。	6429
02			内容创作生产		
	021		出版服务		
		0211	图书出版	包括书籍出版、课本类书籍出版和其他图书出版服务。	8621
		0212	期刊出版	包括综合类杂志出版，经济、哲学、社会科学类杂志出版，自然科学、技术类杂志出版，文化、教育类杂志出版，少儿读物类杂志出版和其他杂志出版服务。	8623
		0213	音像制品出版	包括录音制品出版和录像制品出版服务。	8624
		0214	电子出版物出版	包括马列毛泽东思想、哲学等分类别电子出版物，综合类电子出版物和其他电子出版物出版服务。	8625
		0215	数字出版	指利用数字技术进行内容编辑加工，并通过网络传播数字内容产品的出版服务。	8626
		0216	其他出版业	指其他出版服务。	8629
	022		广播影视节目制作		
		0221	影视节目制作	指电影、电视和录像（含以磁带、光盘为载体）节目的制作活动，该节目可以作为电视、电影播出、放映，也可以作为出版、销售的原版录像带（或光盘），还可以在其他场合宣传播放，还包括影视节目的后期制作，但不包括电视台制作节目的活动。	8730

代码			类别名称	说明	行业分类代码
大类	中类	小类			
		0222	录音制作	指从事录音节目、音乐作品的制作活动，其节目或作品可以在广播电台播放，也可以制作成出版、销售的原版录音带（磁带或光盘），还可以在其他宣传场合播放，但不包括广播电台制作节目的活动。	8770
	023		创作表演服务		
		0231	文艺创作与表演	指文学、美术创造和表演艺术（如戏曲、歌舞、话剧、音乐、杂技、马戏、木偶等表演艺术）等活动。	8810
		0232	群众文体活动	指对各种主要由城乡群众参与的文艺类演出、比赛、展览等公益性文化活动的管理活动。	8870
		0233	其他文化艺术业	包括网络（手机）文化服务，史料、史志编辑服务，艺（美）术品、收藏品鉴定和评估服务，街头报刊橱窗管理服务和其他未列明文化艺术服务。	8890
	024		数字内容服务		
		0241	动漫、游戏数字内容服务	指将动漫和游戏中的图片、文字、视频、音频等信息内容运用数字化技术进行加工、处理、制作并整合应用的服务，使其通过互联网传播，在计算机、手机、电视等终端播放，在存储介质上保存。	6572
		0242	互联网游戏服务	指以互联网为传输媒介，以游戏运营商服务器和用户计算机为处理终端，以游戏客户端软件为信息交互窗口，旨在实现娱乐、休闲、交流和取得虚拟成就的具有可持续性的个体性多人在线游戏。包括互联网电子竞技服务。	6422
		0243	多媒体、游戏动漫和数字出版软件开发	仅指通用应用软件中的多媒体软件、游戏动漫软件、数字出版软件开发。该小类包含在应用软件开发行业小类中。	6513*
		0244	增值电信文化服务	仅指固定网增值电信、移动网增值电信、其他增值电信中的文化服务。该小类包含在其他电信服务行业小类中。	6319*
		0245	其他文化数字内容服务	仅指文化宣传领域数字内容服务。该小类包含在其他数字内容服务行业小类中。	6579*
	025		内容保存服务		
		0251	图书馆	包括公共图书馆、高等院校图书馆、专业图书馆和其他图书馆管理服务。	8831
		0252	档案馆	包括综合档案馆、专门档案馆、部门档案馆、企业档案馆、事业单位档案馆和其他档案馆管理服务。	8832
		0253	文物及非物质文化遗产保护	指对具有历史、文化、艺术、科学价值，并经有关部门鉴定，列入文物保护范围的不可移动文物的保护和管理活动；对我国口头传统和表现形式，传统表演艺术，社会实践、意识、节庆活动，有关的自然界和宇宙的知识和实践，传统手工艺等非物质文化遗产的保护和管理活动。	8840
		0254	博物馆	指收藏、研究、展示文物和标本的博物馆的活动，以及展示人类文化、艺术、科技、文明的美术馆、艺术馆、展览馆、科技馆、天文馆等管理活动。	8850
		0255	烈士陵园、纪念馆	包括烈士陵园和烈士纪念馆管理服务。	8860
	026		工艺美术品制造		
		0261	雕塑工艺品制造	指以玉石、宝石、象牙、角、骨、贝壳等硬质材料，木、竹、椰壳、树根、软木等天然植物，以及石膏、泥、面、塑料等为原料，经雕刻、琢、磨、捏或塑等艺术加工而制成的各种供欣赏和实用的工艺品的制作活动。	2431

代码			类别名称	说明	行业分类代码
大类	中类	小类			
		0262	金属工艺品制造	指以金、银、铜、铁、锡等各种金属为原料，经过制胎、浇铸、锻打、錾刻、搓丝、焊接、纺织、镶嵌、点兰、烧制、打磨、电镀等各种工艺加工制成的造型美观、花纹图案精致的工艺美术品的制作活动。	2432
		0263	漆器工艺品制造	指将半生漆、腰果漆加工调配成各种鲜艳的漆料，以木、纸、塑料、铜、布等作胎，采用推光、雕填、彩画、镶嵌、刻灰等传统工艺和现代漆器工艺进行的工艺制品的制作活动。	2433
		0264	花画工艺品制造	指以绢、丝、绒、纸、涤纶、塑料、羽毛、通草以及鲜花草等为原料，经造型设计、模压、剪贴、干燥等工艺精制而成的花、果、叶等人造花类工艺品，以画面出现、可以挂或摆的具有欣赏性、装饰性的画类工艺品的制作活动。	2434
		0265	天然植物纤维编织工艺品制造	指以竹、藤、棕、草、柳、葵、麻等天然植物纤维为材料，经编织或镶嵌而成具有造型艺术或图案花纹，以欣赏为主的工艺陈列品以及工艺实用品的制作活动。	2435
		0266	抽纱刺绣工艺品制造	指以棉、麻、丝、毛及人造纤维纺织品等为主要原料，经设计、刺绣、抽、拉、钩等工艺加工各种生活装饰用品，以及以纺织品为主要原料，经特殊手工工艺或民间工艺方法加工成各种具有较强装饰效果的生活用纺织品的制作活动。	2436
		0267	地毯、挂毯制造	指以羊毛、丝、棉、麻及人造纤维等为原料，经手工编织、机织、栽绒等方式加工而成的各种具有装饰性的地面覆盖物或可用于悬挂、垫坐等用途的生活装饰用品的制作活动。	2437
		0268	珠宝首饰及有关物品制造	指以金、银、铂等贵金属及其合金以及钻石、宝石、玉石、翡翠、珍珠等为原料，经金属加工和连结组合、镶嵌等工艺加工制作各种图案的装饰品的制作活动。	2438
		0269	其他工艺美术及礼仪用品制造	指其他工艺美术品的制造活动。	2439
	027		艺术陶瓷制造		
		0271	陈设艺术陶瓷制造	指以粘土、瓷土、瓷石、长石、石英等为原料，经制胎、施釉、装饰、烧制等工艺制成，主要供欣赏、装饰的陶瓷工艺美术品制造。	3075
		0272	园艺陶瓷制造	指专门为园林、公园、室外景观的摆设或具有一定功能的大型陶瓷制造。	3076
03			创意设计服务		
	031		广告服务		
		0311	互联网广告服务	指提供互联网广告设计、制作、发布及其他互联网广告服务。包括网络电视、网络手机等各种互联网终端的广告的服务。	7251
		0312	其他广告服务	指除互联网广告以外的广告服务。	7259
	032		设计服务		
		0321	建筑设计服务	仅包括房屋建筑工程，体育、休闲娱乐工程，室内装饰和风景园林工程专项设计服务。该小类包含在工程设计活动行业小类中。	7484*
		0322	工业设计服务	指独立于生产企业的工业产品和生产工艺设计，不包括工业产品生产环境设计、产品传播设计、产品设计管理等活动。	7491
		0323	专业设计服务	包括时装、包装装潢、多媒体、动漫及衍生产品、饰物装饰、美术图案、展台、模型和其他专业设计服务。	7492
04			文化传播渠道		
	041		出版物发行		

代码			类别名称	说明	行业分类代码
大类	中类	小类			
		0411	图书批发	包括书籍、课本和其他图书的批发和进出口。	5143
		0412	报刊批发	包括报纸、杂志的批发和进出口。	5144
		0413	音像制品、电子和数字出版物批发	包括音像制品及电子出版物的批发和进出口。	5145
		0414	图书、报刊零售	包括图书零售服务，报纸、杂志专门零售服务，图书、报刊固定摊点零售服务。	5243
		0415	音像制品、电子和数字出版物零售	包括音像制品专门零售店、电子出版物专门零售、音像制品及电子出版物固定摊点零售服务。	5244
		0416	图书出租	指各种图书出租服务，不包括图书馆的租书业务。	7124
		0417	音像制品出租	指各种音像制品出租服务，不包括以销售音像制品为主的出租音像活动。	7125
	042		广播电视节目传输		
		0421	有线广播电视传输服务	指有线广播电视网和信号的传输服务。	6321
		0422	无线广播电视传输服务	指无线广播电视信号的传输服务。	6322
		0423	广播电视卫星传输服务	包括卫星广播电视信号的传输、覆盖与接收服务，卫星广播电视传输、覆盖、接收系统的设计、安装、调试、测试、监测等服务。	6331
	043		广播影视发行放映		
		0431	电影和广播电视节目发行	包括电影发行和进出口交易、非电视台制作的电视节目发行和进出口服务。	8750
		0432	电影放映	指专业电影院以及设在娱乐场所独立（或相对独立）的电影放映等活动。	8760
	044		艺术表演		
		0440	艺术表演场馆	指有观众席、舞台、灯光设备，专供文艺团体演出的场所管理活动。	8820
	045		互联网文化娱乐平台		
		0450	互联网文化娱乐平台	仅包括互联网演出购票平台、娱乐应用服务平台、音视频服务平台、读书平台、艺术品鉴定拍卖平台和文化艺术平台。该小类包含在互联网生活服务平台行业小类中。	6432*
	046		艺术品拍卖及代理		
		0461	艺术品、收藏品拍卖	指艺术品、收藏品拍卖活动。包括艺（美）术品拍卖服务、文物拍卖服务、古董和字画拍卖服务。	5183
		0462	艺术品代理	指艺术品代理活动。包括字画代理、古玩收藏品代理、画廊艺术经纪代理和其他艺术品代理。	5184
	047		工艺美术品销售		
		0471	首饰、工艺品及收藏品批发	指首饰、工艺品及收藏品的批发活动。	5146
		0472	珠宝首饰零售	指珠宝首饰的零售活动。	5245
		0473	工艺美术品及收藏品零售	指专门经营具有收藏价值和艺术价值的工艺品、艺术品、古玩、字画、邮品等的店铺零售活动。	5246
05			文化投资运营		

代码			类别名称	说　明	行业分类代码
大类	中类	小类			
	051		投资与资产管理		
		0510	文化投资与资产管理	仅指政府主管部门转变职能后，成立的国有文化资产管理机构和文化行业管理机构的活动；文化投资活动，不包括资本市场的投资。该小类包含在投资与资产管理行业小类中。	7212*
	052		运营管理		
		0521	文化企业总部管理	仅指文化企业总部的活动，其对外经营业务由下属的独立核算单位或单独核算单位承担，还包括派出机构的活动（如办事处等）。该小类包含在企业总部管理行业小类中。	7211*
		0522	文化产业园区管理	仅指非政府部门的文化产业园区管理服务。该小类包含在园区管理服务行业小类中。	7221*
06			文化娱乐休闲服务		
	061		娱乐服务		
		0611	歌舞厅娱乐活动	指各种歌舞厅娱乐活动。	9011
		0612	电子游艺厅娱乐活动	指各种电子游艺厅娱乐服务。	9012
		0613	网吧活动	指通过计算机等装置向公众提供互联网上网服务的网吧、电脑休闲室等营业性场所的服务。	9013
		0614	其他室内娱乐活动	包括儿童室内游戏娱乐服务、室内手工制作娱乐服务和其他室内娱乐服务。	9019
		0615	游乐园	指配有大型娱乐设施的室外娱乐活动及以娱乐为主的活动。	9020
		0616	其他娱乐业	指公园、海滩和旅游景点内小型设施的娱乐活动及其他娱乐活动。	9090
	062		景区游览服务		
		0621	城市公园管理	指主要为人们提供休闲、观赏、游览以及开展科普活动的城市各类公园管理活动。	7850
		0622	名胜风景区管理	指对具有一定规模的自然景观、人文景观的管理和保护活动，以及对环境优美、具有观赏、文化和科学价值风景名胜区的保护与管理活动。	7861
		0623	森林公园管理	指国家自然保护区、名胜景区以外的，以大面积人工林或天然林为主体而建设的公园管理活动。	7862
		0624	其他游览景区管理	指其他未列明的游览景区的管理活动。	7869
		0625	自然遗迹保护管理	包括地质遗迹保护管理、古生物遗迹保护管理等。	7712
		0626	动物园、水族馆管理服务	指以保护、繁殖、科学研究、科普、供游客观赏为目的，饲养野生动物场所的管理服务。	7715
		0627	植物园管理服务	指以调查、采集、鉴定、引种、驯化、保存、推广、科普为目的，并供游客游憩、观赏的园地管理服务。	7716
	063		休闲观光游览服务		
		0631	休闲观光活动	指以农林牧渔业、制造业等生产和服务领域为对象的休闲观光旅游活动。	9030
		0632	观光游览航空服务	指直升机、热气球等游览飞行服务。	5622
			文化相关领域	本领域包括 07-09 大类。	
07			文化辅助生产和中介服务		
	071		文化辅助用品制造		

代码			类别名称	说明	行业分类代码
大类	中类	小类			
		0711	文化用机制纸及纸板制造	仅指未涂布印刷书写用纸、涂布类印刷用纸、感应纸及纸板制造。该小类包含在机制纸及纸板制造行业小类中。	2221*
		0712	手工纸制造	指采用手工操作成型，制成纸的生产活动。包括手工纸（宣纸、国画纸、其他手工纸）及手工纸板。	2222
		0713	油墨及类似产品制造	指由颜料、联接料（植物油、矿物油、树脂、溶剂）和填充料经过混合、研磨调制而成，用于印刷的有色胶浆状物质，以及用于计算机打印、复印机用墨等的生产活动。	2642
		0714	工艺美术颜料制造	指油画、水粉画、广告等艺术用颜料的制造。	2644
		0715	文化用信息化学品制造	指电影、照相、医用、幻灯及投影用感光材料、冲洗套药，磁、光记录材料，光纤维通讯用辅助材料，及其专用化学制剂的制造。	2664
	072		印刷复制服务		
		0721	书、报刊印刷	指书、报刊的印刷活动。	2311
		0722	本册印制	指由各种纸及纸板制作的，用于书写和其他用途的本册生产活动。	2312
		0723	包装装潢及其他印刷	指根据一定的商品属性、形态，采用一定的包装材料，经过对商品包装的造型结构艺术和图案文字的设计与安排来装饰美化商品的印刷，以及其他印刷活动。	2319
		0724	装订及印刷相关服务	指专门企业从事的装订、压印媒介制造等与印刷有关的服务。	2320
		0725	记录媒介复制	指将母带、母盘上的信息进行批量翻录的生产活动。	2330
		0726	摄影扩印服务	包括摄影服务、照片扩印及处理服务。	8060
	073		版权服务		
		0730	版权和文化软件服务	仅指版权服务、文化软件服务。该小类包含在知识产权服务行业小类中。	7520*
	074		会议展览服务		
		0740	会议、展览及相关服务	指以会议为主，也可附带展览及其他相关的活动形式，包括项目策划组织、场馆租赁保障、相关服务。	7281-7284 7289
	075		文化经纪代理服务		
		0751	文化活动服务	指策划、组织、实施各类文化、晚会、娱乐、演出、庆典、节日等活动的服务。	9051
		0752	文化娱乐经纪人	指各种文化娱乐经纪人活动。包括演员挑选、推荐服务，艺术家、作家经纪人服务，演员经纪人服务，模特经纪人服务，其他演员、艺术家经纪人服务。	9053
		0753	其他文化艺术经纪代理	指其他文化艺术经纪代理活动。	9059
		0754	婚庆典礼服务	仅指婚庆礼仪服务。该小类包含在婚姻服务行业小类中。	8070*
		0755	文化贸易代理服务	仅指文化贸易代理服务。该小类包含在贸易代理行业小类中。	5181*
		0756	票务代理服务	指除旅客交通票务代理外的各种票务代理服务。	7298
	076		文化设备（用品）出租服务		
		0761	休闲娱乐用品设备出租	指各种休闲娱乐用品设备出租活动。	7121

代　码			类别名称	说　明	行业分类代码
大类	中类	小类			
		0762	文化用品设备出租	指各种文化用品设备出租活动。	7123
	077		文化科研培训服务		
		0771	社会人文科学研究	指各种社会人文科学研究活动。	7350
		0772	学术理论社会（文化）团体	仅指学术理论社会团体、文化团体的服务。该小类包含在专业性团体行业小类中。	9521*
		0773	文化艺术培训	指国家学校教育制度以外，由正规学校或社会各界办的文化艺术培训活动，不包括少年儿童的课外艺术辅导班。	8393
		0774	文化艺术辅导	仅包括美术、舞蹈、音乐、书法和武术等辅导服务。该小类包含在其他未列明教育行业小类中。	8399*
08			文化装备生产		
	081		印刷设备制造		
		0811	印刷专用设备制造	指使用印刷或其他方式将图文信息转移到承印物上的专用生产设备的制造。	3542
		0812	复印和胶印设备制造	指各种用途的复印设备和集复印、打印、扫描、传真为一体的多功能一体机的制造；以及主要用于办公室的胶印设备、文字处理设备及零件的制造。	3474
	082		广播电视电影设备制造及销售		
		0821	广播电视节目制作及发射设备制造	指广播电视节目制作、发射设备及器材的制造。	3931
		0822	广播电视接收设备制造	指专业广播电视接收设备的制造，但不包括家用广播电视接收设备的制造。	3932
		0823	广播电视专用配件制造	指专业用录像重放及其他配套的广播电视设备的制造，但不包括家用广播电视装置的制造。	3933
		0824	专业音响设备制造	指广播电视、影剧院、录音棚、会议、各种场地等专业用录音、音响设备及其他配套设备的制造。	3934
		0825	应用电视设备及其他广播电视设备制造	指应用电视设备、其他广播电视设备和器材的制造。	3939
		0826	广播影视设备批发	指广播影视设备的批发和进出口活动。	5178
		0827	电影机械制造	指各种类型或用途的电影摄影机、电影录音摄影机、影像放映机及电影辅助器材和配件的制造。	3471
	083		摄录设备制造及销售		
		0831	影视录放设备制造	指非专业用录像机、摄像机、激光视盘机等影视设备整机及零部件的制造，包括教学用影视设备的制造，但不包括广播电视等专业影视设备的制造。	3953
		0832	娱乐用智能无人飞行器制造	指按照国家有关安全规定标准，经允许生产并主要用于娱乐的智能无人飞行器的制造。该小类包含在智能无人飞行器制造行业小类中。	3963*
		0833	幻灯及投影设备制造	指通过媒体将在电子成像器件上的文字图像、胶片上的文字图像、纸张上的文字图像及实物投射到银幕上的各种设备、器材及零配件的制造。	3472
		0834	照相机及器材制造	指各种类型或用途的照相机的制造。包括用以制备印刷板，用于水下或空中照相的照相机制造，以及照相机用闪光装置、摄影暗室装置和零件的制造。	3473
		0835	照相器材零售	指照相器材专门零售。	5248

代码			类别名称	说明	行业分类代码
大类	中类	小类			
	084		演艺设备制造及销售		
		0841	舞台及场地用灯制造	指演出舞台、演出场地、运动场地、大型活动场地用灯制造。	3873
		0842	舞台照明设备批发	仅指各类舞台照明设备的批发。该小类包含在电气设备批发行业小类中。	5175*
	085		游乐游艺设备制造		
		0851	露天游乐场所游乐设备制造	指主要安装在公园、游乐园、水上乐园、儿童乐园等露天游乐场所的电动及非电动游乐设备和游艺器材的制造。	2461
		0852	游艺用品及室内游艺器材制造	指主要供室内、桌上等游艺及娱乐场所使用的游乐设备、游艺器材和游艺娱乐用品，以及主要安装在室内游乐场所的电子游乐设备的制造。	2462
		0853	其他娱乐用品制造	指其他未列明的娱乐用品制造。	2469
	086		乐器制造及销售		
		0861	中乐器制造	指各种中乐器的制造活动。	2421
		0862	西乐器制造	指各种西乐器的制造活动。	2422
		0863	电子乐器制造	指各种电子乐器的制造活动。	2423
		0864	其他乐器及零件制造	指其他未列明的乐器、乐器零件及配套产品的制造。	2429
		0865	乐器批发	指各种乐器的批发活动。	5147
		0866	乐器零售	指各种乐器的零售活动。	5247
09			文化消费终端生产		
	091		文具制造及销售		
		0911	文具制造	指办公、学习等使用的各种文具的制造。	2411
		0912	文具用品批发	指文具用品的批发活动。	5141
		0913	文具用品零售	指文具用品的零售活动。	5241
	092		笔墨制造		
		0921	笔的制造	指用于学习、办公或绘画等用途的各种笔制品的制造。	2412
		0922	墨水、墨汁制造	指各种墨水、墨汁及墨汁类似品的制造活动。	2414
	093		玩具制造		
		0930	玩具制造	指以儿童为主要使用者，用于玩耍、智力开发等娱乐器具的制造。	2451-2456 2459
	094		节庆用品制造		
		0940	焰火、鞭炮产品制造	指节日、庆典用焰火及民用烟花、鞭炮等产品的制造。	2672
	095		信息服务终端制造及销售		
		0951	电视机制造	指非专业用电视机制造。包括彩色、黑白电视机以及其他视频设备（移动电视机和其他未列明视频设备）的制造。	3951
		0952	音响设备制造	指非专业用音箱、耳机、组合音响、功放、无线电收音机、收录音机等音响设备的制造。	3952
		0953	可穿戴智能文化设备制造	指由用户穿戴和控制，并且自然、持续地运行和交互的个人移动计算文化设备产品的制造。该小类包含在可穿戴智能设备制造行业小类中。	3961*

代码			类别名称	说明	行业分类代码
大类	中类	小类			
		0954	其他智能文化消费设备制造	指虚拟现实设备制造活动。该小类包含在其他智能消费设备制造行业小类中。	3969*
		0955	家用视听设备批发	指家用视听设备批发活动。	5137
		0956	家用视听设备零售	指专门经营电视、音响设备、摄录像设备等的店铺零售活动。	5271
		0957	其他文化用品批发	包括玩具批发服务以及玩具、游艺及娱乐用品、照相器材和其他文化娱乐用品批发和进出口。	5149
		0958	其他文化用品零售	指专门经营游艺用品及其他未列明文化用品的店铺零售活动。	5249

注：行业分类代码后标有“*”的表示该行业类别仅有部分内容属于文化及相关产业。

表 2 带“*”行业分类文化生产活动内容的说明

序号	国民经济行业分类及代码	文化及相关产业类别名称及小类代码	文化生产活动的内容
1	应用软件开发（6513*）	多媒体、游戏动漫和数字出版软件开发（0243）	包括应用软件开发中的多媒体软件、游戏动漫软件、数字出版软件开发活动。
2	其他电信服务（6319*）	增值电信文化服务（0244）	仅指固定网增值电信、移动网增值电信、其他增值电信中的文化服务，包括手机报、个性化铃音等业务服务。
3	其他数字内容服务（6579*）	其他文化数字内容服务（0245）	仅指文化宣传领域数字内容服务。
4	工程设计活动（7484*）	建筑设计服务（0321）	仅包括房屋建筑工程，体育、休闲娱乐工程，室内装饰和风景园林工程专项设计服务。
5	互联网生活服务平台（6432*）	互联网文化娱乐平台（0450）	仅包括互联网演出购票平台、娱乐应用服务平台、音视频服务平台、读书平台、艺术品鉴定拍卖平台和文化艺术平台。
6	投资与资产管理（7212*）	文化投资与资产管理（0510）	指政府主管部门转变职能后，成立的国有文化资产管理机构和文化行业管理机构的活动；文化投资活动，不包括资本市场的投资。
7	企业总部管理（7211*）	文化企业总部管理（0521）	指不具体从事对外经营业务，只负责文化企业的重大决策、资产管理，协调管理下属各机构和内部日常工作的文化企业总部的活动，其对外经营业务由下属的独立核算单位或单独核算单位承担，还包括派出机构的活动（如办事处等）。
8	园区管理服务（7221*）	文化产业园区管理（0522）	仅指非政府部门的文化产业园区管理服务。
9	机制纸及纸板制造（2221*）	文化用机制纸及纸板制造（0711）	包括未涂布印刷书写用纸制造、涂布类印刷用纸制造、感应纸及纸板制造。
10	知识产权服务（7520*）	版权和文化软件服务（0730）	版权服务包括版权代理服务，版权鉴定服务，版权咨询服务，著作权登记服务，著作权使用报酬收转服务，版权交易、版权贸易服务和其他版权服务。文化软件服务指与文化有关的软件服务，包括软件代理、软件著作权登记、软件鉴定等服务。
11	婚姻服务（8070*）	婚庆典礼服务（0754）	指婚庆礼仪服务。包括婚礼策划、组织服务，婚礼租车服务，婚礼用品出租服务，婚礼摄像服务和其他婚姻服务。
12	贸易代理（5181*）	文化贸易代理服务（0755）	包括文化用品、图书、音像、文化用家用电器和广播电视器材等国际国内贸易代理服务。
13	专业性团体（9521*）	学术理论社会（文化）团体（0772）	学术理论社会团体包括党的理论研究、史学研究、思想工作研究、社会人文科学研究等团体的服务。文化团体包括新闻、图书、报刊、音像、版权、广播、电视、电影、演员、作家、文学艺术、美术家、摄影家、文物、博物馆、图书馆、文化馆、游乐园、公园、文艺理论研究、民族文化等团体的服务。

序号	国民经济行业分类及代码	文化及相关产业类别名称及小类代码	文化生产活动的内容
14	其他未列明教育（8399*）	文化艺术辅导（0774）	包括美术、舞蹈、音乐、书法和武术等辅导服务。
15	智能无人飞行器制造（3963*）	娱乐用智能无人飞行器制造（0832）	指按照国家有关安全规定标准，经允许生产并主要用于娱乐的智能无人飞行器的制造。
16	电气设备批发（5175*）	舞台照明设备批发（0842）	包括各类舞台照明设备的批发。
17	可穿戴智能设备制造（3961*）	可穿戴智能文化设备制造（0953）	指由用户穿戴和控制，并且自然、持续地运行和交互的个人移动计算文化设备产品的制造。
18	其他智能消费设备制造（3969*）	其他智能文化消费设备制造（0954）	仅指虚拟现实设备制造活动。